金融科技理论与应用研究小组　著

金融科技知识图谱

FINTECH GLOSSARY THE BOOK

中信出版集团 | 北京

图书在版编目（CIP）数据

金融科技知识图谱 / 金融科技理论与应用研究小组著 . -- 北京 : 中信出版社 , 2021.3 (2021.12重印)
ISBN 978-7-5217-2545-2

Ⅰ . ①金… Ⅱ . ①金… Ⅲ . ①金融—科学技术—图谱
Ⅳ . ① F830-64

中国版本图书馆 CIP 数据核字（2020）第 248513 号

金融科技知识图谱

著　　者：金融科技理论与应用研究小组
出版发行：中信出版集团股份有限公司
（北京市朝阳区惠新东街甲 4 号富盛大厦 2 座　邮编　100029）
承 印 者：北京诚信伟业印刷有限公司

开　　本：787mm × 1092mm　1/16　　印　　张：21.75　　字　　数：248 千字
版　　次：2021 年 3 月第 1 版　　印　　次：2021 年12月第 3 次印刷
书　　号：ISBN 978-7-5217-2545-2
定　　价：79.00 元

服务热线：400-600-8099
投稿邮箱：author@citicpub.com

序

放眼当今世界，数字经济点燃高质量发展引擎，科技创新成为百年未有之大变局的关键变量。在两者效应叠加、共同推动下，金融与科技深度融合、协调发展，在历经业务电子化、渠道网络化之后步入金融科技新阶段。数据成为金融发展的关键生产要素，赋能资本、劳动力、技术等其他要素，精准配置和灵活调度，提升金融面向实体经济的服务供给能力。智能算法成为金融创新的重要引擎，为重塑服务流程、夯实信任基础、优化风险定价提供有力支撑。新兴算力夯实金融数字化转型基础，为金融业务系统高效运转注入源源不断的持久动力。新型网络逐步架起万物互联的“高速公路”，大幅提升金融服务触达能力。可以说，金融科技已成为全球金融发展的重要支撑点与增长点。

近年来，人民银行贯彻落实党中央、国务院决策部署，坚持发展与监管“两手抓”，推动金融科技发展规划落地实施，构建金融科技监管体系框架，组织开展金融科技应用试点，多措并举护航金融科技行业守正创新与健康发展。在各方不懈努力下，我国金融科技发展迈上新台阶，呈现出蓬勃生机与旺盛活力，在服务实体经济、践行普惠金融、防范化解风险等方面发挥硬核作用。下一步，金融业将坚守金融科技服务实体经济和人民群众的本源，坚持问题导向和目标导向，精准研判、因势利导，以深化金融数据应用为基础，以强金融科技监管、数字普惠金融为发力点，以加快金融数字化转型为主线，全面提升金融科技水平，共建适应数字经济发展的现代金融体系，为构建新发展格局贡献金融力量。

《金融科技知识图谱》着眼于金融科技蓬勃兴起的时代背景，兼论历史与现实，结合国内外发展实践，借鉴知识图谱理念对金融科技有关理论知识进行了系统性梳理、总结与解读，运用可视化技术实现“一图览全貌”的展示效果。这本书的出版可谓恰逢其时，能够帮助读者勾勒金融科技知识体系与认知脉络，为业务人士掌握金融与科技融合发展规律、创新产品服务提供宝贵经验，为科技工作者洞悉前沿技术发展动态、开展技术选型设计提供实践借鉴，为管理团队把握数字经济时代脉搏、做好企业发展与经营战略提供有益参考，为消费者提升金融素养、增强风险意识提供有力帮助，实为一本很好的金融科技知识普及之著。

李伟

中国人民银行科技司司长

2021 年 2 月 5 日

前言

金融科技是一门实践性强且横跨多领域的学科。为促进跨界者快速入门，并帮助有关专业人士了解和把握金融科技概况以及各子领域之间的关系，金融科技理论与应用研究小组创作了这本《金融科技知识图谱》。

本书重点研究各种单点概念在金融科技系统中的地位，但并不深究；对书中概念词条的解释也力求好懂易记。读者对金融科技某个概念或问题产生兴趣或疑问时，可按图索骥，借本书将知识延展到金融科技相关领域。特别建议读者为解惑某个金融科技具体概念时查阅本书，理解概念并建构好思路后再深入阅读其他相关资料。

当下，金融越发依赖科技进步推动，所以创作《金融科技知识图谱》具有现实意义。通过阅读本书，金融从业者能够拓宽思路，对设计什么产品、需要什么技术、该与什么样的技术公司合作等问题有的放矢，乃至产生跨界的灵感和创意；技术人员可以更好地理解金融业务本质，将金融业务与技术结合并找到金融科技的应用入口和应用场景；风险投资人评估金融科技产品或服务项目时能更准确地了解金融科技产品和服务的原理、价值、技术路线以及未来的商业趋势；监管者则可以快速全面了解金融科技基础原理和逻辑、热议问题、现象和技术，更好地理解创新，处理创新与监管的关系，制定监管政策并实施方案。

本书作者来自金融科技理论和应用研究小组。该小组诞生在北京大学金融智能研究中心，由活跃在金融科技一线的十余位兼具理论研究和实践经验的监管机构和业界的年轻专家组成。2018 年，为了普及金融科技知识，借助具有系统性和逻辑性的专业视角理解金融科技的现状和未来，“金融科技知识图谱”公益研究项目顺势启动，项目组主要成员包括刘新海、贾红宇、杨望和张楠等，杜耀华参与了保险科技的编译工作。

书的英文版得到总部位于中国香港的金融安全联盟（AFS–IT）的支持，已在境外发行。中文版得到了 Visa 公司的大力支持。为了更加详尽地展现金融科技知识体系的全貌和最新进展，“金融科技知识图谱”公益研究项目中文网站也在筹备上线。

本书通俗易懂，除通篇阅读引起新思和共鸣，金融科技从业者、研究者、爱好者等还可将其放于案头，作为工具书随时按需查阅。总之，希望读者喜欢这本金融科技知识小册子。

目录

1 数字经济和数字金融 /001

2 人工智能相关支持技术 /025

3 信用科技 /065

4 数字货币与区块链 /119

5 支付科技　/147

6 监管科技与网络分析　/185

1 数字经济和数字金融

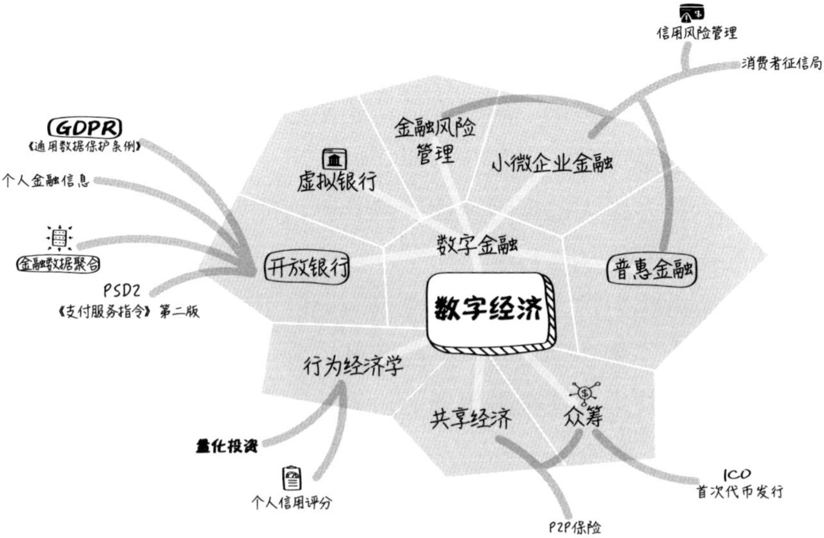

图 1.1 数字经济和数字金融模块知识图谱

金融在数字经济的场景下呈现数字金融的形态。作为我国经济发展中最为活跃的领域，数字经济是金融科技的理论支点。数字经济和数字金融模块知识图谱如图 1.1 所示。

首先，数字金融是数字经济中最具代表性的行业。数字金融是通过移动互联网及信息技术与传统金融服务业态相结合的新一代金融服务。数字金融和金融科技相比，金融科技更突出技术性，而数字金融涵盖面更广，强调金融业务的数字化。在新冠肺炎疫情期间，金融科技发挥了重要的作用，从传统金融机构到数字金融平台，金融服务的数字化水平都得到了大幅度的提升。

2014 年，在世界银行春季研讨会上，国际金融公司执行副总裁兼首席执行官蔡金勇在开幕式上说：“数字金融的好处远远超出了传统金融服务：这也可以成为发展中国家强大的工具和创造就业机会的引擎。”[1]

小微企业金融虽然在发展中国家对于繁荣经济发挥着重要作用，但是一个全球性难题。数字金融对于小微企业的发展起着重要作用。它不仅为小微企业提供了融资渠道，还使它们可以使用电子支付系统、安全的金融产品，以及获得建立财务历史记录的机会。数字技术的进步，从多维大数据到智能风险分析，都为改善小微企业金融服务状况提供了有力的工具。

数字金融也为扩大普惠金融覆盖面提供了巨大的机会。金融服务的新进入者，从移动运营商、金融科技公司到超级平台，正在利用这些数字化技术延展金融服务的边界并丰富金融服务的内容，体现了科技向善的潮流。

其次，在数字化浪潮的冲击下，金融风险管理的内涵和外延得到了进一步的丰富，例如，网络安全变得越来越重要，但是金融风险管理的本质和基本形态没有变化，信用风险仍是金融风险管理的核心内容。在数字金融下，金融风险管理的数字化特征越来越明显，可以进行数字化分析和决策，但同时更多新的业态和场景需要金融风险管理与时俱进。大数据风控成为新趋势，依赖于金融科技的监管科技越来越受关注。

再次，数字金融催生出开放银行和虚拟银行等新金融服务形态。银行在数字化技术的推动下开始变革，开放银行的推出是银行数字化转型自我革命的一步。而虚拟银行的发展可以让更多的互联网科技公司参与金融服务，促进金融与科技的融合。不同于传统银行，虚拟银行不需要依赖实体银行开展业务，所有的金融服务（存贷取等）都在网上通过数字化方式实现。开放银行则指商业银行通过应用程序编程接口（Application Programming Interface，API）对外进行数字化输出，包括数据、算法、流程和其他业务功能，提供更加多样化的金融产品和服务，促进个人金融信息的有效合规开放和金融数据聚合更好地发挥作用。银行数据和服务开放的同时也要注意相应的保护，《通用数据保护条例》（GDPR）和《支付服务指令》第二版（PSD2）就是欧洲提出的在数据保护的前提下开放金融数据的发展规范。

最后，众筹、行为经济学和共享经济不仅是数字经济发展的脉络分支，还是金融科技创新的理论基础。众筹、行为经济学和共享经济在数字经济形态下出现了新的消费场景，也催生出新的金融服务业态。股权众筹给资本市场带来新思路，然而基于数字货币和区块链的 ICO（首次代币发行）也带来全球范围内的巨大争议。行为经济学在金融领域不断被成功应用，如量化投资交易、基于心理测量的个人信用评分。共享经济更是带来一些金融交易模式的革命性变革，例如，P2P（点对点）网贷和 P2P 保险改变了原有的金融模式，对未来金融科技的发展有着深远意义。

数字经济 | Digital Economy

关联词：大数据、共享经济、普惠金融、互联网支付、跨境支付、个人信息保护、开放银行

数字经济是以数字资源为核心要素，以信息技术（数字技术）为主要驱动力，通过信息网络（通信网、互联网、移动互联网、内联网等）连接进行的生产、分配、交换、消费等全部经济活动的总和。

数字经济的发展不仅包括以知识为核心的信息技术产业的兴起和快速发展，也包括由信息技术推动的传统产业、传统经济部门的深刻变革和飞跃性发展。数字经济并非独立于传统经济之外的“虚

拟”经济，而是在传统经济基础上产生的，经过现代信息技术提升的高级经济发展形态。同时，互联网、移动互联网、大数据、电子商务等产业和正在涌现的未知的新兴业态，也都是数字经济的组成部分。[2]

数字经济是指一种基于数字计算技术（Digital Computing Technology）的经济，尽管人们认为数字经济通过基于互联网（Internet）和万维网（World Wide Web）的市场开展业务。数字经济也被称为**互联网经济（Internet Economy）**、**新经济（New Economy）**或**网络经济（Web Economy）**。

数字经济与传统经济交织在一起，使得区分两者间清晰的界限变得更加困难。在 20 世纪 90 年代日本经济的衰退中，日本经济学家首先提出了“数字经济”一词。在西方，这个名词在唐·塔普斯科特（Don Tapscott）于 1997 年出版的《数字经济：网络智能时代的前景与风险》（*The Digital Economy*：*Promise and Peril in the Age of Networked Intelligence*）中被提出。它着重指出了数字时代价值创造的两个主要驱动力——数字数据化和平台化。

数字技术的进步在创纪录的时间内创造了巨大的财富，但是这些财富集中在少数个人、公司和国家手里。在现行的政策和法规下，这种趋势可能会继续，进一步加剧不平等。我们必须努力缩小数字鸿沟，因为全世界一半以上的人访问互联网的机会有限或根本无法上网。普惠性对于建设惠及所有人的数字经济至关重要。[3]

> **数字鸿沟**（Digital Divide）是指在全球数字化进程中，不同国家、地区、行业、企业、社区之间，由于对信息、网络技术的拥有程度、应用程度以及创新能力的差别而造成的信息落差及贫富差距进一步两极分化的趋势。特别是人工智能等新技术的

> 出现，将不可避免地导致劳动力市场发生重大转变，包括某些部门的一些工作消失，而另一些部门则出现大量就业机会。

数字经济是我国经济发展中最为活跃的领域，与之相关的各类技术与商业模式的创新速度非常快，其中的代表性行业就是**数字金融**和**互联网金融**。[4]

> 数字金融泛指金融机构利用数字化技术实现融资、支付、投资和其他新型金融业务的模式。金融机构包括传统金融机构和新兴互联网金融机构。[5]

数字金融、互联网金融和金融科技内涵接近，经常被混用。互联网金融更多地被看作利用互联网平台和技术从事金融业务；金融科技则更突出技术特性；数字金融更加中性，所涵盖的面也更广一些，强调金融业务的数字化形态。

在数字化时代，数字金融是通过互联网及信息技术手段与传统金融服务业态相结合的新一代金融服务。

数字金融为增强金融普惠性和扩展基本服务提供了巨大的机会。发展中国家只有将近50%的人拥有手机。金融服务的新进入者，例如移动网络运营商（Mobile Network Operator，MNO）、支付服务提供商（Payment Service Provider，PSP）、商户聚合商、零售商、金融科技公司、新银行和超级平台，正在利用这些数字化技术改变金融服务的竞争格局。

通过技术创新（包括加密货币）提供金融服务可以促进其他各种金融服务的提供和使用，包括信贷、保险、储蓄和金融教育。现在被排除在外的人可以享受更多的转账、小额贷款和保险服务。数字金融对于小微企业也发挥着重要作用。数字金融不仅为小微企业提供了融资渠道，还使它们可以使用电子支付系统、安全的金融产品，以及获得建立财务历史记录的机会。

小微企业金融 | Small and Medium Enterprise（SME）Finance / Micro, Small and Medium Enterprise Finance

关联词： 个人征信、企业征信、信用评估、供应链金融、替代数据、征信体系

小微企业金融主要是指专门向小型和微型企业提供相关金融产品和服务，包括银行贷款、租赁、分期付款、股票 / 公司债券发行，风险投资或私募股、资产融资（如保理和发票贴现）、政府资助或提供贷款等形式。

小微企业金融全称为**中小微企业（Micro，Small and Medium Enterprise，MSME）金融**，也被称为**中小企业金融**。小微企业在大多数经济体，尤其是发展中国家起着重要作用，占全球企业的大多数，是就业机会和全球经济发展的重要贡献者。它们代表着全球约90%的企业和超过50%的就业机会。

与大中型企业相比，小微企业获得银行贷款的可能性较小。相反，它们依靠内部资金或来自亲朋好友的现金来创办或经营。国际金融公司2018年估计，发展中国家有6 500万家小微企业（约占小微企业的40%）的融资需求得不到满足，每年未满足的融资需求为5.2万亿美元，相当于当前全球小微企业贷款水平的1.4倍。根据波士顿咨询公司（BCG）的研究报告，中国的小微企业中有80%难以获得金

融信贷支持，12% 可以获得正规金融机构的信贷支持，8% 可以获得新金融机构的信贷支持。

2020 年 4 月，美国联邦政府实施了专门针对小微企业的薪资保护计划（Paycheck Protection Program，PPP），用金融手段帮助受新冠肺炎疫情冲击的小微企业渡过难关。

2020 年 6 月 1 日，中国人民银行等金融监管部门连续发布 3 份文件，强调加大金融对实体经济的支持力度。其中包括两项直达实体经济的创新货币政策工具：普惠小微企业贷款延期支持工具和普惠小微企业信用贷款支持计划。[6]

金融科技可以为改善中小微企业金融服务状况提供技术支持，例如，一家秘鲁的公司创业金融实验室（Entrepreneurial Finance Lab，EFL）通过心理测量（Psychometrics）技术对小微企业主进行信贷信用评估，不完全依赖信用记录和资产抵押，目前运营 10 年，业务扩展至东南亚和非洲地区。

案例 基于在哈佛大学肯尼迪政府学院的研究成果，2006 年，美国哈佛大学发展金融学教授阿西姆·赫瓦贾（Asim Khwaja）和博士贝利·科林格（Bailey Klinger）创立了 EFL，目的是激发新兴市场企业的金融活力，开发低成本的信贷审查工具，解决信息不对称问题。

2013 年，EFL 和主要的拉美零售商合作发布了面向消费者的心理信用评估模型，从厄瓜多尔的银行到津巴布韦的服装商店，都开始使用 EFL 的心理信用评估模型。截至 2013 年，利用这一模型已经放贷超过 2 亿美元，主要对象是不太符合传统审贷标准的企业主，平均每位可获贷款 7 500 美元。

EFL 的服务内容：EFL 最初只是针对小微企业主进行风险评估，由于消费者和小微企业主的信贷记录有很多相似之处，EFL 也开始针对消费者进行风险评估。在商业借贷方面，EFL 主要针对小企业主和个体户，借贷的范围为 500 美元到 25 万美元，时间为 3 个月到 48 个月，贷款可以用于资本运营和资产购买等，正式或非正式的行业都可以申请。在消费者信贷方面，零售商和银行利用 EFL 的工具，增加对消费者购买时点预购能力的判断，向通常被传统信贷机构拒之门外的消费者（如无法验证收入的雇员或其他人）提供贷款。贷款金额一般为 300 美元到 10 万美元，时间为 3 个月到 48 个月以上。

效果：EFL 的实践证明，小微企业如果保持正常运转，就能够不断带来效益，所以小微企业贷款业务被证明是很好的收入来源。由于使用了 EFL 的信用评估模型，秘鲁的一家银行的业务增长了 50%。利用 EFL 的信用评估模型计算出的偿付率和传统信用评估模型一致，但利用传统信用评估模型时，贷款申请者需要有一定长度的信贷历史，而且要偿付 60% 的利息，相比之下，利用 EFL 的信用评估模型，这种短期贷款只需要偿付 30%～45% 的利息。[7, 8]

普惠金融 | Inclusive Finance

关联词：移动支付、消费金融、消费者征信、企业征信、替代数据、个人信息保护、数据代理商、社交网络

普惠金融（Inclusive Finance）也被称作包容性金融，最早由联合国于 2005 年提出。普惠金融强调通过加强政策扶持和完善市场机制，使边远贫穷地区人群、小微企业和社会低收入人群能够获得价格合理、方便快捷的金融服务，不断提高金融服务的可获得性。

普惠金融的主要特征如下：

一是逐步涵盖整个金融体系和全部人群。如世界银行将普惠金融定义为："在一个国家或地区，所有处于工作年龄的人都有权使用一整套价格合理、形式方便的优质金融服务。"金融包容联盟（Alliance for Financial Inclusion，AFI）认为："普惠金融是将被金融体系排斥的人群纳入主流金融体系。"

二是内涵丰富。金融包容联盟认为，普惠金融包括6个核心内容，即金融消费者保护、代理银行、手机银行、国有银行改革、金融服务提供者多元化、数据收集与评估体系。

三是多方参与。从国际到国内，从政府到非政府组织共同推进。国际上正组织研究开发普惠金融指标体系，并要求各国制定国家战略，明确做出相关承诺。各国也积极推进普惠金融发展。新兴经济体与发展中国家在普惠金融方面进行了积极探索，取得了可喜的成绩。巴西、印度尼西亚、肯尼亚、墨西哥等国的做法具有一定的代表性。

案例 肯尼亚大约有1 900万人，其中大部分都没有银行账户，但约80%的人有手机。在肯尼亚，手机支付平台M-Pesa就成了肯尼亚的"支付宝"。在M-Pesa这个名字里，"M"代表流动，"Pesa"在当地语言中是钱的意思。在肯尼亚，在药房、路边香料铺、理发店，甚至公共厕所都可以使用M-Pesa，在很多小门店（类似于中国售卖手机卡的小门店），人们可以用M-Pesa存钱提现，店员则手工记在账本上。在肯尼亚农村地区，M-Pesa允许使用者将货币保存在虚拟的"贮值"账户里面，这一账户由电信运营商的服务器维持，由使用者通过手机操作。使用者可以通过本地的M-Pesa代理商存款和取款，也可以使用其可用余额，将货币发送给其他手机用户、购买话费或者贮存货币等。电信运营商将客户存储在 M-Pesa 账户上的资金汇集到统一账户，委托商业银行集中管理。

尽管看上去“简陋”，但 M-Pesa 的创新性非常符合肯尼亚的国情。它对手机的要求非常简单：不需要高级的智能手机，即使是最便宜的手机——一部老式的诺基亚手机也可以做到。值得一提的是，M-Pesa 的成功并不是靠慈善，它已经实现了健康的运转——每年为运营商 Safaricom 带来 1.5 亿美元的收入，达到了普惠金融和商业可持续盈利的效果。[9]

行为经济学 | Behavioral Economics，BE

关联词：信用评估、量化投资、系统性风险、心理测量

行为经济学将行为分析理论、心理学与经济学有机结合起来，从而修正古典经济学中关于理性人、偏好及效用最大化等假设的不足，以更好地解释个人决策中的非理性现象。

丹尼尔·卡尼曼（Daniel Kahneman）和阿莫斯·特沃斯基（Amos Tversky）提出的前景理论（Prospect Theory）、锚定效应（Anchoring Effect），与理查德·泰勒（Richard Thaler）提出的心理账户（Mental Accounting）理论，被认为是行为经济学的三大理论基石。丹尼尔·卡尼曼与理查德·泰勒因此分别获得了 2002 年与 2017 年的诺贝尔经济学奖。

前景理论，也被称作预期理论或展望理论，描述的是在不同的风险预期条件下，人们的行为倾向是可以预测的。前景理论包括确定性效应（Certainty Effect）、反射效应（Reflection Effect）、损失规

避（Loss Aversion）和参照依赖（Reference Dependence）等内容。

确定性效应，描述的是在确定性收益与不确定性收益之间，大多数人会选择前者。在股票市场，确定性效应表现为强烈的获利了结倾向，人们喜欢将盈利的股票卖出，而持有亏损的股票。

反射效应，与确定性效应“相反”，是指当面对两种亏损选择时，大多数人会变为风险偏好型，在确定性亏损和不确定性亏损之间，往往会选择后者，选择赌一把。在股票市场，反射效应表现为持有亏损的股票，而不忍心“割肉”，不愿承认自己做错，期待股票能再涨回来。

损失规避，描述的是大多数人对损失和收益的敏感程度不对等，损失带来的痛苦比相同额度的收益带来的幸福感要强烈。亏 100 元钱的痛苦，比赚 100 元钱的快乐，要强烈得多。在股票市场，亏损的股票投资人每日为账面浮亏而痛苦万分，在长期的股票横盘中，不忍“割肉”离场。

参照依赖，是指多数人对得失的判断往往基于参照点。例如，假设选择一是自己年收入 10 万元，同事年收入 15 万元；选择二是自己年收入 12 万元，同事年收入 20 万元。大部分人会选择一，人的选择除了受金钱本身影响，还受比较、嫉妒等心理影响。

锚定效应，是指当人们需要对某个事件做定量估测时，会将某些特定数值作为起始值，起始值像锚一样制约着估测值。在做决策的时候，人们会不自觉地给予最初获得的信息过多的关注。[10] 例如，在价格谈判中，人们常常以“先入为主”的价格作为锚定价格。如果卖方要价 1 000 元，买家就会基于此价格砍价；如果买方先报价 500 元，卖方就会基于此价格加价。尤其是在价值标准难以判定的市场，如股票市场，这种先入为主的心理更能影响人们对价格的预测。

心理账户理论，用于解释个体在做消费决策时为什么会受到沉没成本（Sunk Cost）的影响。心理账户，是指人们会根据金钱的获取方式、存储方式或支付方式，无意识地将金钱加以归类，并赋予不同价值，进行管理。[11] 比如，大部分人对打工赚来的钱精打细算，而对股票的投资收益则大手大脚。

心理账户理论的一个重要结论是，合并和分开事件会对人的心理造成不同影响。例如，如果有多个利好消息，则尽可能分开发出来，人们就能够获得持续的幸福感；如果有多个不好的消息，则尽可能合并一次性发放出来，让人们只痛苦一次。在股票市场，上市公司在做市值管理时，往往持续发放“小”的利好消息；而关于财务丑闻，则会一次性释放“大”的利空消息。

众筹 | Crowdfunding

关联词： ICO、P2P 网贷

众筹是指通过互联网来展示和宣传创意作品或创业计划，吸引感兴趣的购买者或投资者对项目进行资金上的支持，在一定时间内募集预先设定的募资金额的过程。[12]

众筹的概念来自**众包（Crowdsourcing）**，众包是一种通过分布式协作来解决问题的方式。众筹与众包略有不同，众筹不仅要解决一个小的任务，还需要筹集一定数额的资金。

众筹概念进入公众视野源于美国最早的创意众筹网站 Kickstarter。

Kickstarter 的创始人陈佩里（Perry Chen）是一名期货交易员，他热爱艺术，曾开办一家画廊，并主办一些音乐会。他曾因资金问题被迫取消了一场在新奥尔良爵士音乐节上举办的音乐会，于是便有了建立一个募集资金的网站的想法。2009 年 4 月，Kickstarter 正式上线。

Kickstarter 平台上最知名的项目是 Pebble E-Paper 智能手表。发起者在 Kickstarter 上设置的“融资”目标是 10 万美元，在 37 天内筹集了 10 266 845 美元，来自大约 69 000 个众筹支持者。

实际上，Kickstarter 的“融资”本质上并不是一种融资，而是一种商品预售，只不过这种商品还在设想中，并不是成熟产品，比正常商品预售的风险要大得多。

按照美国著名众筹研究机构 Massolution 的分类，众筹可以分为 4 种类型：一是捐赠众筹，二是商品众筹，三是债权众筹，四是股权众筹。其中，债权众筹一般可以理解为通常意义上的 P2P 网贷，捐赠众筹被划归为慈善领域。狭义上，众筹一般指的是商品众筹和股权众筹。Kickstarter 是为创意提供融资的商品众筹平台，还有一些为创业者提供早期创业融资的股权众筹平台，如美国的 AngelList。

由于股权众筹本质上是一种股权融资行为，需要接受公司或证券相关法律的约束。对于向公众公开募集资金的行为，各个国家有不同的法律限制。美国为了支持创业小微企业融资，顺应互联网股权众筹浪潮，专门制定并出台了《创业企业融资法案》（Jumpstart Our Business Startups Act，JOBS），又名《**JOBS 法案**》，以对小额股权众筹进行豁免。

众筹涉及的领域很广，不仅包括艺术作品、发明创造、科学研究、创业募资，还包括演艺、竞选等领域的资金募集。

在**数字货币**与**区块链**领域，**ICO** 是一种新技术形态下的众筹行为。现有众筹监管框架对 ICO 监管也是一种参考，相关部门应对数字货币的性质加以区分，制定相应的监管政策。

共享经济 | Sharing Economy

关联词： P2P 网贷、P2P 保险、区块链

共享经济是一种经济模式，通常被定义为基于点对点的活动，通过社区的在线平台获取、提供或共享对商品和服务的访问。共享经济允许个人和团体从未被充分利用的闲置资产中赚钱。通过这种方式，物理资产作为服务载体可以被共享。

共享经济在过去几年里不断发展，如今它已成为一个“包罗万象”的概念，指的是大量在线交易，甚至可能包括企业对企业（B2B）的交互。其他加入共享经济的平台包括：

联合工作平台——在大城市为自由职业者、企业家和在家工作的员工提供共享的开放工作空间的公司。

P2P 借贷平台——允许个人以比传统信贷实体更低的利率向其他人放贷的公司。

时尚平台——允许个人出售或出租衣服的网站。

自由职业平台——为自由职业者提供匹配服务的网站，范围从传统的自由职业到勤杂工服务。

典型的例子包括出行类的优步（Uber）和滴滴出行，短租类的爱彼迎（Airbnb）等。

虚拟银行 | Virtual Bank，VB

关联词： 数字金融、互联网金融、开放银行

虚拟银行是指通过互联网或其他形式的电子渠道而非实体分支机构提供零售银行服务的银行。[13]

虚拟银行也被称为**网络银行**，主要通过互联网、通信系统和计算机系统向客户提供银行服务，包括ATM机（自动取款机）、POS机（零售终端）、自助银行、电话银行、网上银行和手机银行等载体。

不同于传统银行，虚拟银行没有实体网点，所有服务（包括申请账号、存款、借贷、投资咨询等）都在网上实现，大大缩减了实体网点的租赁成本和人工成本。虚拟银行同时能够实现3A（Anytime、Anywhere、Anyhow）金融服务。

全球第一家真正意义上的虚拟银行是1995年10月18日开业的美国安全第一网络银行（Security First Network Bank，SFNB）。1994年4月，由Area银行、美联银行（Wachovia）、Hunting Bancshares股份公司、Secureware和Five Space计算机公司等联合成立。SFNB获得了美国联邦银行管理机构的批准，其前台业务几乎全部在互联网上开展，当时在金融界引起极大反响。1998年10月，SFNB除技术部门以外的所有部门被加拿大皇家银行（Royal Bank of Canada）以2 000万美元收购。[14]

在中国香港，香港金融管理局率先引入虚拟银行的概念，并于2018年5月30日公布《虚拟银行的认可》指引修订本，阐释了虚拟银行的发牌原则。截至2019年年底，已经有8家机构获得了香港金融管理局发放的虚拟银行牌照。香港虚拟银行持牌名单见表1.1。

中国境内的虚拟银行主要由互联网公司设立，例如，浙江网商银行、深圳前海微众银行，是持有银行牌照的独立法人实体。此外，传统商业银行也在逐步向虚拟银行转型，随着用户习惯于网络金融服务，大量的银行网点将退出历史舞台。

表 1.1 香港虚拟银行持牌名单[15, 16]

发牌时间	名称	股东
2019 年 3 月 27 日	Livi VB Limited	中国银行、京东数科、怡和洋行（Jardine Matheson）
	SC Digital Solutions Limited	渣打银行、携程、香港电讯有限公司（HKT）、电讯盈科（PCCW）
2019 年 3 月 27 日	众安虚拟金融有限公司（ZhongAn Virtual Finance Limited）	众安国际
2019 年 4 月 10 日	Welab Digital Limited（WDL）	WeLab
2019 年 5 月 9 日	蚂蚁商家服务（香港）有限公司［Ant SME Services（Hong Kong）Limited］	蚂蚁金服
	贻丰有限公司（Infinium Limited）	腾讯、中国工商银行、香港交易所、高瓴资本集团（Hillhouse Capital Group）以及知名商人郑志刚先生（通过其投资主体 Perfect Ridge Limited）
	洞见金融科技有限公司（Insight Fintech HK Limited）	小米（90%）、尚乘
	平安壹账通银行（香港）有限公司［PingAn OneConnect Bank（Hong Kong）Limited］	中国平安

开放银行 | Open Banking

关联词： 个人信息、个人金融信息、大数据、数据挖掘、金融数据聚合、账户信息服务、GDPR

开放银行是一种新型商业模式，指的是商业银行通过 API，向第三方机构和信息技术服务商开放数据、算法、交易、流程或其他业务功能，提供更加多样化的金融产品和服务的模式。

开放银行的概念最早于 2015 年出现在英国。这一概念的提出是有其商业背景的。当时，英国前五大商业银行在零售银行市场的占有率达 80% 以上。大银行失去充分竞争的动力，其金融产品和服务创新能力弱化。与之相对，业务垄断造成小银行和金融科技公司进入市场困难，生存空间被不断挤压。两种不利局面都导致市场竞争乏力，消费者要支付更高的交易和服务费用，却无法享受到更好的金融服务。

为了打破这一僵局，欧盟发布的《**支付服务指令**》**第二版**（**PSD2**）要求欧洲的商业银行“必须”把支付服务和相关消费者数据开放给消费者授权的第三方机构和信息技术服务商。其主要目的是降低行业准入门槛，同时加强对消费者对自身信息和数据的所有权的保护。

不仅如此，2018 年，欧盟进一步推出了《**通用数据保护条例**》（**General Data Protection Regulation，GDPR**）。GDPR 通过赋予欧盟居民对个人数据更多的控制权，对网络安全、数字经济进行严格监管。互联网经济和商业银行体系等众多领域受 GDPR 约束。

可以说，PSD2 和 GDPR 为开放银行的规范有序发展和欧盟**个人数据保护**提供了基础保障。

数据属于客户，而不是银行，这是 PSD2 赋予开放银行的一个超前的价值主张。尽管听起来很简单，但它足以改变银行和客户之间的“权力平衡”。开放银行使客户更加自由，客户可以把数据交给任何他 / 它们认为能够提供更好服务的机构。在该商业模式下，商业银行体系将演变为提供金融服务的基础设施平台。

案例 2017 年 5 月，西班牙对外银行（Banco Bilbao Vizcaya Argentaria，BBVA）的 API 开放市场正式对西班牙客户开放。在 API 类型方面，根据 BBVA 官网的数据，截至 2018 年 8 月，BBVA 的 API 开放市场在西班牙、墨西哥、美国 3 个国家共计开放 12 类 API，主要基于零售客群数据、企业客群数据、多渠道数据整合和支付贷款授权。

我国的开放银行尚处于起步阶段。由于我国金融业务采取牌照制度，以及个人数据保护制度尚未制定，共享用户数据、开展开放银行业务还需要监管和立法的进一步完善。2020 年 5 月，全国人大常委会工作报告已经明确指出，围绕我国安全和社会治理，制定**生物安全法**、**个人信息保护法**、**数据安全法**。这意味着个人信息保护法终于有望出台。在商业模式方面，与国外银行开放数据接口不同，国内银行主要借助互联网渠道为各种金融科技应用场景提供新型金融产品和服务。[17]

金融风险管理 | Financial Risk Management

关联词：信用风险、信用风险管理、征信体系、征信机构、系统性风险、网络安全

金融风险管理是指企业通过使用金融工具来管理风险敞口的业务操作，金融风险管理需要确定风险来源，进行度量并计划解决这些问题。

在风险管理中，首先识别、评估和确定风险优先级，然后将经

济资源用于最小化、监视和控制不利事件发生的可能性，以最大限度地把握机会。在 2008 年金融危机之后，金融部门越来越重视风险管理。除了政府制定更严格的规定外，金融机构也比以往更加谨慎。所有业务都基于两个因素来承担风险：不利情况发生的可能性以及此不利情况带来的成本。

金融风险管理可以通过定性和定量的角度开展。作为一个专业化风险管理领域，金融风险管理侧重于何时及如何使用金融工具来对冲高风险敞口。

银行和金融科技初创公司都面临 3 种主要的风险：信用风险、市场风险和操作风险。

信用风险是最常见和重要的金融风险，是指由于借款人未能及时、足额偿还债务而产生的债务违约风险。

市场风险是指因市场价格变动而导致头寸[①]损失的风险。

操作风险是指由于内部流程、人员和系统的不完备或失效，或者外部事件（包括法律风险）而导致损失的风险。

风险管理是一套完善的专业流程，如图 1.2 所示，包括**风险识别（Risk Identification）**、**风险测量（Risk Measurement）**、**风险处置策略（Risk Treatment Strategy）**和**风险管理实施（Risk Management Implementation）**。

风险识别：在确定的风险管理范围内，识别所有潜在的风险。通过风险识别可以分析潜在风险的来源（例如，较低的房价可能会导致较低的回收率和较高的抵押贷款损失）或识别潜在的威胁（例如，哪些因素会导致按揭贷款损失增加）。识别所有风险需要对金融

① 头寸（Position）是一个金融术语，指的是个人或实体持有的特定商品、证券、货币等的数量。汉语将 Position 翻译为头寸，源于旧社会作为货币的“袁大头”每 10 个摞起来为 1 寸。

产品有很好的了解。一个主要的风险是在组织中由于能力不足而缺乏识别能力。

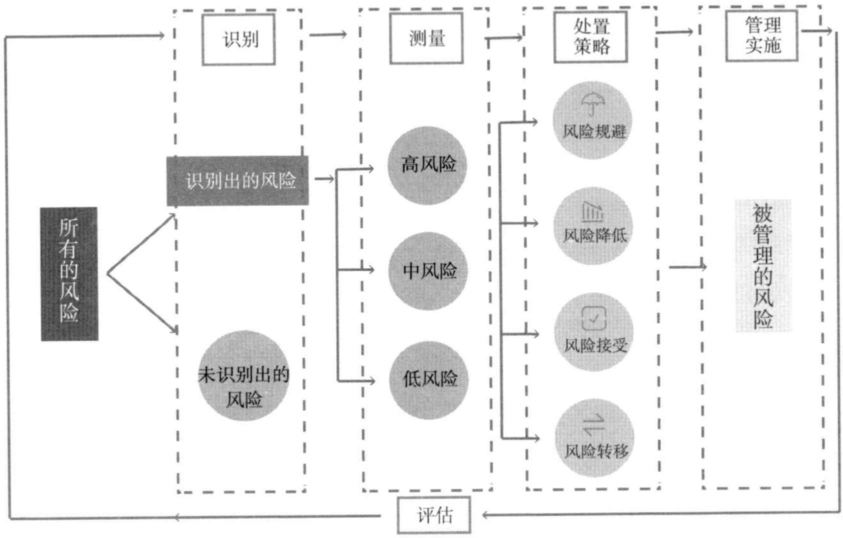

图 1.2 风险管理

风险测量：要给出确定的风险来源，需要对风险进行量化。对于信用风险，这意味着，需要确定实际违约概率和风险驱动因素（如企业的盈利能力）的变化对违约概率的影响。如果房价下降10%，那么违约损失会增加多少？风险测量需要对过去的事件进行彻底的统计分析。当过去的事件只在有限的范围内有效时，可以应用理论模型和专家知识来量化风险。

风险处置策略：可以通过以下 4 种方法对风险进行处置。

1. 风险规避：处理风险的一个简单方法就是规避风险。这意味着一个人不会投资风险太高或对其风险了解不充分的产品。

2. 风险降低：风险降低或缓解意味着一个人承担部分风险，但不承担全部风险。对于高风险的行业，可能需要银行在个体违约的情况下出售其抵押品。

3. 风险接受：作为业务战略的一部分，一个人接受或保留必须承担的风险。风险接受通常适用于低风险资产。

4. 风险转移：一个人将风险转移到另一家银行或保险公司。被称为金融担保人的保险公司为信用风险提供担保。

风险管理实施：一旦定义了风险管理策略，就开始实施，并投入相应的人力、物力、财力，包括人员、统计模型和 IT（信息技术）系统。[18]

2 人工智能相关支持技术

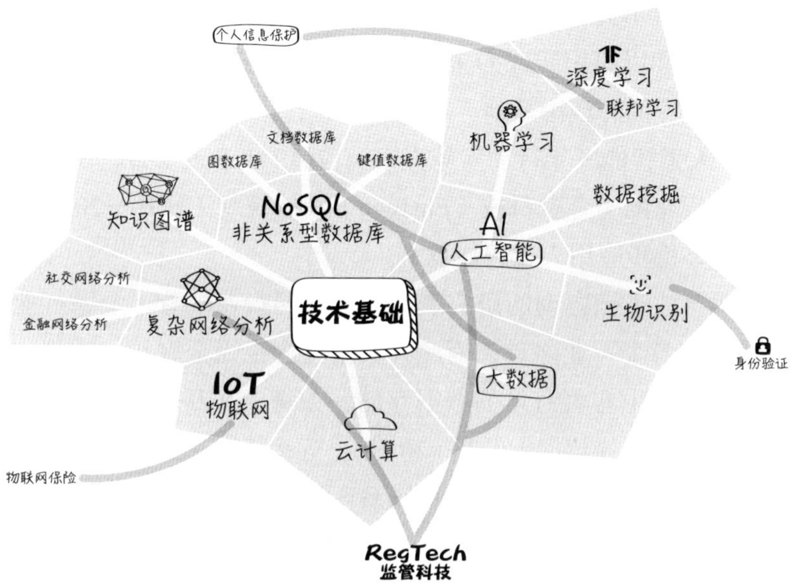

图 2.1 人工智能相关支持技术模块知识图谱

在历届金融博览会上，可以看到全球各大 IT 公司颇具规模的展位，这是因为金融是信息技术的最佳应用场景之一。新技术不仅在金融领域的应用最容易产生效果，而且金融业也最容易为新技术的红利买单。金融科技的成功应用往往能够带动一般经济场景的技术应用，例如，从作为金融科技代表性产品的 ATM 机的引入到现在各种各样的民用一体机的广泛应用，从金融领域的人脸识别的深入应用推广到各种生活场景的生物识别。人工智能相关支持技术模块知识图谱如图 2.1 所示。

首先，金融科技并不是一个全新的名词。从过去的机械动力和电子技术对金融业的改变，到信息技术和金融业务的融合，只能说技术进步对金融业的影响越来越深入，其迭代升级越来越快。

本次信息技术浪潮以大数据、云计算和物联网等技术为驱动力，以人工智能技术为核心，人工智能技术包罗万象，以理论分析为主的机器学习和以应用实践为主的数据挖掘都是其重要分支，人工智能也是金融智能的理论基础。2016 年 5 月，中央四部委发布了《“互联网 +” 人工智能三年行动实施方案》。2019 年 9 月 6 日，中国人民银行正式发布的《金融科技（FinTech）发展规划（2019—2021 年）》中也提出要稳步应用人工智能技术。

其次，波士顿咨询的研究表明：从不同行业来看，金融行业的数据强度为各个行业之首，因此大数据理念很受金融机构重视。举例而言，银行中有着海量的数据存储，在每 100 万美元收入中，银行业创造和使用的数据大约是 820 GB，远多于其他行业。麦肯锡的研究报告也称，大数据、云计算以及区块链等下一代金融颠覆性技术正逐步成熟。

大数据提供了丰富信息的原材料，云计算则提供了计算服务的新动能，物联网延伸了信息感知的边界。基础支撑技术的飞跃发展让金融智能化有了可能，深度学习的异军突起使人脸识别和语音识别的准确率得到大幅度的提升，使金融身份识别技术升级换代。作为深度学习的一个分支，联邦学习目前被应用于解决个人隐私安全问题。反洗钱领域也是人工智能技术的应用场景。智能分析算法的进步使自动量化投资和聊天机器人得到越来越多的应用。国内“人工智能 + 投资顾问”形式的智能投顾初创企业陆续出现。

信用评分产品是机器学习和数据挖掘在金融领域成功应用的一个典范，自动化决策代替了人工分析，促进了全球信贷市场的快速发展。目前，越来越多的人工智能技术被逐渐应用于未来信用评分产品的研发。

同时，技术的进步也带来了商业模式的创新，例如，物联网技术就催生出物联网保险业态。

再次，传统的关系型数据库以查询为主，适合存储结构化数据。大数据和智能分析对数据库技术提出了新的要求，于是非关系型数据库应运而生，对统治金融领域数十年的大型机、小型机带来了挑战和冲击。

知识图谱是一种特殊的图数据库。对大数据进行深入挖掘和智能分析可以获得丰富的知识，就金融机构如何对知识进行管理以便于检索和理解，知识图谱技术提供了有力的工具。目前，国内多家金融机构正在尝试知识图谱的商业应用。

再次，金融系统变得越来越复杂，传统的特征向量描述和线性分析模型已经满足不了充斥着各种关联的金融系统，适合复杂系统建模的复杂网络分析技术在 2008 年金融危机之后变得越来越重要，从“太大而不能倒”到“太关联而不能倒”，从宏观系统性风险分析到微观信用风险管理，未来甚至会形成金融网络分析的相关学科。而社交网络分析是现代社会学中的一项关键技术①，其理念和技术相对比较成熟，可以用于一些金融分析场景，例如反洗钱。

“一图胜千言。”无论是知识的可视化还是网络分析结果的可视化，都可以更好地帮助决策人员或跨领域、跨部门的专业人士理解金融现象。

关于人工智能的挑战和未来展望，目前金融智能的发展仍低于预期，在很多金融交易环节很难完全实现自动化，可以预见，在未来一段时间内，金融智能仍会以“人工智能 + 专业经验”的形式提供金融决策支持。

人工智能在金融领域应用中的“黑箱”问题，即算法的可解释

① 社交网络分析和社会网络分析的英文都是 Scoial Network Analysis，社会网络分析的研究对象是社会中的主体，覆盖面广；社交网络分析的对象往往是个人，数据来源是各种社交媒体，本书采用社交网络分析的概念。

性问题，一直没有得到很好的解决，因此金融智能应用中存在的交易风险不容忽视。同时，人工智能带来的道德伦理问题和监管问题也需要引起关注。

人工智能对金融领域的深远影响还无法预测，找到真正的应用场景还需要认真思考。

人工智能 | Artificial Intelligence，AI

关联词：量化投资、智能投顾、信用评分、监管科技、反洗钱、生物识别、身份验证、欺诈检测、大数据、云计算

人工智能指一系列可以执行感知、学习、推理和决策任务的计算机技术，目的是让机器能像人一样解决问题。人工智能系统通过正确解释外部数据，从外部数据中学习，并获取解决任务的能力，从而实现特定的目标。

人工智能是一个综合性、跨学科的技术概念，侧重于感知、分析、预测和决策，涵盖机器学习等学科。在过去十几年中，得益于大数据技术、算法和计算能力的提升，人工智能在金融科技、互联网、物联网等行业取得长足发展。

> 阿尔法围棋（AlphaGo）所代表的人工智能在 2015 年大放异彩，所展示出的机器深度学习能力让**大数据**处理有了新的方向。科技界人士对于人工智能在金融行业的应用充满了期待，希望机器人通过大量学习现有的金融数据、策略、研报等，成为一个脑容量巨大、计算力超群的投资大师。

目前，业界普遍应用的人工智能方面的算法和技术包括**自然语言处理**（**Natural Language Processing，NLP**）、**计算机视觉**（**Computer Vision**）和**机器人**（**Robotic**）等。

> **自然语言处理**研究的是能实现人与计算机之间用自然语言进行有效通信的各种理论和方法。自然语言处理广义上被定义为通过软件自动识别和处理自然语言（语音和文本）。借助自然语言处理，通过文本分析，可以进行垃圾邮件检测（Email Spam Detection）。在金融领域，自然语言处理可以用来构建金融**知识图谱**和进行舆情分析。自然语言处理也是智能客服应用的重要支撑。

> **计算机视觉**是指使用计算机及相关设备对生物视觉功能进行模拟，从而使机器具备视觉功能。机器视觉（Machine Vision）是指使用摄像机等图像摄取装置将被摄取目标转换成图像信号，然后传送给专用的图像处理系统，图像处理系统将图像信号转换为数字信号，进行数字信号处理，从而捕获并分析视觉信息。计算机视觉和机器视觉都可用于金融身份识别和欺诈检测。

> **机器人**通常被用于执行人类难以执行或难以持续执行的任务。机器人技术是一个专注于设计和制造的工程领域。例如，配置到汽车装配线、在医院办公室清洁、在旅馆提供食物和准备食物、在农场巡逻甚至完成警察的功能。在**金融科技领域**，机器人可用于智能客服应用和**机器人流程自动化**。

商业银行应用人工智能的历史可以追溯到1987年。当时，美国平安太平洋国际银行（Security Pacific National Bank，SPNB）成立了一个防欺诈小组来打击未经授权使用借记卡的行为。诸如 Kasisto 和 MoneyStream 之类的程序在金融服务中使用了人工智能。

现在，人工智能在金融行业的应用主要涉及基于生物识别的**身份验证**（例如人脸识别和语音识别）、自动**量化投资**和聊天机器人等。

案例 一家新兴对冲基金 Aidyia 开发了自动交易机器人，该智能系统可以分析出大量数据中蕴含的人们不能轻易发现的模式和规律。计算机辅助交易虽不是什么新鲜事，但是该公司希望可以开发智能软件，在没有人工指导或干预的情况下，这些智能软件可以自行适应快速变化的交易市场。除了价格数据和技术图形分析，该智能系统充分研究了现有数据，集合不同语言的新闻报道、基本因素和经济数据，以及其他多个市场的价格和成交量，综合各种资料，经过复杂验算，最终组合成模型，就个股在未来一个星期或一个月将出现的价格走势做出预测。[1]

案例 Kensho 是美国一家基于大数据和人工智能技术的金融科技公司，专注于就各类事件对金融市场的影响进行智能分析。该公司在 2014 年获得了高盛的投资。Kensho 研发了一种针对专业投资者的大规模数据处理分析平台。该平台将取代现有各大投行分析师们的工作，可以快速、大量地进行各种数据处理分析并能实时回答投资者所提出的复杂的金融问题，如各种数据、股票走向等，有望成为金融领域的虚拟市场研究助手。如对于“当油价高于 100 美元一桶时，中东政局动荡会对能源公司的股价产生怎样的影响”等问题，即使对冲基金的分析师能找到所有数据，也要花数天的时间才能得出答案。但 Kensho 的软件可以通过扫描药物审批、经济报告、货币政策变更、政治事件以及这些事件对全球几乎所有金融资产的影响等 9 万余份资料，立刻为 6 500 万个问题找到答案。[2]

现在，脑科学的发展程度还远远不够，甚至可以说人们对人类大脑的运行过程知之甚少。从这个角度看，说人工智能可以理解大数据还为时尚早。人类对于大数据的应用仍处于数据收集和基本分析的发展阶段。因此，智能金融在一些重要的交易环节还不能完全实现自动化。可以预见，未来一段时间内，智能金融仍会以“人工智能 + 专业经验”的形式提供金融决策支持。[3]

机器学习 | Machine Learning，ML

关联词：信用评分、欺诈检测、量化投资、反洗钱、监管科技

机器学习是专门研究计算机怎样模拟或实现人类的学习行为，以获取新的知识或技能，重新组织已有的知识结构使之不断改善自身的性能的计算机应用领域。机器学习是人工智能的核心子集。

机器学习是**人工智能**的热点研究方向。在**图像识别**、**语音识别**、**自然语言处理**、**天气预测**、**基因表达**、**内容推荐**等方面都有重要应用。机器学习的核心思想是通过输入海量训练数据（也称样本数据）对模型进行训练，使模型掌握数据所蕴含的潜在规律，进而对新输入的数据进行准确的分类或预测。这与人的学习过程类似，人通过分析以往的经验，获得新的方法，从而对未来的新问题进行预测。

机器学习流程如图 2.2 所示。

图 2.2 机器学习流程

机器学习与计算统计学（Computational Statistics）紧密相关，其基于训练数据建立数学模型，以便进行预测或决策，而无须明确编程以执行任务。

数据挖掘（Data Mining，DM）是机器学习中的一个研究领域，专注于通过无监督学习进行探索性数据分析。在实际应用中，机器学习与数据挖掘通常采用相同的方法，有很多重叠之处。两者的区别在于，机器学习侧重于预测，从训练数据中获知已知知识的属性，而数据挖掘则侧重于从大规模数据中发现新知识。

机器学习在金融领域的应用是近年来的热点领域，包括市场营销获客、**信用风险评估**、**反欺诈**、金融数据质量检测、**量化投资**和**监管科技**应用等。

案例 ZestFinance 信用评估模型 美国金融科技公司 ZestFinance 采集与信贷相关的 70 000 个信号，如图 2.3 所示，在 10 个分散的模型上运行，每一个模型都需要成百上千个变量，都有不同的预测功能。这 10 个模型以如下方式进行投票：让你最聪明的 10 个朋友坐在一张桌子旁，然后询问他们对某一件事情的意见。这种机制的决策性能远远好于业界的平均水平。[4]

此外，机器学习的前沿研究和应用还包括**集成学习（Ensemble Learning）**和**联邦学习（Federated Learning）**。

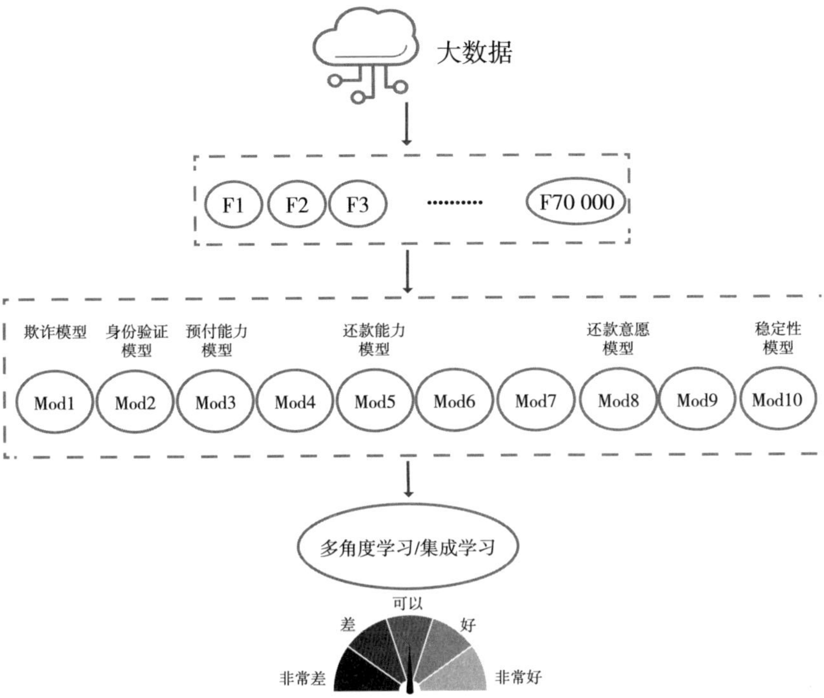

图 2.3 基于集成学习的信用评估模型

集成学习是使用一系列算法模型进行分析预测，并使用某种规则对各个模型的分析结果进行整合从而获得比单个算法模型更好的预测效果的一种机器学习方法。如果把单个模型比作一个决策者的话，那么集成学习就相当于多个决策者共同进行一项决策。由于融合多种信息和综合多种决策机制，经过集成学习得到的分析预测要明显优于单一模型。不同角度的信息存在关联，各自包含互补信息，多角度学习过程相当于一个不断收集证据的过程，加强信息互补，进行信息融合。

假设两个独立的评估模型关于利润率提升的结果分别是提升至

> 16.9% 和 9.4%，传统信用评估中，第二个模型可能被弃用，但如果发现这两个模型包含互补信息，那么将这两个模型的结果融合，可以将利润率提高至 38%。

联邦学习是机器学习的应用话题，这是由于金融行业的数据源往往分散在不同的互联网公司，这些数据是互联网公司的核心资源，它们并不愿意与其他商业实体进行交换。并且，大规模的数据交换也会产生**个人隐私问题**、**数据泄露**和**信息安全事件**。金融科技行业为解决这一问题，提出了联邦学习的概念。

数据挖掘 | Data Mining，DM

关联词： 大数据、信用评分、替代数据、数据代理商、个人信息保护、欺诈检测、受益所有人

数据挖掘是指从大型数据集里自动搜索隐藏于其中的有着特殊关联的信息的过程。

数据挖掘是跨计算机科学和统计学的一个子领域，其价值是使用智能方法从数据集中提取信息，并将信息转换为可理解的结构，以供进一步使用。数据挖掘是数据库**知识发现（Knowledge Discovery in Database，KDD）**的子过程。除了数据挖掘，数据库知识发现还涉及数据库管理、数据预处理、频繁模式挖掘、聚类分析、分类、文本分析和可视化等方面。

数据挖掘对大量数据进行半自动或自动分析，以提取以前未知的有趣模式，包括数据记录组（集群分析）、异常信息记录（异常检测）和依存关系（关联规则挖掘、顺序模式挖掘）。数据挖掘通常需要使

用数据库（DataBase，DB）和数据仓库（Data Warehouse，DW）技术。

数据挖掘与数据分析有所不同。数据分析用于测试数据集上的模型和假设，与数据量无关。数据挖掘则借助机器学习和统计模型来发现大量数据中的隐含模式。

由于金融领域的数据密度高、质量好，数据挖掘在该领域的应用最为广泛，例如，信贷风险评估（信用评分），市场营销中的顾客分类、分群和推荐，**反洗钱**和**欺诈检测**等。

信用评分是数据挖掘在金融领域最成功的应用，可以说信用评分是数据挖掘的“前辈”，因为其出现和应用的时间远早于数据挖掘（数据挖掘的历史还不到 30 年），信用评分是消费者行为数据方面最早的应用之一。说起信用评分模型，大家就会提起逻辑回归模型，但是实际上信用评分模型的构建过程并不是简单应用逻辑回归之类的预测算法，目前数据挖掘中最常用的技术，包括聚类、分类特征选择、相关性分析以及预测分析等，在信用评分中都得到了成功的应用。图 2.4 展示了信用评分的基本流程。[5]

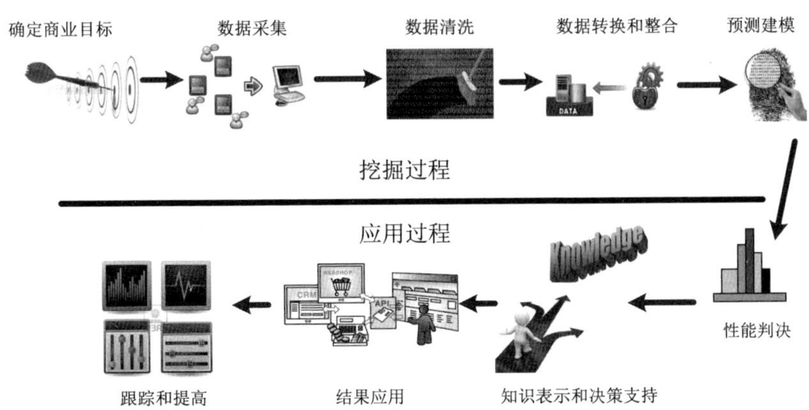

图 2.4 数据挖掘应用示例（以信用评分为例）

大数据 | Big Data

关联词： 人工智能、替代数据、个人信息保护、信用评估、复杂网络分析、压力测试、物联网

大数据是利用高级分析技术来处理大规模、结构复杂和高频的数据集，以获得高价值信息的工程领域。大数据分析技术所处理的数据集包括结构化、半结构化和非结构化数据，数据规模从万亿字节（TeraByte，TB）到泽字节（ZettaByte，ZB）不等。

随着**人工智能**、移动互联网、**社交网络（Social Network）**和**物联网**等新经济领域的发展，来自各种传感器、事务性应用程序、社交媒体等新数据源的数据规模越来越大，数据形式越来越复杂，并且大部分数据还是实时产生并需要立即计算的。

在这样的形势下，大数据应运而生。大数据是一个用于描述数据集的术语，其大小或类型超出了传统关系型数据库以低延迟捕获、管理和处理数据的能力。

大数据的概念最早于2001年由信息技术研究和分析公司高德纳咨询公司（Gartner）提出。尽管如此，直到2009年，大数据这个概念才逐渐在互联网行业传播开来。知名数据科学家维克托·迈尔－舍恩伯格（Viktor Mayer-Schönberger）总结了大数据的“4V”特征，即高容量（Volume）、高速度（Velocity）、高多样性（Variety）、高价值（Value）。[6]

大数据分析技术使分析师、研究人员和商业用户可以使用以前无法访问或无法使用的数据做出更快、更好的决策。企业可以使用先进的分析技术，例如**文本分析**、**机器学习**、**预测分析**、**数据挖掘**、**统计**和**自然语言处理**，单独或与其他企业一起从以前未使用的数据

源中获取新的信息。

金融领域是大数据分析技术应用的理想场景，大数据分析技术不仅可以用于微观信用风险分析，还可以辅助进行**系统性**金融风险分析和经济决策。[7,8,9]

图 2.5 展示了大数据在金融领域的应用及其市场参考份额。其中，组合投资和资本市场分析、风险模型构建、信贷和信用卡办理、实时安全监测是大数据在金融领域的重要应用。[10]

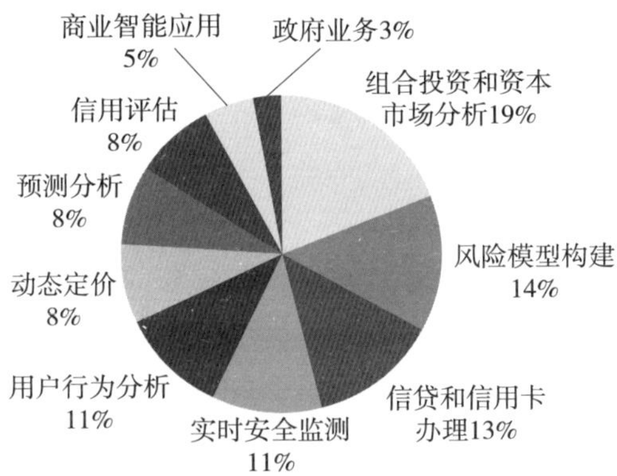

图 2.5 大数据在金融领域的应用及其市场参考份额

案例 知名互联网金融公司 ZestFinance 由谷歌和第一资本金融公司（Capital One Financial）的前员工组建。ZestFinance 凭借其大规模数据量及大数据分析技术，将贷款放给信贷记录差或无信贷记录的客群。大多数美国的银行依赖费埃哲（FICO）的信用评估，该信用评估基于 15～20 个变量。然而，ZestFinance 则能够监测成千上万个指标，并在 250 毫秒内得出分析结果。

ZestFinance 对消费者的信用评估与费埃哲一样，也是基于两个基本面的信息：消费者的还款能力和消费者的还款意愿。不同之处在于，传统征信依赖于银行信贷数据，而 ZestFinance 大数据征信的数据不仅包括信贷数据，还包括与消费者还款能力、还款意愿相关的一些描述性风险特征数据。对这些相关描述性风险特征数据的抽取与筛选是 ZestFinance 的核心技术。不过，这些数据和消费者的信用状况的相关性较弱，ZestFinance 凭借强大的技术引擎收集更多的数据维度来加强对这些弱相关数据的描述能力。这使大数据征信不依赖于传统信贷数据，对传统征信无法服务的信贷记录差或无信贷记录的人群进行征信，从而实现对整个消费人群的覆盖。[11] 基于大数据的信用评估思路如图 2.6 所示。

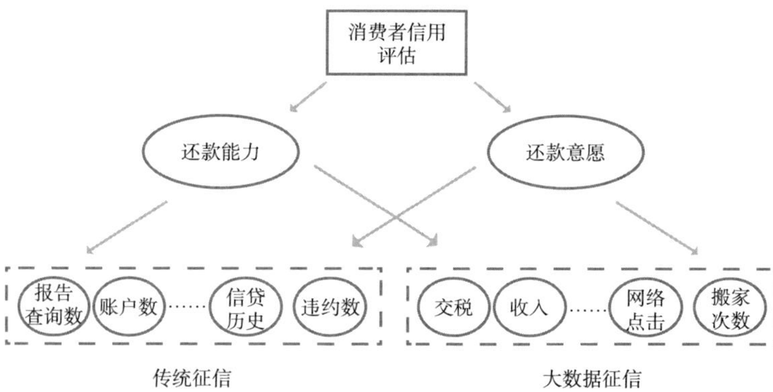

图 2.6　基于大数据的信用评估思路

案例　美国三大征信机构之一益博睿（Experian）开发出跨渠道身份识别（Cross-Channel Identity Resolution，CCIR）引擎，利用大数据技术挖掘消费者购物行为、在线浏览方式、电子邮件回应和社交媒体活动等数据所包含的有效信息，可以满足营销人员应对社交网络、网页浏览等消费者接触点实时更新的需求。例如，跨渠道身份识别可以判断商场中的某一特定消费者与关注该商场在脸书（Facebook）和推特（Twitter）上的营销账号的某一消费者是否为同一个人。

知识图谱 | Knowledge Graph

关联词： 机器学习、自然语言处理、复杂网络分析、可视化

知识图谱是信息技术领域的一种基于图的数据结构，用来描述客观世界中的概念、实体（Entity）和关系（Relation）。知识图谱的数据结构由节点（Point）和边（Edge）组成，每个节点表示语义符号，即概念和实体，每条边表示语义符号之间的语义关系。通俗来讲，知识图谱就是把所有不同种类的信息连接在一起而得到的一个关系网络，提供了从关系的角度去分析问题的能力。

知识图谱可以被看作一种图结构的**数据库**，所有需要用到数据库的场景都可以做成图谱。任何特定行业都可以建立自己的知识图谱，方便知识管理和知识搜索，只是工程量大、费时费力，需要长期维护。

知识图谱是一种知识管理工具，和本体（Ontology）联系密切。在表现形式上，知识图谱和语义网络（Semantic Network）相似。语义网络由相互连接的节点和边组成，节点表示概念（Concept）或者对象（Object），边表示它们之间的关系。不过，语义网络更侧重于描述概念或对象之间的关系，而知识图谱则更偏重于描述实体之间的关联。

知识图谱是由谷歌在 2010 年收购了开放式数据库公司 MetaWeb 后发展而来的。MetaWeb 当时专注于将不同文字表述与同一实体连接起来，并探索这些实体的属性（如明星的年龄）以及彼此之间的联系，最终提供一种新的搜索形式。有了知识图谱，谷歌可以更好地理解用户搜索的信息并总结出与搜索相关的内容，帮用户找出更准确的信息。用户利用知识图谱往往会获得意想不到的发现。例如，用户可能会了解到某个新的事实或新的联系，从而促使其进行一系列全新的信息检索。

通过知识图谱可以完成两个重要的目标：

1. 通过知识分类提高搜索精度。

2. 通过知识分类优化搜索结果的展示。

知识图谱的关键技术有：

1. 实体的抽取，是指从无结构或半结构的 Web 文档中提取结构化的信息，并将其关联到某个实体概念上。

2. 知识图谱中实体和实体之间关系的建立。

案例　谷歌知识图谱是谷歌的一个知识库，其使用语义检索从多种来源收集信息，以提高谷歌搜索的质量。谷歌于 2012 年将知识图谱加入其搜索服务，首先在美国使用。据谷歌称，知识图谱的信息有许多来源，包括美国中央情报局（CIA）的《世界概况》、Freebase 和维基百科。其功能与 Ask.com 和 WolframAlpha 等问题问答系统相似。截至 2012 年，谷歌知识图谱的语义网络包含的对象超过 570 亿个，介绍超过 18 亿个，这些不同的对象之间有链接关系，用来理解搜索关键词的含义。知识图谱应用示例如图 2.7 所示。

案例　金融行业业务本体（the Financial Industry Business Ontology，FIBO）是一个商业概念模型库，描述了金融行业中的金融工具、商业实体和工作流程，将金融知识标准化和模型化，可用于数据协调、标准化数据集成和机器学习。

案例　腾讯知识图谱项目 Topbase 是腾讯技术工程平台部（TEG-AI）构建和维护的一个通用知识领域图谱项目。Topbase 涉及 226 种概念和 1 亿多个实体。在技术上，Topbase 支持知识图谱的自动构建和数据的及时更新。目前，Topbase 主要应用于微信的“搜一搜”、信息流推荐和智能问答等产品中。[12]

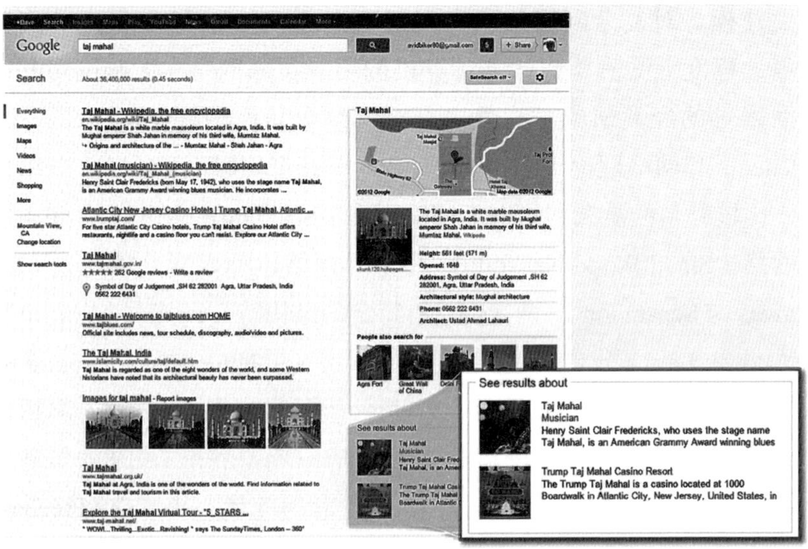

图 2.7 知识图谱应用示例

注：查找 Taj Mahal（泰姬陵），给出了相应的结果，包括音乐家和纪念陵墓两类。

复杂网络分析 | Complex Network Analysis，CNA

关联词： 金融网络分析、担保圈、反洗钱、监管科技、支付网络、欺诈检测、压力测试、金融风险管理

复杂网络是指具有自组织、自相似、吸引子、小世界、无标度中部分或全部性质的网络。通俗来讲，复杂网络就是一种呈现高度复杂性的网络。

复杂网络是由数量巨大的节点（研究对象）和节点之间错综复杂的关系（研究对象之间的关系）共同构成的网络结构。复杂网络分析技术针对越来越多、越来越复杂的事物之间的关联关系进行非

线性建模。对复杂网络的研究兴起于21世纪初，这个概念的出现在很大程度上受到了对诸如计算机网络、技术网络、大脑网络和社交网络等的经验研究的启发。复杂网络分析、网络科学（Network Science）和网络理论（Network Theory）有密切联系。

比较有名的复杂网络有无尺度网络（Scale Free Network）和小世界网络（Small World Network），小世界网络也称六度分隔理论（Six Degrees of Separation）。两者都具有特定的结构特征，其中，前者呈幂律（Power Law）分布，后者则是高聚类（Non-homogeneous Nature）。

复杂网络分析最初应用于文献计量学（Bibliometrics），之后用于网络搜索。复杂网络分析最初的成功应用是谷歌在1998年利用PageRank算法解决了海量网页实时搜索的问题。[13] **社交网络分析（Social Network Analysis，SNA）**紧随其后。脸书、腾讯、推特和微博的崛起都与社交网络技术的应用有关。基于某地区企业之间担保贷款的复杂网络建模如图2.8所示。

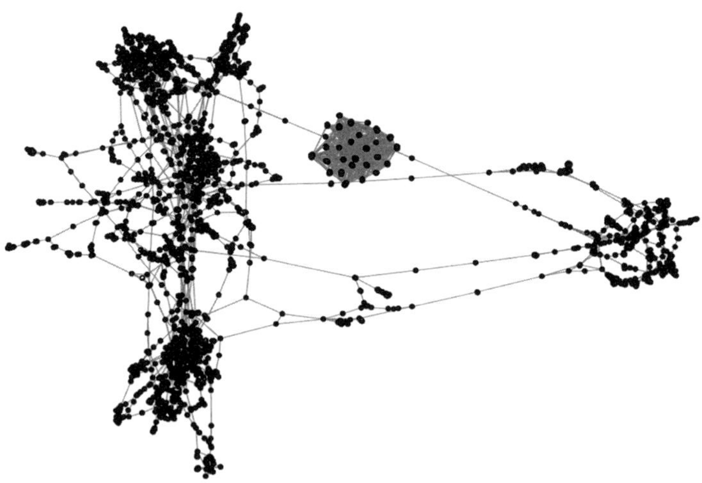

图2.8 基于某地区企业之间担保贷款的复杂网络建模

注：其中企业为网络节点，连接线为企业之间的贷款担保关系。

复杂网络也是研究传染病的一种重要的数学模型，无论是曾经的 SARS（重症急性呼吸综合征）病毒还是现在的新型冠状病毒 2019-nCOV，其传染病模型都有一个重要的概念，叫作基本再生数（Basic Reproduction Number）。其含义是一个典型的感染者会让多少其他人被感染。若基本再生数大于 1，则疾病会蔓延；若小于 1，则疾病会消失。

金融网络中也有类似于传染病的问题，例如金融危机。

就复杂网络分析在金融领域的应用而言，**供应链网络（Supply Chain Network，SCN）**是多年来的经典应用。2007—2008 年全球金融危机之后，金融网络蓬勃发展。复杂网络是金融系统的良好模型。网络理论是系统风险的分析基础。国外金融机构、中央银行和金融监管机构已经将复杂网络分析应用于银行间拆借市场，监测欺诈行为，开展流动性、系统性等金融风险的管理。

此外，**欺诈检测**和**反洗钱**也是复杂网络分析的合适应用场景。

社交网络分析 | Social Network Analysis，SNA

关联词：复杂网络分析、金融网络分析、可视化

社交网络分析，也称社会网络分析，是指通过网络和图论研究社会结构的过程。它根据节点（网络中的各个参与者或事物）以及它们之间的连接（关系或交互作用）来表示网络结构。

通常通过社交网络分析得出的可视化社交结构包括社交媒体网络、模因传播网络、信息流通网络、朋友和熟人网络、商业网络、

知识网络、社交网络、合作关系图、亲戚关系和疾病传播。这些网络通常借助社交网络的可视化，其中节点用点表示，关系用线表示。可视化通过改变节点和线的视觉关系反映特定的属性，提供了一种定性评估网络的方法。

一个多世纪以来，人们就使用社交网络来描述复杂的社会系统下成员之间的关系，囊括所有层级，从人际关系到国际关系。1954年，巴恩斯（J. A. Barnes）开始使用这个术语，系统化地呈现关系模式，统一了大众与社会科学家眼中的传统概念：有限制的群体（如部落、家庭）和社会分类（如性别、种族）。

社交网络分析已成为现代社会学中的一项关键技术。一些学术研究已经显示，社交网络分析在很多层面（从家庭到国家层面）运作，并起着关键作用，决定问题如何得到解决，组织如何运行。它还应用于人类学、生物学、人口统计学、传播研究、经济学、地理、历史、信息科学、组织研究、政治科学、公共卫生、社会心理学、发展研究、社会语言学和计算机科学，现在还可以作为一种消费者分析工具。

社会学理论认为，社会不是由个人而是由网络构成的，网络中包含节点及节点之间的关系，社交网络分析通过对网络中关系的分析探讨网络的结构及属性特征，包括网络中的个体属性及网络整体属性，网络个体属性分析包括点度中心度、接近中心度等；网络的整体属性分析包括小世界效应、小团体研究、凝聚子群等。社交网络示意图如图 2.9 所示。

对于**反洗钱**这种需要挖掘客户关系、分析海量交易的工作，社交网络分析特别适用。在资金网络分析中，受益所有人的人际关系往往不能直接得到，即便可分析，所带来的巨量信息也无法提供有用信息。计算能力的限制、交易对象的复杂加大了网络分析的规模，洗钱者与正常交易人员在交易方式上的细微差别可能在大规模的网络分析中消失。因此，要挖掘金融情报，从大规模的资金网络中找出高质量的信息，需要灵活地运用社交网络分析方法。

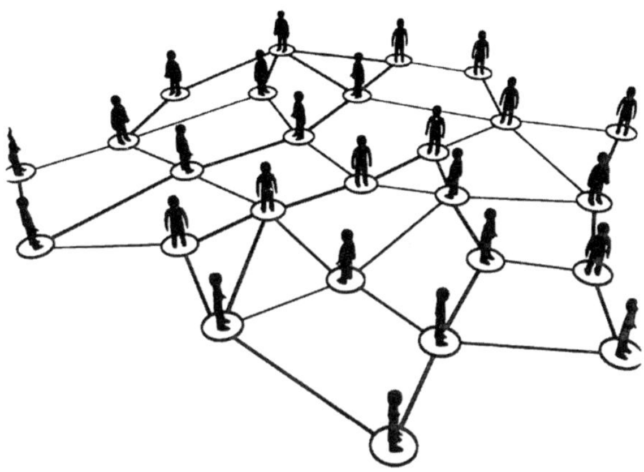

图 2.9 社交网络示意图

可视化 | Visualization / Inforgraphic

关联词： 数据挖掘、反洗钱、知识图谱、情报可视化

可视化（Visualization）是利用计算机图形学和图像处理技术，将数据转换成图形或图像在屏幕上显示出来，并进行交互处理的理论、方法和技术。

在日常生活中，可视化技术常常是被优先选择的技术，用来解释气象、经济和选举等的结果。[14] **可视化**可以使一些复杂问题简化。尽管大多数技术学科（例如数据挖掘）中通常强调算法或数学方法，但可视化也能在数据分析和结果理解方面起到关键作用，特别是将分析结果呈现给跨领域或高级别的人士以辅助决策分析。

通常将可视化扩展为可视分析（Visual Analytics）。可视分析是信息可视化和科学可视化领域的产物，其重点在于交互式可视界面所促进的分析推理。

对于可视化，有“一图胜千言”的说法。可视化或可视化分析对于金融领域的大数据分析变得越来越有用。可视化可以分为信息可视化、知识可视化、产品可视化和网络可视化。

信息可视化（也称数据可视化，Data Visualization）：专注于使用计算机支持的工具来探索大量抽象数据，通过图形清晰有效地展示数据，已经得到广泛应用，例如编写报告、管理工商企业、跟踪任务进展等。人们还可以利用可视化技术发现原始数据中不易观察到的数据联系，利用**数据可视化**制作一些图案，例如数据云图。[15]

知识可视化：使用视觉技术表示知识传递，其目的是通过互补使用计算机和基于非计算机的可视化方法来改善知识的传递。

产品可视化：涉及可视化软件，用于查看和操作产品相关3D模型、技术制图、组建和装配流程，可以方便理解产品。

网络可视化：节点为圆点或其他形状，通过有向或无向的边来连接，通常是理解网络结构的最佳方式。除了节点相互连接的基本结构以及可选的连接方向外，网络可视化还可以显示节点和连接属性，例如，社团发现或连接权重。

最有用的网络可视化是交互式的，尤其是在网络复杂的情况下。例如，交互式网络可视化允许用户放大和缩小，以及拖动节点以更改其位置或选择节点以仅显示其本身及其相邻节点。附加的节点和链接信息可能会在鼠标悬停时显示，并且高级可视化功能允许用户交互式地更改映射和填充节点或链接。

可视化往往和复杂网络分析联系密切，复杂网络分析的一个显著特点就是可以对分析结果进行可视化呈现，图2.10是全球股票市场网络的可视化。[16]

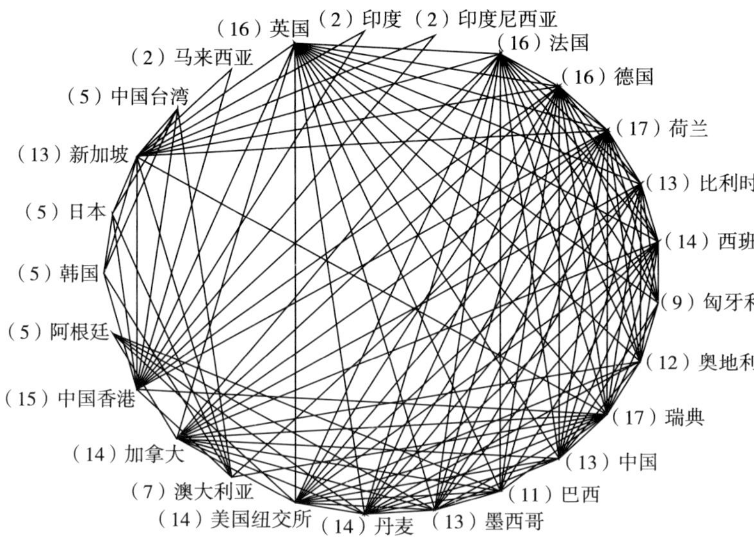

图 2.10 全球股票市场网络的可视化

深度学习 | Deep Learning，DL

关联词： 量化投资、欺诈检测、生物识别、数据挖掘

深度学习是**人工智能**领域中**机器学习**的分支，是一种以人工神经网络（Artificial Neural Network，ANN）为基础架构，对数据进行特征学习的计算机算法。

深度学习的概念源于人工神经网络的相关研究。与人工神经网络类似，深度学习也试图模仿大脑神经元之间递质的传递和信息的处理。与人工神经网络的区别在于，深度学习是以专家系统（Expert System，ES）为代表，用大量“如果－就”（If-Then）规则定义的“自上而下”的算法结构，而人工神经网络则是一种“自下而上”的结构。

深度学习被应用到机器学习领域。包含多个隐藏层的多层感知器就是一种深度学习结构。深度学习通过多层处理，逐渐将初始的“低层”特征表示转化为“高层”特征表示，之后用简单模型即可完成复杂的分类等学习任务。正因为有这么多特性，深度学习也可以称作特征学习（Feature Learning）、表示学习（Representation Learning）或分层学习（Hierarchical Learning）。

机器学习的算法和数据训练集中在特征学习和表达部分。有趣的是，这部分工作一般是由人工而非机器完成的。人类专家通过建立模型描述样本的特征，但是人类专家设计出好的模型并非易事。如果用算法自动学习取代人类专家建模，就需要用到深度学习。也就是说，深度学习使机器学习在全自动数据分析的方向上前进了一步。

2006 年，加拿大多伦多大学教授、机器学习领域的泰斗杰弗里·辛顿（Geoffrey Hinton）和他的学生拉斯兰·萨拉赫特迪诺夫（Ruslan Salakhutdinov）在《科学》（*Science*）上发表了一篇文章，开启了深度学习在学术界和工业界发展的浪潮。如今，已有数种深度学习架构，如深度神经网络、深度置信网络、递归神经网络和卷积神经网络等，广泛应用于计算机视觉、语音识别、自然语言处理、音频识别、社交网络信息过滤、机器翻译、生物信息学、药物设计、医学图像分析、材料检查和棋盘游戏程序等领域，它们产生的结果可与人类专家媲美，甚至在某些情况下优于人类专家。

案例　人类视觉系统信息处理的深度学习

从低级的 V1 区提取边缘特征，再到识别 V2 区的形状或目标部分，再到更高层，即整个目标。也就是说，高层特征是低层特征的组合，从低层到高层特征表示越来越抽象，越来越能表现语义或意图。抽象层面越高，存在的可能猜测就越少，就越利于分类。[17] 人的大脑对视觉成像过程的分层处理如图 2.11 所示。

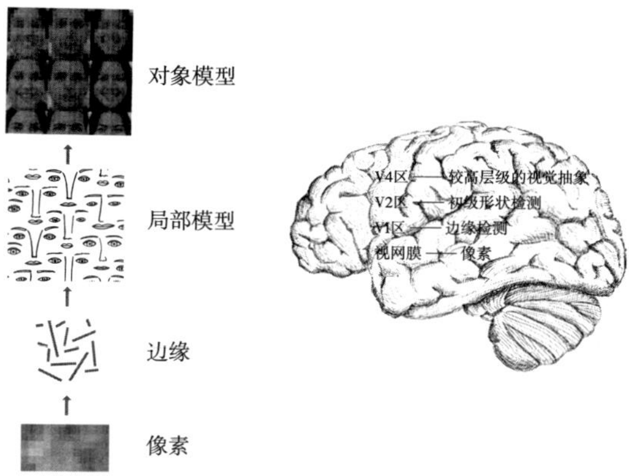

图 2.11 人的大脑对视觉成像过程的分层处理

案例 反欺诈和反洗钱中的深度学习

监测欺诈或洗钱的传统方法可能依赖于交易金额，而深度学习非线性技术包括时间、地理位置、IP（互联网协议）地址、零售商的类型以及任何可能表明欺诈活动的特征。神经网络的第一层处理原始数据输入（例如交易金额），并将其作为输出传递到下一层；第二层通过输入其他信息（例如用户的 IP 地址）来处理上一层的信息，并传递其结果。下一层获取第二层的信息，并输入诸如地理位置等的原始数据，使机器的模式更加完善。这一方式在神经网络的所有层次上持续进行。

联邦学习[18] | Federated Learning

关联词： 机器学习、深度学习

联邦学习又称联邦机器学习（Federated Machine Learning），是一个**机器学习**框架，能有效帮助多个机构在满足用户隐私保护、数据安全和政府法规的要求下，进行数据使用和机器学习建模。

联邦学习基于分布在多个设备上的数据集构建机器学习模型，同时防止数据泄露。联邦学习可以避免未授权的数据扩散并解决数据孤岛问题。

传统的数据集中处理模式存在很多弊端，由于人们需要把数据集中起来进行处理，需要收集和传输数据，在这个过程中可能会侵犯隐私、泄露数据，可能会产生数据的集中和垄断。

为了改变这种集中处理数据的模式，联邦学习应运而生。和传统的机器学习算法要求集中处理数据不同，联邦学习把算法发到所有数据拥有者手中，在本地对数据进行学习，然后对所有学习的结果进行整合，得到最终结果。形象地说，如果传统的机器学习是把数据“喂”给算法，那么联邦学习就是让算法去主动觅食。

> 最早把联邦学习技术投入应用的是谷歌。2017 年，谷歌推出了一款基于安卓手机的联邦学习程序。它通过将算法程序发送到每个用户的手机上，回收反馈信息，从而获得想要的分析结论。在看到谷歌的实践后，国内的大型互联网企业很快认识到联邦学习的价值，腾讯旗下的微众银行、阿里巴巴旗下的蚂蚁金服[①]陆续推出了与之类似的技术解决方案，并将它们应用到实践领域。在这些大型互联网企业的推动下，目前联邦学习技术已经开始在金融、保险、电子商务等领域得到应用，而其潜在的应用前景相当可观。在一些行业研究机构发布的报告中，这一技术甚至已经被誉为“推动人工智能下一轮高潮的重要力量”，以及“数字时代的新基础设施”。

① 蚂蚁金服将自己的方案称为“共享学习”，但从本质上看，它和联邦学习的思路是一致的。

联邦学习虽然解决了由数据集中所带来的很多问题，但它本身又会引发很多新的问题：

- 企业要参与联邦学习，就必须贡献数据，并没有完全解决数据孤岛问题。
- 对于硬件可能会提出要求，实现存在难度。
- 如何处理对参与者的激励。
- 为造假和攻击留下了漏洞。
- 给市场竞争带来负面影响，加强了平台公司的作用。
- 带来了知识产权问题。

云计算 | Cloud Computing

关联词：大数据、人工智能、数据挖掘、网络安全

云计算是指通过互联网交付的计算服务，包括服务器、存储、数据库、网络、软件、分析等，以提供更快的创新、灵活的资源并实现规模经济。

在计算机网络的拓扑结构中，互联网一般用“云”的形状表示，所以通过互联网实现的计算服务被形象地称为云计算。云计算并非单一技术，而是分布式计算（Distributed Computing）、并行计算（Parallel Computing）、效用计算（Utility Computing）、网络存储（Network Storage）、虚拟化（Virtualization）、负载均衡（Load Balance）等传统计算机和网络技术发展融合的产物。因此，可以认为云计算是一种信息技术产品或服务。

在云计算环境下，用户能够将文件和应用程序存储在远程服务

器上，然后通过互联网访问所有数据，而不用将文件保留在专有的硬盘驱动器或本地存储设备上。只要电子设备可以访问网络，用户就可以随时访问数据和运行应用程序。这意味着用户可以不受访问地点的限制来享受远程计算服务。

> 2006 年 8 月 9 日，谷歌首席执行官埃里克·施密特（Eric Schmidt）在搜索引擎大会（SES San Jose 2006）首次提出“云计算”的概念。谷歌“云端计算”源于谷歌工程师克里斯托弗·比希利亚（Christopher Bichria）所做的“谷歌 101”项目。

云计算是当下个人和企业的热门选择，可以节省成本，提高生产率、速度、效率、性能和安全性。云计算服务为用户提供一系列功能，包括电子邮件、存储、备份、数据检索、创建和测试应用程序、数据分析、音频和视频流、按需交付软件等。云计算示意图如图 2.12 所示。

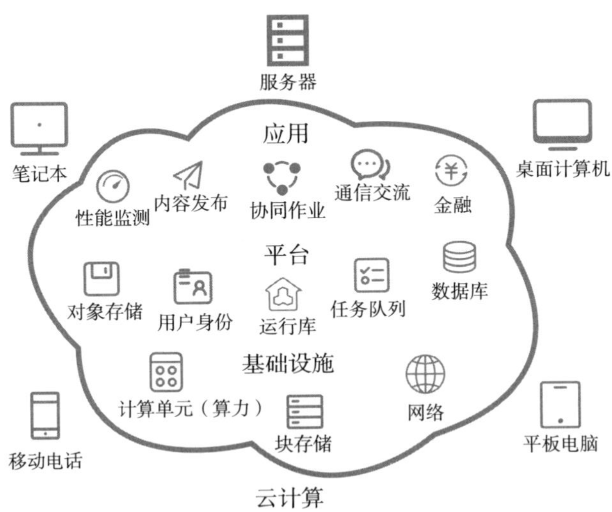

图 2.12 云计算示意图

云计算有多种部署模式，包括**公有云**（**Public Cloud**）、**私有云**（**Private Cloud**）、**混合云**（**Hybrid Cloud**）等。

公有云由第三方云服务提供商拥有和运营，通过互联网交付其计算资源，例如服务器和存储器。在公有云部署模式下，所有硬件、软件和其他基础结构都由云服务提供商拥有和管理。通过公有云，用户可以使用浏览器访问这些服务并管理账户。

私有云指的是仅单个企业或组织使用的云计算资源。私有云可以位于公司现场数据中心的物理地址上。一些公司还向第三方云服务提供商付费以托管其私有云。私有云是在私有网络上维护服务和基础架构的云。

混合云是将公有云和私有云结合在一起，并通过允许将数据和应用程序共享的技术，提供对外服务的云部署模式。混合云允许数据和应用程序在私有云和公有云之间移动，为用户提供更大的业务灵活性、更多的部署选项，并有助于优化现有的基础架构及其安全性和合规性。

云计算的理念是"一切皆服务"。因此，云计算服务商参考互联网的网络架构提供分层服务，即**基础设施即服务**（**Infrastructure as a Service，IaaS**）、**平台即服务**（**Platform as a Service，PaaS**）和**软件即服务**（**Software as a Service，SaaS**）。

基础设施即服务是一种即时计算基础架构，可通过互联网进行配置和管理。

使用基础设施即服务，用户可以按需付费，从云计算服务商那里租用 IT 基础设施——服务器和虚拟机（Virtual Machine，VM）、存储器、网络和操作系统。

平台即服务为开发、测试、交付和管理应用程序提供按需付费的云计算服务。平台即服务旨在使开发人员更容易快速创建 Web 或应用程序，而不必担心设置或管理开发所需的服务器、存储器、网络和数据库等基础设施。

软件即服务是一种按需且通常在订阅的基础上通过互联网交付应用程序的方法。借助软件即服务，云计算服务商可以托管和管理应用程序以及基础架构，并负责维护工作，例如软件升级和打安全补丁。用户通常用手机、平板电脑或个人计算机上的 Web 浏览器通过互联网连接到应用程序。

非关系型数据库 | NoSQL Database

关联词：大数据、复杂网络分析、征信系统

非关系型数据库是指不基于关系型数据库表格关系的数据存储和检索机制。

非关系型数据库的英文缩写 NoSQL 是“Not Only SQL”的简写。早在 20 世纪 60 年代后期，这样的数据库技术就已经出现。但是，直到 21 世纪初，非关系型数据库才随着互联网技术的发展，越来越多地用于**大数据**和实时 Web 应用程序并获得“NoSQL”的美誉。

NoSQL 一词最早出现于 1998 年，是卡洛·斯特罗齐（Carlo Strozzi）开发的一个轻量、开源、不提供 SQL 功能的非关系型数据库。直到 2009 年，约翰·奥斯卡森（Johan Oskarsson）发起了一次关于分布式开源数据库的讨论，来自 Rackspace（全球三大云计算中心之一）的埃里克·埃文斯（Eric Evans）再次提出了 NoSQL 的概念，这时的 NoSQL 主要指不提供关系型数据库 ACID（Atomic，Consistency，Isolation，Durability，原子性、一致性、隔离性、持久性）设计模式的非关系型数据库、分布式数据库。

按照内部的数据组织形式，可以将 NoSQL 划分为**键值存储**

（**Key-Value Store**）、**宽列存储**（**Wide Column Store**）、**文档存储**（**Document Store**）和**图存储**（**Graph Store**）。

键值存储，也称键值数据库，是将唯一键与关联值进行匹配的简单数据模型。键值存储主要会用到一个哈希表（Hash Table），这个表中有一个特定的键和一个指针指向特定的数据。键值存储模型对于 IT 系统来说，其优势在于简单、易部署。但是当数据库管理员（Database Administrator，DBA）只对部分值进行查询或更新时，键值存储就显得效率低下了。[19]

键值存储主要应用于内容缓存、日志系统。常见的键值存储包括 Tokyo Cabinet / Tyrant、Redis、Voldemort、Oracle BDB、MemchacheDB。

宽列存储，也称表样式数据库（Table-style Database），是将数据表组织成列式而非行式。在 SQL 和 NoSQL 中都可以找到宽列存储。宽列存储可以比常规 SQL 更快地查询海量数据。

宽列存储可用于网络搜索和大型 Web 应用程序。[20] 常见宽列存储包括 Cassandra、HBase、Google BigTable、Accumulo、Hypertable、SimpleDB。

文档存储，也称文档数据库，以文档格式存储半结构化数据并对该数据进行描述。文档存储的灵感来自 Lotus Notes 办公软件。文档存储可以被看作键值存储的升级版，比键值存储的查询效率更高。

文档存储主要应用于内容管理、Web 和移动应用监视等数据处理。常见的文档存储包括 MongoDB、CouchDB、DocumentDB、Couchbase Server、MarkLogic、SequoiaDB。

图存储，也称**图数据库**，将数据组织成节点（如 SQL 中的记录）和边（代表节点之间的连接）。由于图存储中存储节点之间的关系，它可以支持更丰富的数据关系表示。与依赖严格模式的关系模型不同，图存储可以随着时间和使用情况的发展而变化。

图存储应用于必须存在映射关系的系统，例如社交网络、预订系统、客户关系管理、推荐引擎、地理空间应用程序、关系图谱。常见的图存储 NoSQL 包括 Neo4j、InfoGrid、Infinite Graph、Allegro Graph、IBM Graph、Titan。不同种类 NoSQL 特点的对比见表 2.1。

表 2.1 不同种类 NoSQL 特点的对比

种类	举例	应用	数据模型	优点	缺点
键值存储	Tokyo Cabinet/Tyrant，Redis，Voldemort，Oracle BDB，MemchacheDB	内容缓存，日志系统	键值存储键值对，通过哈希表实现	查找速度快	数据未结构化，通常只被当作字符串或二进制数据
宽列存储	Cassandra，HBase，Google BigTable，Accumulo，Hypertable，SimpleDB	网络搜索和大型 Web 应用程序	数据按列存储	查找迅速、可扩展性强、易于实现分布式	功能相对 SQL 有限
文档存储	MongoDB，CouchDB，DocumentDB，Couchbase Server，MarkLogic，SequoiaDB	内容管理、Web 和移动应用监视等数据处理	与键值存储类似，但关联值为半结构化数据	数据结构要求不严格，表结构可变，不需要像 SQL 那样预先定义表结构	查询性能不高，而且缺乏统一的查询语法
图存储	Neo4j，InfoGrid，Infinite Graph，AllegroGraph，IBM Graph，Titan	社交网络、预订系统、客户关系管理、推荐引擎、地理空间应用程序、关系图谱	图结构	利用图结构相关算法，比如最短路径寻址，N 度关系查找等	功能有限，且难以实现分布式

与传统的 SQL 相比，NoSQL 的优势包括易拓展、高吞吐量、灵活的数据模型、高可用度。尤其是针对超大规模和高并发的社交网络和 Web2.0 纯动态网站而言，传统 SQL 难以应对大规模数据集合、多重数据种类带来的挑战和大数据应用难题，而 NoSQL 较好地解决了这些问题。

尽管如此，NoSQL 的劣势也很明显。NoSQL 的数据模型和查询语言没有经过数据验证，缺乏坚实的理论基础。有些 NoSQL 过于简单，只适用于特定场景。每种 NoSQL 都有自己的语言使用方式，没有统一的数据查询模型。

生物识别 | Biometrics

关联词：身份验证、欺诈检测、生物支付

生物识别是指通过计算机与光学、声学、生物传感器和生物统计学等高科技手段密切结合，利用人体固有的生理特征（如指纹、脸相、虹膜等）和行为特征（如笔迹、声音、步态等）进行个人身份的识别和验证。[21]

人类的生物特征通常可以测量或自动识别和验证，具有遗传性或终身不变的特点，因此生物识别技术较传统身份鉴定技术存在较大的优势。

与传统**身份鉴定**技术相比，生物识别技术更具安全性、保密性和方便性。生物识别技术具有不易遗忘、防伪性能好、不易伪造或被盗、随身“携带”和随时随地可用等优点。

生物识别系统对生物特征进行提取，转化成数字代码，并进一步将这些代码组成特征模板。从最简单的意义上进行定义，生物识

别指的是“人体的测量”，测量主要包括**生理测量**和**行为测量**。

生理测量可以是形态学或生物学的测量，主要包括用于形态分析的指纹识别、掌纹识别、手型识别、静脉图案识别、虹膜识别、面部识别。对于生物测量，医疗团队和警察取证可能会使用DNA、血液、唾液或尿液。

最常见的行为测量是语音识别、签名动态（笔的移动速度、加速度、施加的压力、倾斜度）识别、按键动态识别、物体的使用方式识别、步态识别、步态声识别、手势识别等。

生物识别技术可广泛用于政府、军队、银行，以及社会福利保障、电子商务、安全防务。

应用领域　签证

生物识别签证是指将生物识别技术引入签证领域，利用人体面相、指纹等生物特征，在颁发签证或出入境边防检查过程中采集和存储生物特征的信息数据，通过有效比对，更加准确、快捷地鉴别出入境人员身份，具有安全、保密等特点。生物识别签证是当前世界签证技术发展的新趋势。特别是在“9·11”事件后，美、英、法等国家在为本国公民签发具有生物特征信息的电子护照的同时，开始对外国公民实行生物识别签证。

应用领域　打卡

生物识别打卡是一种虹膜识别技术。只要将双眼对准屏幕，机器就会记下虹膜特征，如此就完成了注册；在此后的识别环节，戴眼镜的人员无须再摘下眼镜，只要对准屏幕一瞅，不到一秒，机器就可以完成比对识别，身份信息与打卡时间立即显示在屏幕上。这一虹膜识别技术，如今已经在中国煤矿工人考勤、监狱犯人管理、银行金库门禁、边境安检通关、军队安保系统、考生身份验证等领域实现应用。

不同生物识别技术的成本和识别精度差异很大，[22] 如图 2.13 所示。图 2.13 列举了 6 种不同的生物识别技术，以及对应的识别精度，其中 DNA 识别精度最高，错误率为 1/（8×10^{14}），但是成本高，处理复杂度高。声波识别成本较低，但是识别精度低，错误率为 1/500。

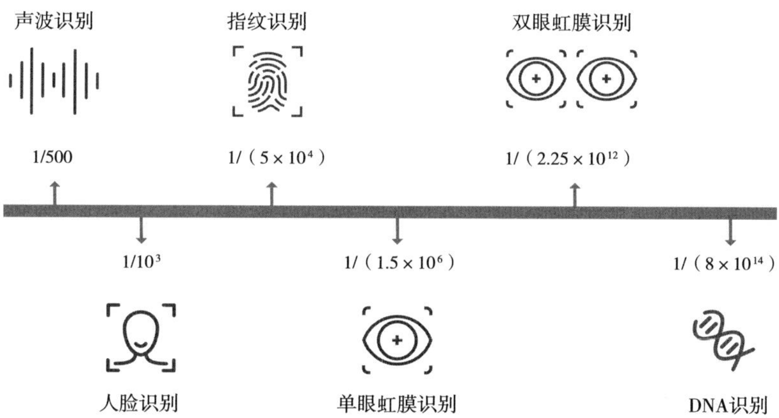

图 2.13　不同生物识别技术的比较

物联网 | Internet of Things，IoT

关联词： 网络保险、大数据、保险科技、物联网保险、身份验证、欺诈检测

国际电信联盟（ITU）关于物联网的定义是，通过二维码识读设备、射频识别（Radio Frequency Identification，RFID）装置、红外感应器、全球定位系统和激光扫描器等信息传感设备，按约定的协议，把任何物品与互联网相连接，进行信息交换和通信，以实现智能化识别、定位、跟踪、监控和管理的一种网络。

物联网从“机器对机器”（Machine to Machine，M2M）的通信发展而来，即机器通过网络相互连接而无须人工干预。物联网将 M2M 提升到一个新的高度，它是一个由数十亿个智能设备组成的传感器网络，通过智能设备将人、系统和其他应用程序连接起来以收集和共享数据。作为其基础，M2M 支持物联网的连接性。

> 物联网一词是凯文·阿什顿（Kevin Ashton）在 1999 年的《RFID 杂志》（*RFID Journal*）上的一篇文章中提出的，尽管他更喜欢“Internet for Things”的用法。他认为**射频识别**可以使计算机管理各种物品（商品），是物联网必不可少的一部分。

在物联网所构建的网络中，物品（商品）能够彼此进行“交流”，而无须人的干预。尽管物联网可能还包括其他传感器技术、无线技术或二维码识别技术，但是物联网作为一种通信方式始终离不开射频识别技术。

在关于物联网的构想中，射频识别标签中存储着规范且具有互用性的信息，通过无线数据通信网络自动把它们采集到中央信息系统，实现物品（商品）的识别，进而通过开放的计算机网络实现信息交换和共享，实现对物品的“透明”管理。

物联网架构可分为 3 层，即感知层、网络层和应用层。物联网感知层由各种传感器构成，包括温湿度传感器、二维码标签、射频识别标签和读写器、摄像头、红外线、GPS 等感知终端。感知层是物联网识别物体、采集信息的来源。网络层由各种网络，如互联网、广电网、网络管理系统和云计算平台等组成，是整个物联网的中枢，负责传递和处理感知层获取的信息。应用层是物联网和用户的接口，它与行业需求结合，实现物联网的智能应用。

物联网把新一代 IT 技术充分运用在各行各业中，把感应器嵌入或安装到电网、铁路、桥梁、隧道、公路、建筑、供水系统、大坝、油气管道等各种设施中，然后将物联网与现有的互联网整合起来，实现人类社会与物理系统的整合，在这个整合的网络中，存在超级强大的中心计算机群，能够对整合网络内的人员、机器、设备和基础设施进行实时管理和控制。

案例 消费类应用

越来越多的物联网设备可供消费者使用，包括联网的车辆、家庭自动化设备、可穿戴设备［作为可穿戴物联网（IoWT）的一部分］，联网的远程监控健康状况的设备。

案例 智能家居

物联网设备是范围更大的家庭自动化概念的一部分，其中包括照明、供暖、空调、媒体和安全系统。长期的好处可能包括通过自动确认是否关闭电灯和电子设备来节约能源。

5G 时代为物联网的发展提供了更快的传输和处理速度，以及更低的时延。在此基础上，人类可以以更加精细和动态的方式管理生产和生活，达到“智慧”状态，提高资源利用率和生产力水平，改善人与自然的关系。

3 信用科技

图 3.1　消费金融与征信模块知识图谱

信用是市场经济和现代金融领域中内涵丰富的一个广义术语，既可指信用交易，也可指市场主体的信用度（Creditworthiness）。从风险角度看，**信用风险管理是金融业永恒的主题，更是未来金融科技发展的主线**。虽然信用风险不仅限于金融领域，但信用风险是金融领域的核心问题，随着行业的深入发展，信用风险在金融等经济领域可以量化和标准化，往往用信用度来表示。不同金融实体，如消费金融和公司金融的信用风险管理的差异较大。其中消费金融是最活跃的领域之一，随着经济场景和信息技术的发展，信用风险管理也需要与时俱进。消费金融与征信模块知识图谱如图 3.1 所示。

首先，国内消费金融近年来突飞猛进，尤其是消费信贷领域。由于场景和信用风险管理的不同，消费信贷可以分为两种互相联系的新兴业态，金融科技信贷［利用 P2P 网贷平台和大数据（替代数据）风险评估］和大科技信贷（利用互联网平台和自身金融生态闭环风控系统），其中金融科技信贷先于大科技信贷出现，同时也包含大科技信贷。两者都是全球消费金融的发展趋势，不仅给传统的信用风险管理和征信带来一些挑战，还引出了个人信息保护和信息安全问题。

其次，信用风险管理从来都不是金融机构自身能够单独完成的工作。作为第三方的信用信息服务机构，即征信机构很早就存在了。从以消费者和小微企业为信用主体的消费者征信局、以中小企业为信用主体的企业征信公司，到以大公司为信用主体的信用评级公司。

征信的成功应用需要作为金融基础设施的征信体系来做支撑，这样（个人）信用评分、信用报告和信用评级才能真正发挥减少交易过程中信息不对称的作用。信用报告是最基础的征信产品，是征信机构（无论是个人征信机构还是企业征信机构）立足的基础。（个人）信用评分是数据挖掘技术在金融领域最成功的应用之一，人工智能和机器学习的新成果（深度学习）也在不断融入。信用评级是一个半自动化的分析过程，相较于信用报告和信用评分的自动化与批处理，信用评级还需要信用分析专家的手工处理。邓白氏编码（D-U-N-S Number）是一个成功的企业征信产品，用于解决企业的身份识别和验证问题，如今已经得到全球商业机构的认可。值得一提的是，征信服务只是信用风险管理的一种辅助手段，代替不了整个信用风险管理过程，即征信服务是信用风险管理的一个重要环节。

再次，供应链是企业金融分析（包括企业的信用风险管理）的重要工具。利用复杂网络对供应链网络进行建模是一个经典的金融网络分析应用。供应链管理是企业征信服务的重要内容，而供应链金融是目前解决中小企业融资的一个有效利器。在供应链管理中不断尝试区块链技术的应用也带来很多金融科技创新的想象空间。

此外，信用衍生品是用来分离和转移信用风险的工具，但是随着信用衍生品越来越复杂，准确和清晰地进行信用评级逐渐成为难题。

由于篇幅有限，本文没有具体介绍金融机构的内部信用风险评级（以满足《巴塞尔协议》的合规监管要求），但是这种内部评级仍然是金融机构信用风险管理的重要组成部分。

值得一提的是，央行征信中心和中国出口信用保险公司是国家级信用（信息）服务机构，其对信用风险管理和征信技术的应用在事关国计民生的经济发展中发挥了重要作用。

信用 | Credit

关联词：信用卡、信用衍生品、个人信用信息

信用指在经济交易的一方承诺未来偿还的前提下，另外一方向其提供资源的行为。[1] 提供的资源可能是金融资源（例如贷款），也可能是商品或服务（例如消费者电商购物小贷）。信用产品和服务包括任何形式的延期付款。信用产品和服务由债权人（也称放款人）提供给债务人（也称借款人），债务人除了偿还债务外，一般还需要支付利息。

信用的概念几乎贯穿整个经济交易过程，围绕债权与债务展开。“Credit”一词最早起源于西方，16 世纪 20 年代首次在英语中使用，最早来自意大利早期银行，源于拉丁语 Creditum，表示“由于信任将资金或物件交付给他人”。随着市场经济的发展，衍生词**信用社（Credit Union）**于 1881 年在美式英语中第一使用，**信用评级（Credit Rating）**在 1958 年出现。

信用是市场经济和现代金融中的一个广义术语，内涵丰富，既

可以指**信用交易**，也可以指市场主体的**信用度**。其在不同信用交易场景下有着不同的含义，如图 3.2 所示。

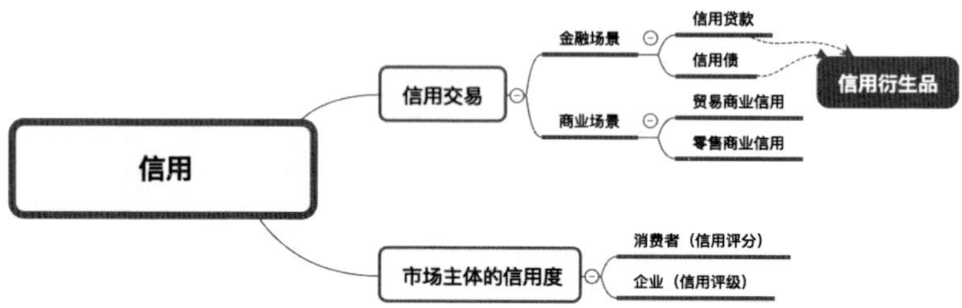

图 3.2　关于信用的理解

首先，信用是金融业的核心内容，正如一位银行家所言："信用是银行的生存之本"。甚至还有这种说法：先有信用，后有金融。金融是信用发展的结果。信用是金融发展的表现形式。按照金融市场的不同，金融场景可以分为**信用贷款**（**Credit Loan**）和**信用债**（**Credit Bond**），以及在此基础上的**信用衍生品**（**Credit Derivative**）。[2]

> 信用贷款，简称信贷。在银行领域，信用往往以信贷的形式出现。银行发行的信贷占现有信用服务的比例最高。信贷种类很多，包括但不限于银行信贷、商业信贷、消费者信贷、投资信贷、国际信贷、公共信贷和房地产信贷。全球信贷市场规模远大于全球股票市场规模。

> 信用债是指除政府之外的主体发行的、约定了本息偿付现金流的债券。具体包括企业债、公司债、短期融资券、中期票据、分离交易可转债、资产支持证券、次级债等品种。信用债是一种标准化的金融产品。

信用衍生品是以贷款或债券的信用作为基础资产的金融衍生工具，其实质是一种双边金融合约安排。例如，信用违约互换（Credit Default Swap，CDS）、担保债务凭证（Collateralized Debt Obligation，CDO）、总收益互换（Total Return Swap，TRS）和信用利差期权（Credit Spread Option，CSO）等。信用衍生品属于场外产品，也是非标准化的金融产品。信用衍生品的发展与信用风险测量技术的发展是相辅相成的（**详见信用衍生品词条**）。

其次，金融业不是唯一可以提供信用的信用交易场景，在商业经济领域，也存在大量的信用交易场景，按照市场主体的不同，其提供的信用大致可以分为**贸易商业信用**和**零售商业信用**。

贸易商业信用，指在商品交易中由于延期付款或预收货款所形成的企业间的借贷关系。具体形式包括**应付账款**、**应付票据**、**应收账款**、**预收账款**等。其优点在于容易取得。贸易商业信用常常发生在商业机构之间。**供应链**中上游企业允许下游企业延期支付也可以被视为一种贸易商业信用。例如，当一家餐馆从一家食品公司那里收到一卡车食物，直到一个月后才付款，这家食品公司就向该餐馆提供了一种贸易商业信用。

零售商业信用，指传统市场经济中的零售赊销，数字经济中出现了大量的**非信贷类信用交易**，即先用后买的场景，例如**信用租赁**、服务免押金和许多**共享经济**场景[3]。这种零售商业信用常常出现在零售服务商和消费者之间。

再次，除了上述交易场景，信用还指市场主体（例如个人或企业）的信用度或**信用历史（Credit History）**。

在中国语境下，由于社会文化的因素，在信用和道德层面，诚信、信任交织在一起，有时混为一谈。这些与信用相关的概念虽然有着内在的联系，但是有明显的区别，随着市场经济和金融服务的发展，本书中信用的概念和交易相关，是可以标准化和量化的，而道德层面的诚信往往无法标准化和量化。

一个信用交易流程（或者基本的信用体系）由授信方／贷方（金融机构或商业机构）、信用主体（消费者或企业）、信用中介（或信用信息服务商，一般指征信机构、信用评级机构、信用保险或保理机构）等组成。

信用度 | Creditworthiness

关联词：信用风险、消费者信用评分、信用评级

信用度也称信用水平、商业价值，是市场主体（消费者／企业）在信用交易中的信用水平或商业价值。[4] 借贷方通过信用度可以确定市场主体不履行偿债义务的可能性，或获得新的信用额的水平。[5]

市场主体的信用水平或商业价值用信用度来刻画（量化和标准化）。信用度是信用主体的信用水平的具体体现。信用度可以比作医疗诊断过程中，医生给病人测量的体温。

信用既是市场主体的一种理性行为，即**还款意愿（Willingness to Pay）**，也是一种能力体现，即**还款能力（Capability to Pay）**。对信用度进行衡量的模型称为 **CW（Capability-Willingness）模型**。在 CW

模型中，消费者的信用度和其财富水平（还款能力）有关，但是信用度不能仅通过消费者所拥有的财富来衡量，还款意愿更为重要。[6]

> 1913 年 11 月下旬，一位衣着考究的老人［他是当时的世界首富、石油大亨约翰·洛克菲勒（John D. Rockefeller）］走进克利夫兰的一家百货商店购物。看了一些商品之后，老人把自己的名字告知了一名年轻女店员，并请她从他的账户中扣款买几样商品，让商店直接送到他家里。但是这名女店员不认识这位陌生的老人，坚持要打电话给信贷部门。信贷部门确认了该客户作为世界首富的身份对他的信用度进行评估后，批准了他的（不用支付现金的）商品预购。洛克菲勒的故事说明，财富水平并不等同于信用度。

消费者信用度的考量因素被概括为 **5C1S 模型**：品格（Character）、资产（Capital）、能力（Capability）、抵押品（Collateral）和经济状况（Condition）以及稳定性（Stability），如表 3.1 所示。[7]

表 3.1　消费者信用度的考量因素

信用度的维度	内涵
品格	和还款意愿密切相关，包括个人习惯和生活态度、商业和职业操守，可被还款历史记录揭示
资产	储蓄余额、特定技能与知识
能力	还款能力，包括收入、就业、消费和负债状况等
抵押品	房产、汽车等固定资产的价值和所有权情况，同一件抵押品被使用的次数
经济状况	年龄、教育状况、婚姻状况、工作能力、住址等
稳定性	上述因素的稳定性，随着经济环境的变化情况

在应用中主要根据上述两种模型，对市场主体的过往还款行为进行统计分析，从而得出信用度。

消费者的信用度可以通过（往往由征信机构提供的）信用评分和信用报告来评判。**信用度就是一个消费者的商业价值**。消费者的信用度告诉债权人其填写的贷款或信用卡申请的适合程度。它将决定消费者是否能获得住房贷款、汽车贷款或新信用卡。消费者的信用度越高，从长远来看越有利，因为这通常意味着更低的利率，更少的手续费以及更好的信用卡申请或贷款条款和条件，这意味着消费者的口袋里会有更多的钱。信用度还会影响就业资格、保费、商业资金以及专业证书或执照的获取等。

信用报告以文本的形式对消费者的信用度进行描述，概述了消费者承担的债务、信用额度以及每个账户的当前余额。它还会标记潜在贷方的所有重要信息，包括是否逾期、是否违约、是否破产、是否有催收项目。

信用评分模型会根据消费者的信用报告以数字形式对信用度进行度量。高的信用评分意味着消费者的信用度高。相反，低的信用度对应低的信用评分。信用评分是信用度的量化，一般的信用评分是指征信机构提供的通用信用评分，规则透明而且有统一标准。关于信用度的理解如图 3.3 所示。

> **不同信用度给消费者带来的影响**：假设 3 名消费者都申请 30 年的 22 万美元的房贷，但信用评分不等，消费者 A 的信用评分是 800 分，银行觉得 A 的信用度高，就提供较低利率的贷款，假设利率为 4.5%，该利率仅能覆盖资金成本。消费者 B 的信用评分是 700 分，为平均水平，银行对 B 的贷款利率是 6.5%。消费者 C 的信用评分为 550 分，信用度比较低，风险较高，

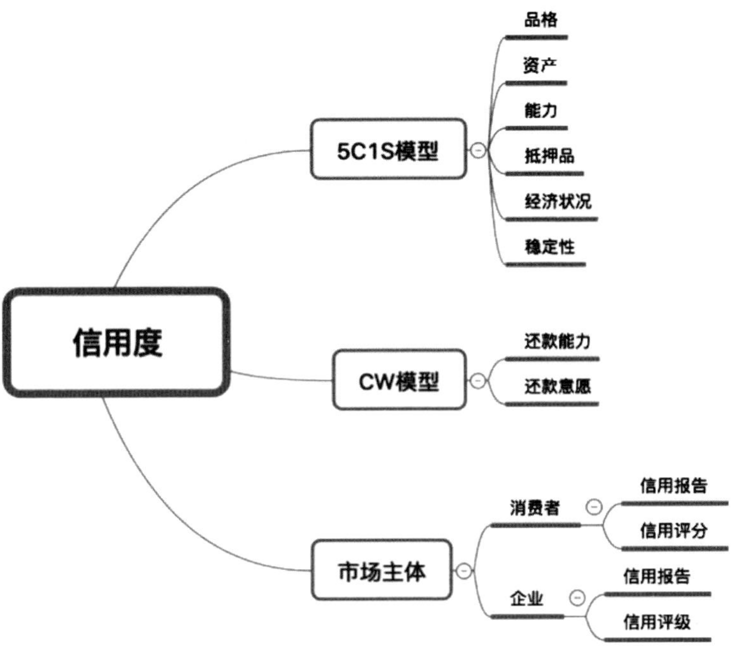

图 3.3　关于信用度的理解

银行对 C 的贷款利率为 11%。这样计算下来，消费者 A 的信用成本为 0，消费者 B 要多付 90 360 美元，消费者 C 要多付 320 760 美元。可见信用度可以转换为消费者的商业价值，信用度高的消费者可以省下几十万美元的信贷费用。具体见表 3.2。

表 3.2　不同信用度的消费者的信用成本

消费者	费埃哲信用评分	信用度	利率（%）	每月还款额（美元）	信用成本（美元）
A	800	高	4.5	1 013	0
B	700	中	6.5	1 264	90 360
C	550	低	11	1 904	320 760

资料来源：美国信用修复机构 Credit Restore USA。

企业的信用度常用**企业信用报告**来描述，用**信用评级**来量化评估。企业信用度评估涉及的衡量因素更多，须考虑宏观经济和行业的情况。

正如人们的体温经常变化一样，市场主体的信用度不是静止不变的，在不同场景和不同时间，消费者（或企业）的信用度会动态变化。

传统上有与信用度的量化描述直接相关的信贷还款行为，但是存在一些消费者信贷行为数据缺失的情况。在**大数据**时代，更多的具有信用含义和与信用相关的**替代数据**被用来刻画信用主体（消费者或企业）的信用度。

信用风险 | Credit Risk

关联词：金融风险管理、信用衍生品

信用风险又称**违约风险**，是**信用交易**过程中借款人、证券发行人或交易对方因种种原因，不愿或无力履行合同条件而构成违约，致使银行、投资者或交易对方遭受损失的可能性。

信用风险是信用交易中出借人的风险，包括本金和利息损失，现金流中断以及收款成本增加。在一个有效市场，较高的信用风险与较高的借贷成本相关。可以基于市场参与者的评估，使用收益利差率等借贷成本度量指标来推断信用风险水平。

银行面临的主要风险是信用风险，少数客户违约可能会给银行造成巨大损失。对于大众来说，信用风险仅局限于银行贷款中的信用风险。但对于金融专业人士来说，这种风险不仅出现在贷款中，也出现在担保、承兑和证券投资等表内、表外业务中。

下面列出了一些信用风险情况（不仅局限于银行等金融机构）：

- 消费者可能无法按时偿还抵押贷款、信用卡或其他贷款。
- 公司无法偿还资产担保的固定或浮动债务。
- 企业或消费者在到期时不交付贸易发票。
- 企业或政府债券发行人未在到期时以票息或本金付款。
- 资不抵债的保险公司不支付保单。
- 资不抵债的银行不将资金退还给存款人。
- 政府向破产的消费者或企业提供破产保护。

针对市场主体，信用风险和**信用度**密切相关，市场主体信用度高，信用风险就低。但是信用风险的概念更加广泛，可以针对金融机构、产品和行业乃至国家与地区等。可以根据经验对信用风险进行统计量化，很多金融科技公司和金融机构合作尝试利用**大数据**和**人工智能**算法提供一些新的**风险量化**模型。

信用风险管理 | Credit Risk Management

关联词： 金融风险管理、信用衍生品

信用风险管理（Credit Risk Management）是指金融机构等通过内部政策、规章制度、量化评估和外部服务，对客户信用调查、付款方式选择、信用限额确定、款项回收等环节实行的全面监督和控制，以保障应收款项的安全、及时回收，规避信用风险的发生或降低其损失。[8]

信用风险管理和风控（Risk Control）、信控（Credit Control）、信用风险控制（Credit Risk Control）等概念联系密切，意义等同。

信用风险是金融业的核心问题，往往贯穿金融交易的全过程。防御信用风险，就要进行信用风险管理。金融交易中，除了针对放款（授信）环节进行信用风险管理外，还需要针对投资的交易对手，或证券发行者进行信用风险管理。

随着信息时代的到来，信用风险管理往往基于对信用信息的分析进行决策。特别是近年来随着数字经济的发展，信用信息数字化特征越来越明显。信息系统和数据量化分析技术使企业能够快速分析和评估客户信用风险状况，为信用风险管理提供决策支持。

近年来，较新的信用风险管理方法是出售有信用风险的资产。银行可以将贷款直接出售或将其证券化。银行还可以把有信用风险的资产组成一个资产池，将其全部或部分出售给其他投资者。当然，使用各种方法的目的都是转移信用风险，从而使自己承受的风险降低。

信用风险管理在信贷领域涉及 3 个环节：放账、信贷和债务管理、催收。信用风险管理主要由金融机构的信贷管理部门和第三方信用信息服务商（例如**征信机构**）共同负责。

由于金融交易过程中存在信用风险，需要进行信用风险管理，该服务可以由授信方或第三方信用风险服务商提供。第三方信用风险服务商形成一个信用产业链。其中，信用风险管理服务包括信用调查①、**信用评级**、**（个人或企业）征信**、商账管理②、信用保

① 信用调查是指信用机构接受委托后，按照委托的事项与目的对相关组织和个人的信用信息进行征集、分类、分析的工作的总和。信用调查是信用评级的基础，信用评级是信用调查的进一步延伸。

② 商账管理也称应收账款管理（Accounts Receivable Management），是指在赊销业务中，从授信方（销售商）将货物或服务提供给受信方（购买商），债权成立开始，到款项实际收回或作为坏账处理结束，授信企业采用系统的方法和科学的手段，对应收账款回收全过程所进行的管理。其目的是保证足额、及时收回应收账款，降低和避免信用风险。

险[①]、信用担保[②]、保理业务[③]、债务追收[④]和信用修复（Credit Repairing）[⑤]等，如图 3.4 所示。

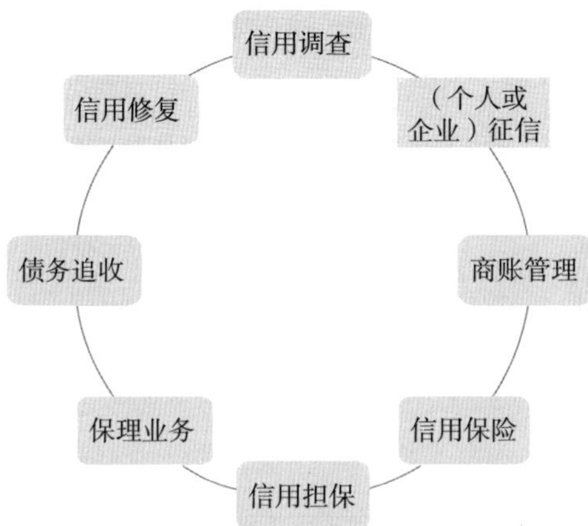

图 3.4 （第三方）信用风险管理示例

① 信用保险是指保险人对被保险人进行信用放款或信用售货，债务人拒绝履行合同或不能清偿债务时，所受到的经济损失承担赔偿责任的保险方式，主要有出口信用保险、抵押信用保险等形式。

② 信用担保是指企业在向银行融资过程中，根据合同约定，由依法设立的担保机构以保证的方式为债务人提供担保，在债务人不能依约履行债务时，由担保机构承担合同约定的偿还责任，从而保障银行债权实现的一种金融支持方式。

③ 保理业务是指承做保理的一方同以赊销方式出售商品或提供服务的一方达成一个带有连续性的协议，由承做保理的一方对因出售商品或提供服务而产生的应收账款提供以下服务：以即付方式受让所有的应收账款；负责有关应收账款的会计分录及其他记账工作；到期收回账款；承担债务人资不抵债的风险（即信用风险）。

④ 债务追收是清偿个人或企业所欠债务的过程，也称债务催收。专门从事收债的组织称为收债公司。大多数收债公司都是债权人的代理人，收取一定费用或按所欠总额的百分比来收取费用。债务催收可以分为企业催收和个人催收。

⑤ 信用修复是修复不良信用状况的过程，信用度可能因各种不同的原因而恶化。修复信用状况可能与信用机构纠正错误信息一样简单。身份盗窃及其造成的损坏可能需要大量的信用修复工作。参见：Inves to pedia, https://www.investopedia.com/terms/credit-repair.asp。

改革开放之后，随着市场经济的发展，国内陆续出现了不同的信用风险管理机构，具体如表 3.3 所示。

表 3.3　国内改革开放之后各类信用风险管理机构[9]

类别	出现年份	代表机构
企业征信	1987 年	北京中贸远大商务咨询有限公司、新华信国际信息咨询（北京）有限公司
个人征信	2000 年	上海资信有限公司、鹏元征信有限公司
信用评级	1988 年	上海远东资信评估有限公司
信用保险	2001 年	中国出口信用保险公司
商账管理	约 1985 年	早期的讨债公司寿命很短
市场调查	1984 年	北京环亚市场研究社

消费金融 | Consumer Finance

关联词：金融风险管理、普惠金融、身份验证、欺诈检测、信用卡

消费金融是指消费金融公司向消费者提供以消费贷款为核心的金融产品和服务的现代金融服务方式，具有单笔授信额度小、审批速度快、无须抵押担保、服务方式灵活、贷款期限短等优势。

消费金融和金融科技联系密切，是金融科技的最重要应用场景，市场对消费金融的需求推动了金融科技的发展。随着信息技术的发展，越来越多的金融科技如**大数据风控**、**人脸识别**和**智能机器人**等被广泛应用于消费金融领域。消费金融公司已在业务的各个阶段（例如客户获取、贷后管理）提高了效率。消费金融的一个典型例子

是零售银行业务，包括各种贷款，例如信用卡办理、抵押贷款和汽车贷款等。

消费金融在一些新兴市场国家，例如中国和印度，发展非常快，许多互联网和高科技公司积极参与，带来了很多创新业务，例如中国的移动支付、网络借贷、**金融科技信贷**和**大科技信贷**等。但同时也带来很多社会问题，例如监管套利、**互联网数据泄露**、**个人信息保护**和**暴力催收**等。

消费金融领域的风险比传统银行业务高，且消费金融公司发行的贷款往往是无抵押的，同时，消费者的合法权益需要得到保证，例如消费者的个人隐私权益，以及交易过程中的公平与正义，因此需要政府监管以控制风险。全球很多国家对消费金融进行监管和消费者保护。美国消费者金融保护局（CFPB）是一个政府机构，确保银行贷款和其他金融公司平等对待每一个消费者用户。

由于拥有巨大的消费者流量和丰富的消费者信息，全球很多互联网公司开始涉足消费金融领域。例如，国外的亚马逊、脸书，国内的百度、阿里巴巴、腾讯、京东等。

随着互联网、大数据技术的不断出现，消费金融领域的创新不断。2019 年年初美国金融科技公司 Intuit 以 71 亿美元收购的 Credit Karma 就是一个新型的消费者金融平台，通过提供免费的信用服务获得消费者的信息，来推销信用卡和其他消费信贷产品并获利。[10]

> 消费信贷是消费金融中的核心部分。消费信贷可以被定义为“在个人没有立即付款的情况下提供给个人的金钱、商品或服务”。消费信贷的传统形式包括信用卡和个人贷款（分期还款）等。消费信贷随着金融科技的发展，开始在更多场景下给消费者提供服务，出现了更多的服务形态，例如金融科技信贷和大科技信贷。

金融科技信贷[11] | Fintech Credit

关联词：数字金融、互联网金融、替代数据、数据代理商

金融科技信贷是指金融科技公司（非商业银行）利用电子平台、**大数据**技术等开展的信贷活动，通常包括将借款人与投资者直接匹配的 P2P 借贷，以及利用平台自己的资产负债表进行的借贷活动。

金融科技信贷平台提供各种形式的信贷，包括消费和商业贷款、房地产贷款和非贷款债务融资（例如发票融资）。金融科技信贷平台的债权人基础也有所不同：一些资金主要来自个人投资者，而另一些资金则来自机构投资者、银行和证券化市场。[12] 金融科技信贷公司通常不在审慎的监管（和报告）范围内。金融科技信贷是有效的，被视为信贷市场的一部分。

相对于传统银行，金融科技信贷平台借助互联网和数字化，能够避免传统银行物理网点的成本负担，同时没有传统银行在资本和流动性方面的监管要求，可以为更多传统银行覆盖不到的用户提供金融服务。

金融科技信贷平台采用的信用评估手段和业务手段与传统银行也有很大的不同。不同于传统银行依赖于**征信报告**，金融科技信贷平台往往采用一些替代数据和创新的信用评估技术，与在线客户充分互动并处理大量客户信息，比如利用**社交网络**数据、电商平台的流水数据等。

近年来，金融科技信贷在某些经济体尤其是中国、美国和英国，增长迅速。不同经济体的金融科技信贷市场的规模与其收入水平呈正相关，而与银行系统的竞争力和银行监管的严格性呈负相关。但是，正如已经出现的一些平台运营失败的情况和产生的金融风险问

题，在确保对消费者和投资者的充分保护方面，金融科技信贷给监管机构带来了挑战。

金融科技信贷的一类重要形式是 P2P 借贷，也称 P2P 网贷，主要是指借助互联网平台对借款人和出借人进行匹配，从而避免类似银行的金融中介资金池的形成，降低中间环节的交易成本。P2P 借贷平台只作为信息中介，借贷资金不经过平台的资产负债表，不进行资金期限错配。P2P 借贷依赖于互联网流量来降低获客成本，依赖于大数据技术进行风控。

最早的网络 P2P 借贷，要追溯到 2005 年成立的英国公司 Zopa，以及 2006 年、2007 年在美国先后成立的借贷平台 Prosper、LengdingClub。由于各国对借贷业务的监管，以 LengdingClub 为代表的借贷平台很快就转型为证券化模式，而不是纯粹的借款人、出借人之间点对点的信贷信息平台。

金融科技信贷的另一类形式是利用社交网络的信贷业务，比如基于校友圈的垂直借贷平台 SoFi。由于美国学生贷款大多数由联邦政府发放，利率较高，SoFi 通过“再贷款”的形式用利率比较低的借款来置换利率比较高的贷款。长期以来，美国联邦政府对学生的贷款利率都是一样的，而 SoFi 能够做到差别化定价，即根据每个人的不同风险进行定价。SoFi 全称“Social Finance”（社交金融），鼓励在校生和已经毕业的学生积极沟通，这些沟通不但使出借人了解到借款人的情况，而且加强了他们之间的交流，对于他们的职业发展也有很大的帮助。[13]

金融科技信贷还有一类形式是利用电商数据进行的贷款业

> 务。比较典型的是 2008 年成立于美国亚特兰大的 Kabbage。Kabbage 主要基于第三方网店的数据，向这些网店放贷。一开始面向易贝（eBay），后来面向雅虎、亚马逊这些美国大的网上电商平台。Kabbage 推出了评分系统 Social Climbing，其数据来源：一是易贝、亚马逊这些电商本身的数据，包括销售记录、信用记录、客户评价、流量、社交数据（包括脸书和推特）；二是合作数据，包括美国联合包裹运送服务公司（United Parcel Service，UPS）的数据；三是借款人授权由第三方财务公司提供的社保号、信用卡号、家庭住址等其他数据。Kabbage 评分体系使得“一切数据皆有价值”。[14]

金融科技信贷的形态和应用场景在不断发展，金融科技信贷在新冠肺炎疫情期间发挥了特殊的作用。2020 年 4 月，美国多家金融科技公司获得美国小企业管理局（U.S. Small Business Administration）批准，它们通过“**薪资保护计划**”提供贷款，这是美国政府在新冠肺炎疫情期间 2 万亿美元刺激计划的一部分。

大科技公司 | Big Tech

关联词：移动支付、个人信息保护、个人信息、个人金融信息、个人信用信息、大数据、信用评分、欺诈检测

大科技公司，即大型科技企业，泛指那些拥有庞大用户、具有广泛业务的科技企业，比如以美国的谷歌、微软、苹果、亚马逊和脸书，以及中国的阿里巴巴、腾讯、百度等为代表的科技巨头。

最初部分媒体将谷歌、亚马逊、脸书和苹果合称为 Big Four Tech（四大科技企业），后来一些报道在加入了微软后又将这些巨头称为 Big Five Tech（五大科技企业），再后来干脆把 Big 和 Tech 之间的量词去掉，用 Big Tech 来泛指**全球大型科技企业**。

大科技公司直接向 C 端用户提供搜索引擎、社交网络、电子商务或数据存储和处理系统等 IT 平台，同时还涉足支付、信贷、保险和资管等金融业务领域。大科技公司从事的信贷业务称为**大科技信贷（Big Tech Credit）**，是大科技公司变现盈利的重要手段，也是目前消费信贷具有代表性的形式之一。大科技信贷属于**金融科技信贷**的新兴业态。[15]

大科技信贷区别于传统信贷和金融科技信贷的特点是：[16] 大科技公司拥有庞大的用户基数，可以方便地触达消费者，提高金融服务的效率，增强金融包容性；自身形成了金融生态闭环，对消费者产生了金融约束；为用户提供服务的过程中获得的海量数据可用于对消费者进行评估，降低信贷成本。

> 蚂蚁花呗、蚂蚁借呗和微粒贷是大科技信贷的典型案例。蚂蚁花呗是阿里巴巴旗下金融平台蚂蚁金服的重要产品，背靠阿里巴巴电商平台开展消费金融业务，是目前互联网领域规模最大、最具影响力的消费金融平台之一。根据公开数据，仅在 2014—2017 年，蚂蚁花呗总资产扩张 130 倍，主营业务收入增长 698 倍。

金融科技信贷平台和大科技信贷平台的**信用评分模型**有别于传统信贷，在实现金融普惠的同时，也面临着巨大的监管、**网络信息安全**和**个人信息安全**的挑战。

征信 | Credit Reporting

关联词： 金融风险管理

征信，字面理解为征集信用信息，主要指专业化的（征信）机构依法采集和加工消费者（或企业及其他组织）的信用信息，并向在经济活动中有合法需求的信用信息使用者（赊贷销机构）提供信用信息服务，包括信用报告、信用评估、信用信息咨询等，帮助信用信息使用者判断、控制风险，进行信用风险管理的活动。

征信是信用风险管理服务的基础，往往以信用报告的形式体现，所以征信在国际专业领域被称为“Credit Reporting”，不断数字化的征信产品也都是在信用报告的基础上研发而成的。

传统的征信主要服务于信贷领域，防范和化解信用风险。同时也被广泛应用于经济领域，可以促进商品流通、降低交易成本、提高商业运转效率、扩展市场交易范围、优化商业环境等，对社会和经济管理有着深远的影响。所以，国内征信体系的发展定位于立足金融、面向经济、覆盖全社会。

征信和信息技术密切交织在一起，属于信息技术和金融的交叉领域，信息技术的进步推动着征信领域的变革和发展。数据批量处理技术的应用，促进电子化记录代替早期的手工记录、人工操作；**数据库**技术出现后，大量数据存储技术日益成熟，推动全国性征信机构的出现；随着**数据挖掘**技术的发展，**信用评分**和自动风险决策开始出现；当下**大数据**技术与**人工智能**相结合，实现对更多人群、业务的覆盖，研发出更多信用创新产品。

从事征信活动的机构，就是**征信机构**，又称征信所 / 局。征信最为重要的作用显然是防范在非即付经济活动中受到损失（也不排除征信被用于其他目的，如被用于人员雇用等），也就是说，征信最重要的目的会落在经济层面上。征信机构发挥作用需要有一套**征信体系**来配合。

征信体系 | Credit Reporting System

关联词：金融重要基础设施、金融信用风险管理

征信体系是指由与征信活动有关的法律规章、组织机构、市场管理、宣传教育、技术标准等共同构成的一个体系，其核心是借款人信息数据库以及支持征信体系有效运转的相关制度、技术和法律框架。征信体系往往从国家层面（或重要的行业和领域）来讨论。征信体系一般指个人征信系统。

虽然第一家**个人征信机构**成立于19世纪早期的伦敦，但现代个人征信机构是在20世纪50年代科技发展和信贷规模扩大的推动下才迅速发展起来的。建立一个完善的征信体系是一个漫长的过程，需要所有利益相关方的长期努力。建立征信体系，从开始讨论到公众教育、法律和监管框架的制定、征信体系的实际运行、数据加载到第一份**信用报告**的形成，需要时间和专业的积累。

信用信息的收集、储存、数据处理、发布，以及将信用信息用于授信决策和金融监管的整个环节涉及大量参与方：**征信主体（个人或中小企业）**、征信机构、数据提供商、征信用户、监管机构。每个利益相关方的积极参与是确保征信体系有效运行的关键。政府对征信体系的支持进一步增强了利益相关方参与的积极性。因为**征信业**的核心业务是信息在各利益相关方之间的互联流通，这涉及消费者个人隐私和数据的安全与保护等敏感问题，所以监管机构在负责对**征信市场**运行进行监督管理的同时，也要建立一个公平竞争的市场环境，以确保**个人隐私权**得到尊重和保护。国内个人征信体系示例如图3.5所示。

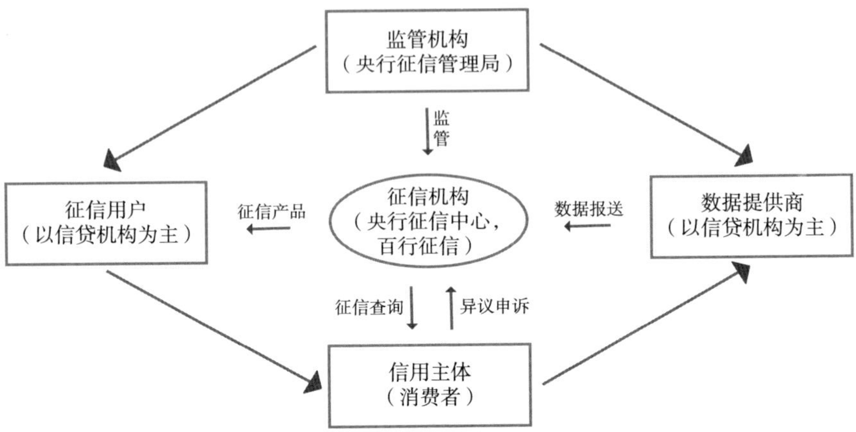

图 3.5　国内个人征信体系示例

征信机构和数据提供商的区别： 在征信体系中，容易混淆的是数据提供商和征信机构，其中最重要的区别在于，征信机构通过采集和整合多个（可达数万个）数据提供商的相关信用信息，可以对信用主体的信用度进行判断和衡量。传统上是以信用报告的形式评估信用主体的还款能力或还款意愿，在数字经济时代越来越多地采用信用评分的形式。因此，一个征信机构的最基本的标志是，是否有衡量信用度的信用报告产品。而数据提供商往往只能提供一个维度或多个维度的信用相关信息，但是不能形成对信用主体信用度的评估。

征信机构和信用评分公司的区别： 与征信机构联系密切的是进行信用评分建模的信用评分公司（例如费埃哲），图 3.5 中的征信体系中没有列出信用评分公司，因为其提供建模分析服务，尚未成为征信体系的利益相关方。

征信机构[17, 18] | Credit Bureau / Credit Reporting Company

关联词：数据代理商、大数据、替代数据

征信机构是负责管理信用信息共享的机构。信用信息共享是一种机制，包括信用信息的采集、加工处理及进一步向数据用户提供征信数据（信用报告）和基于数据的增值产品（信用评分）。

全球征信机构一般可以分为两类：**个人征信机构**（**Consumer Credit Bureau**，即消费者征信局）和**企业征信机构**（**Commercial Credit Reporting Company**，即商业征信公司）。个人征信机构关注的市场主体是消费者和小微企业。企业征信机构关注的市场主体是中小企业。征信机构和标准普尔、穆迪、惠誉等**信用评级机构**不同，信用评级机构收集大型企业的财务信息，对大型企业的经营、财务和公司治理情况进行详细分析，然后公布其信用评级结果。征信机构着眼于规模较小的债务人，关注的是还款记录，并依赖对大量借款人样本的统计分析，而不是对某家企业的深入分析。

征信机构可以被视为一个特殊（个人征信受到严格监管）的**数据代理商**，也是一类最早的**金融科技**公司。征信机构首先出现在发达国家，如表 3.4 所示。

表 3.4 征信机构在世界主要发达国家出现的时间[19]

国别	英国	美国	法国	德国	荷兰	日本
起始年份（年）	1830	1841	1857	1860	1888	1892

消费者征信局 | Consumer Credit Bureau

关联词： 金融风险管理、供应链、小微企业金融、云计算、替代数据、大数据、信用卡、个人信息保护、个人信用信息、跨境数据流动、身份验证、欺诈检测

消费者征信局，也称个人征信机构，是指提供个人消费者信用产品和服务的专业机构，一般是私营的商业机构。

个人征信机构向信贷机构提供个人（以及小微企业）的**信用信息**。它们从银行、信用卡公司和其他非银行金融机构等各类信贷机构采集标准化信息。同时，它们还采集各类公共信息，如法院判决、破产信息、电话簿信息，以及担保物权登记系统等第三方数据库的信息。此外，它们还从**数据提供商**处采集一些非传统数据，如零售商对消费者的赊销信息，以及煤气、水、电、有线电视、电话、网络等其他先使用后付费的账单缴费数据。这些数据使个人征信机构能够提供更好、更完善的**信用报告**。

从全球范围来看，个人征信需要加强监管，因为这涉及消费者**个人隐私**和公平正义。不同国家对于个人征信都有配套的法律法规，例如美国有《公平信用报告法》（Fair Credit Reporting Act，FCRA），中国有《征信业管理条例》。

> 全球知名个人征信机构有美国的益博睿、艾奎法克斯（Equifax）、环联（TransUnion），欧洲的科孚（CRIF），中国的央行征信中心和百行征信。

个人征信机构最重要的基础产品是个人信用报告，**信用评分**是

其最重要的增值产品。

全球个人征信机构的发展趋势是从个人信用信息服务到**消费者数据**服务，即征信机构开始收集更多的消费者数据为信贷机构的信用风险评估服务，并拓展其他信用信息服务业务。

消费者信用报告 | Consumer Credit Report

关联词： 信用卡、个人信息保护、个人信用信息、跨境数据流动、金融风险管理

消费者信用报告，也称个人信用报告，是消费者征信局完成数据采集后，根据收集到的数据和分析结果，进行综合整理，最终形成的最基础的产品。其他所有征信产品（例如信用评分、信用监测等）都是在信用报告的基础上开发的。

个人信用报告是**征信机构**前期工作的智慧结晶，体现了征信机构的业务水平，同时也是客户（银行等商业机构）了解消费者（或小微企业）信用状况、制定商业决策的重要参考。个人信用报告是征信机构提供的关于个人（或小微企业）信用记录的文件。信用报告是征信基础产品，系统记录信用主体的信用活动，全面反映信用主体的信用状况。

个人信用报告最初的形态是纸质版，以手写的方式记录，目前通常以电子形式提供给信贷机构，大型信贷机构一般会将信用报告直接嵌入其贷款审批系统中。信贷机构以会员费的形式向征信机构支付费用，或者按查询次数付费并按查询量多少享受一定的折扣，或者即时支付这两种形式的费用。

个人信用报告以客观陈述的方式，记载了消费者（或小微企业）的信贷和支票偿还的历史信息、信用账户的状态。这些信息包括及时还贷的频率、信贷额度、已用信贷金额、追债情况等。个人信用报告也可以包含房租信息和其他公共信息，例如抵押、法院判决、破产等相关信息，这些可以反映消费者（或小微企业）的金融和债务状况。征信机构对这些信用报告进行编辑和出售。个人信用报告是征信机构最基本的终端产品，随着征信技术的不断发展，征信机构在个人信用报告的基础上衍生出越来越多的**征信增值产品**，如**信用评分**等。正因为个人信用报告具有全面、客观和真实的特点，其他征信产品才能以它为基础进行深度分析和挖掘，因而个人信用报告也是征信业发展的基石。

目前个人信用报告的基本内容包括：消费者还贷历史信息（信用卡贷款、家庭和汽车贷款以及其他授信信息）；消费者拥有信贷的信用额度；消费者已用的信贷金额；从债务买方和收债人处获得的信息，包括医疗债务等；公共信息，如破产、抵押和法院判决等相关信息。

> **个人信用报告的使用**：由于个人金融信息的敏感性，美国的《公平信用报告法》规定了征信机构数据的用途：
>
> 1. 用于法院判决。
> 2. 满足消费者本人书面要求。
> 3. 用于信用交易、保险、基于财务责任或状况的政府福利资格评定，潜在投资人用于判断信用风险。
> 4. 合理的商业需求（由消费者本人发起的，审查消费者账户，确保其能按时还款，符合条款要求）。
> 5. 用于儿童援助计划。
> 6. 用于联邦存款保险公司（FDIC）及其他机构执行清算行动。

消费者（或小微企业）查看个人信用报告的必要性：特别是当消费者想去购买房子和汽车、申请工作、租房、购买保险，或者想申请信用卡时，提前检查一下专业的个人信用报告确保没有问题是非常有必要的，这样可以在一定程度上减少对未来金融服务的不良影响。如果消费者已经成为**身份盗窃**的受害者，那么也非常有必要检查一下自己的个人信用报告来确认。征信机构一般每年向消费者提供一次免费的个人信用报告。

企业征信机构的基础产品是**商业信用报告**（**Business Credit Report**，也称企业信用报告），但是报告内容和个人信用报告完全不同。

消费者信用评分 | Consumer Credit Scoring

关联词：金融风险管理、普惠金融小微企业金融、替代数据、大数据、数据挖掘、机器学习、人工智能、信用卡、个人信息保护、个人信用信息

消费者信用评分，也称个人信用评分，是基于个人信用报告（信用档案），利用数学模型将信用信息转化成某个数值，对消费者（或小微企业）未来信用风险的一个综合评估，代表个人（或小微企业）的**信用度**，用来指导信贷决策。

个人信用评分是**统计学**和**机器学习**在金融和银行业中最成功的应用之一。个人信用评分提高了信息传递效率，量化结果可以取代**个人信用报告**中描述性和高度主观的语言，使信贷审批人员能够更容易比较潜在借款人。个人信用评分在消费信贷过去60年的显著增长中发挥了关键作用。如果没有准确和自动化的风险分析工具，放

贷机构不可能以目前的方式（大规模自动化）发放消费信贷。最初，个人信用评分只跟贷前申请有关，进入 21 世纪后，个人信用评分更多地用统计模型来管理信用，包括对风险、业务响应、收入和客户保留 4 个方面的衡量，应用场景有**市场营销**、**申请审批**、**账户管理**和**催收回收**等（整个信用风险管理周期）。

信用评分模型的分类有很多种，按照开发信用评分的机构的不同，主要分为两种：

> **通用信用评分**，是指由个人征信机构开发的信用评分，基础通用，国外常用的是费埃哲信用评分模型，中国第一个个人征信试点机构上海资信有限公司（央行征信中心控股）在 2002 年推出了第一个通用信用评分模型。

> **专用信用评分**，是指由信贷机构开发的信用评分，面向特定的机构信贷场景，这个模型可以由信贷机构自己开发，也可以由数据分析公司开发。例如，中国工商银行开发的 CIIS（特别关注客户信息系统）个人信用评分（2004 年 9 月上线）。

其中，通用信用评分是基础、通用的，性能稳定，可以被认为是信贷市场风险量化的基础设施。征信机构的通用信用评分不仅可以单独使用（例如没有能力开发信用评分的信贷机构可以直接将其用于信贷审批），而且还可以是信贷机构开发信用评分的一个重要组成部分（或输入变量）。通用信用评分往往基于个人信用报告，具体见图 3.6。

专用信用评分主要用于银行等信贷机构。其他机构，如移动电话公司、保险公司、租房公司和政府部门等，也使用相同的技术。

信用评分是一个比较宽泛的概念，会随着数据源和用途的不同而不同。不同的金融机构或征信机构也会开发自己的信用评分，很难有一个信用评分可以涵盖整个信贷风险决策领域。仅基于**费埃哲**开发的信用评分模型，每个消费者就有超过 48 个不同的信用评分，可以用于不同的消费场景。

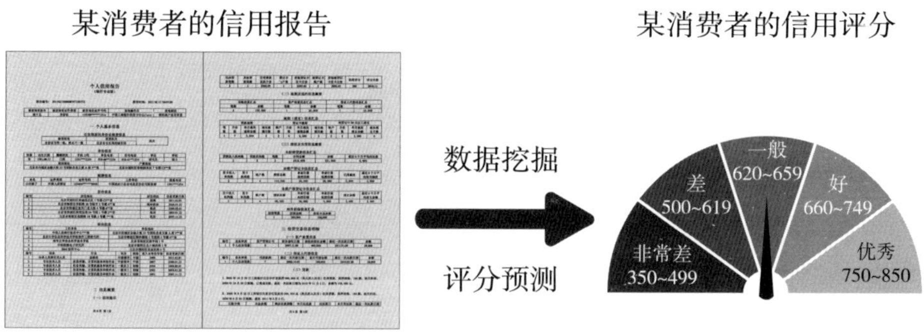

图 3.6 信用评分是信用报告的数据摘要

费埃哲信用评分模型是贷款机构广泛采用的信用评分模型。费埃哲是信用评分领域的领军企业。费埃哲在 19 世纪 50 年代开发出第一个放贷者使用的信用评分模型，距今已经有 160 多年了。从那时候，特别是 20 世纪 80 年代起，不同版本的费埃哲评分和其他评分模型开始被信用卡发行商以及车贷、房贷和其他类型贷款的放贷者使用。2014 年，全球企业购买了 100 多亿份的费埃哲信用评分报告，它已成为美国 90% 的消费信贷决策的重要依据。但是信用评分模型并不是费埃哲独有的，三大个人征信机构自己也开发了信用评分模型，还有一些数据挖掘公司，如赛仕软件（SAS）也帮金融机构开发一些信用评分模型。

费埃哲信用评分模型考虑的主要因素如下（见图 3.7）。

- 付款历史：偿还历史，包括晚偿还和收债数据项。
- 未偿债务：信贷余额，可用的信贷额度，正在用的信贷比例。
- 信贷组合：信贷产品的组合。
- 信贷时长：信用的长度。
- 争取新信贷：承担新债务的证据，例如新的账户。

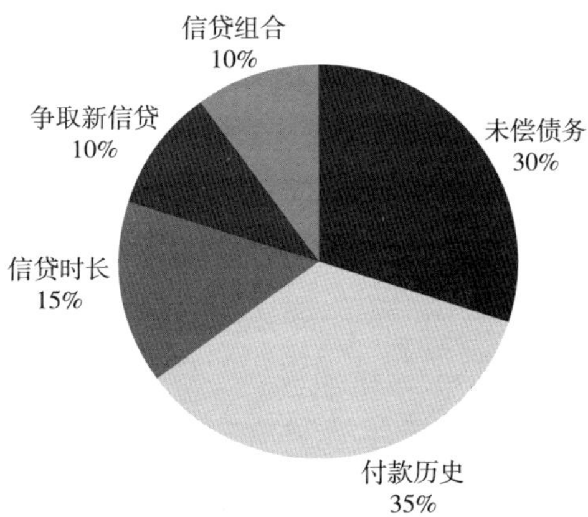

图 3.7 费埃哲信用评分模型考虑的主要因素

信用评分目前是金融科技领域的一个热点。在很多新兴国家，由于金融服务开展得比较晚，很多消费者和小微企业主都存在信用记录缺失或信用记录比较“薄”的问题，无法应用传统的费埃哲信用评分模型。据世界银行统计，全球有 30 亿名消费者无法进行传统信用评分。根据央行征信中心的官方报道，截至 2019 年 4 月底，征信系统收录自然人 9.93 亿、有信用报告的为 5.4 亿，估计能够进行个人信用评分的有 4 亿（需要有两年信贷记录）。根据中国统计局的数据，截至 2017 年，中国的人口是 13.9 亿，这就意味着将近 9 亿名消费者信用记录不足或缺失，没有信用评分。因此，可以看出，中国的信用评分应用在市场需求和传统模型之间还存在巨大的鸿沟。[20] 全球数百家金融科技公司和**大数据**公司都在利用**替代数据**或大数据，以及人工智能技术来致力于解决全球性的信用评分问题。[21, 22]

> 个人信用评分的趋势：近年来随着**数字经济**的发展趋势越来越明显，对个人信用评分的需求比对个人信用报告的多是全球性的趋势，图 3.8 利用谷歌趋势（Google Trends）的全球网络计量显示了自 2015 年起网络用户对个人信用评分的需求比对个人信用报告的多。这说明在数字经济时代，个人信用评分已经变得越来越重要了。

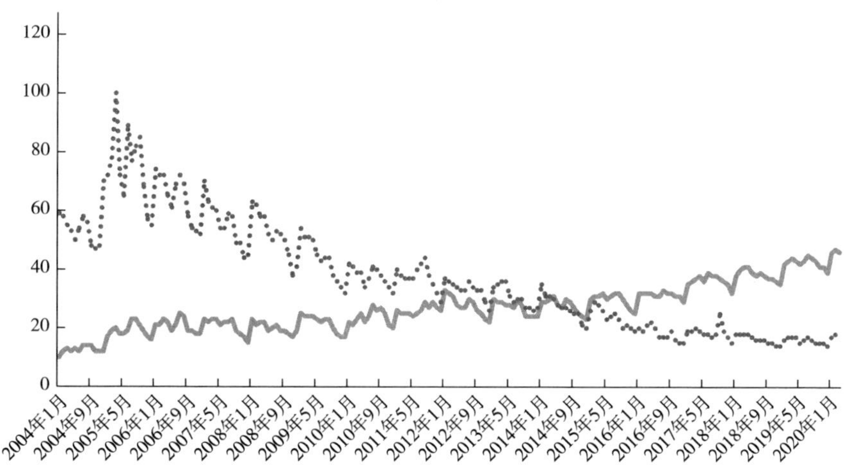

图 3.8　全球个人信用评分和个人信用报告的需求比较

数据来源：谷歌趋势。

注：实线是个人信用评分的网络搜索，虚线是个人信用报告的网络搜索。

企业征信 | Commercial（Business） Credit Reporting

关联词： 金融风险管理、供应链、小微企业金融、云计算、替代数据、大数据

企业征信也称商业征信，是指由征信机构采集汇总分散在社会各层面的企业信用信息，形成企业征信数据库，通过信用评估模型对所采集的信息进行转换、评价、深入分析挖掘，从而产生相应的数据产品，向社会提供各种企业信用信息服务的活动或业务过程。从事企业征信业务的机构就是企业征信机构。

美国是企业征信业发展历史最长的国家，其**信用管理**行业的历史长达170多年之久。我国自2013年《征信业管理条例》出台之后，**征信机构**如雨后春笋，不断涌出。截至2019年年末，中国人民银行各分支机构已完成企业征信备案的有134家。最早出现的征信机构的主要目的是管理商业信用风险，这种形式的信用就是赊销，例如，批发商将商品赊给零售商。企业征信机构提供关于企业的信息，这些企业包含个人独资企业、合伙企业和公司制企业，并通过公共渠道、直接调查、供货商和贸易债权人提供的付款历史来获取信息。企业征信机构所覆盖的企业在规模和经营收入上都小于**信用评级机构**所覆盖的企业，其采集的信息一般用于信用风险评估或**信用评分**，或用于**贸易信用**展期等其他用途。

企业征信机构与**个人征信机构**的差异体现在几个方面：企业征信机构采集的信息不包括个人敏感信息，所覆盖的交易的规模也大得多。与个人征信机构相比，企业征信机构往往需要采集更多的有关企业借款人的支付信息和财务信息。为了保护个人数据主体的权利，个人征信机构会披露数据提供商的身份，但企业征信机构不会

让企业数据主体知道其数据来源或用户的身份。

企业征信机构也可能会采集小企业的信息，但由于其报告的数据项并不适合小企业，采集的信息往往有限。正如前面提到的，由于小企业往往不会公开自身的财务信息，尽管企业主的信用记录对评估小企业的信用状况非常有用，但企业征信机构并不采集个人数据。此外，考虑到贷款规模，微型或小型企业的信用信息采集成本往往较高。因此，与企业征信机构相比，个人征信机构往往能更好地满足对微型和小型企业的征信需求。

企业征信机构最重要的产品是企业征信报告。企业征信报告是企业征信机构对采集的企业的商业信息进行归纳、整理分析得到的基础产品。基本信息主要有概况信息、出资人信息、财务报表信息、商业账款信息、关注信息、诉讼信息等；信贷信息包括未结清信贷信息、未结清不良负债等银行信贷信息；非银行信息包括法院、公积金、电信、社保等信息。除了金融信贷信息，企业征信报告还包括企业贸易管理中的信贷风险信息。关于企业征信报告，一般没有免费查询服务。

企业征信机构也提供基于企业征信报告的各种针对企业业务的**信用评级**（和信用评级公司的信用评级业务有着显著的区别，企业征信机构的信用评级可以批量、自动化实现，而信用评级公司的信用评级需要人工操作和专家经验）。

企业征信的**信用度分析**更为复杂，难度大。企业信用度分析不仅是对企业信用度简单地区分“好”和“坏”，而是整套复杂的体系，可以支持各类金融业务。图 3.9 从数据数量、获取难度和分析需求 3 个不同的角度对不同市场主体（大中小微企业和个人）的信用度分析进行比较。以个人征信为例，其主要目的是对个人信用度进行分类或打分，分析任务相对简单。但是企业信用度分析往往复杂得多。企业信用度分析需要从个体风险动态拓展到整体投资组合回报，包括违约率、违约损失率、违约风险敞口、违约相关性、未来期望损失等诸多方面。这就需要相关领域知识和技术分析相结合，其难度往往让许多公司望而却步。

企业信用度分析是一个高精度、高粒度地分析未来信用风险的动态过程。它要回答的并不仅仅局限于一年期违约率等简单的数据，还包括未来的风险敞口预测、未来最危险的时刻预测、风险的主要来源等动态问题。总体而言，企业信用度分析的技术难点主要体现在时序数据、高维度这两个方面。[23]

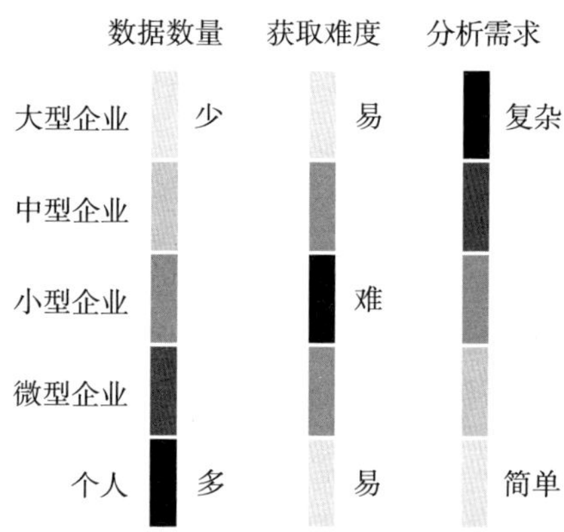

图 3.9 不同市场主体的信用度的分析比较

资料来源：缪维民，深度信用分析的应用实践，第一届全球信用峰会，2018-05-17，杭州，中国。

企业征信机构示例：国际领先的企业征信机构是**邓白氏公司**（Duns & Bradstreet），其前身是 1841 年在纽约成立的商品交易所。最初，该公司向用户提供纸质企业资信参考信息，如今则采用电子方式在全球提供超过 2 亿家企业的信用信息。世界三大信用保险集团之一的科法斯（Coface）也凭借信用风险业务建立了覆盖数千万家中型企业的支付行为信息数据库。

邓白氏公司向商业机构提供公司信用历史记录、B2B 销售和市场数据、交易对手风险信息、供应链、商机计分（lead scoring）和机构身份匹配信息等。截至 2019 年 7 月，邓白氏公司收录的全球商业信息已覆盖超 3.4 亿家企业。该公司有全球 200 多个国家的超过 2.35 亿家公司的数据，代表着覆盖了占全球 GDP（国内生产总值）绝大部分的公司，即与客户最有可能开展业务的公司。邓白氏公司已识别出超过 1.2 亿个与其他公司具有层次关系的公司。邓白氏公司获取数据的渠道，包括公共信息、交易记录、电话供应商、电话采访、印刷品、商业公开资料等。邓白氏公司近年来提供基于数据和分析的云服务，以及结合区块链技术的业务身份识别服务。[24]

邓白氏编码 | D-U-N-S number / DUNS

关联词： 区块链、供应链

邓白氏编码，也称邓氏编码，是一个 9 位数字，由**邓白氏公司**推出，是分配给邓白氏数据库中每个公司的代码，用于唯一、独立、具有区分度的操作和识别。邓白氏编码是随机的，数字没有明显的意义。

于 1963 年推出的邓白氏编码，是邓白氏公司独创的 9 位数字**全球编码系统**，被广泛应用于企业商业信息的组织及整理。邓白氏编码作为唯一识别标示在全球范围内跟踪一家企业，记录其每一步发展和进行的商务活动；将全球 1 亿家公司的母公司和子公司、总部和分公司连接组成族系树。在全球最有影响力的标准制定机构中，国际标准化组织（International Organization for Standardization，ISO）、

240 多家全球行业和贸易机构、澳大利亚政府、欧盟等都采用邓白氏编码。其用途如下：

1. 国际认可的标准企业标识。

2. 全球大型企业的管理规范。

3. 识别家族关联企业的关键。

4. 加速海关通关的有力工具。

5. 招标申请（Tender Application），某些公司规定必须使用邓白氏编码来招标。

6. 用于开设外国银行账户，邓白氏编码是在国外开设银行账户的基础。

7. 是一家公司存在和运营的验证，对于一家公司的供应商、客户、承包商和可能与该公司开展业务的其他任何机构，该公司的邓白氏编码表示该公司存在并且正在运营。当一家公司停止运营时，其邓白氏编码入口即被关闭。

8. 提供人口统计学信息（Demographic Information），公司的邓白氏编码是一个官方的非常详细的目录列表，可让其他人查找并了解公司。

供应链 | Supply Chain

关联词：企业征信、复杂网络分析、金融网络分析

在商业和金融领域，供应链是指产品生产、流通和销售过程中所涉及的原材料供应商、生产商、仓储商、物流商、分销商、零售商以及最终消费者等成员，通过各种商业关系连接在一起构成的网络结构。供应链有时也被称为**供应链网络**。

供应链与生态学中的生物链十分类似，身处供应链中的大多数节点都同时受到来自供应方向的上级节点和来自需求方向的下级节点的影响，而自己也会同时反过来影响两个方向上的节点，并且这种影响会沿着整个供应链传播。

举一个简单的例子，在“A → B → C”这样一个简单的供应链局部关系中，A 是 B 的供应商，B 是 C 的供应商；当 A 的生产能力下降时，B 从 A 处获得的原材料数量会减少，从而影响自身的生产能力，导致产能下降，并最终使 C 的需求得不到满足；当 C 的生产需求下降时，B 从 C 处获得的销售订单数量会减少，为了降低库存成本，B 会降低自己对应产品的生产量，从而削减从 A 处购买物料的订单。从整个供应链的视角来看，B 的上级供应商不仅有 A 一家，而 A 也不仅有 B 这一个客户，B 的下级客户不仅有 C 一家，而 C 也不仅从 B 提货，同时从 A 向上还有多层供应商，从 C 往下也还有多层客户。链上的所有企业之间都会互相影响，而这种影响的强度与它们在供应链上的距离有关。

理想状态下，整个供应链中的所有企业，其供应和需求都在一定范围内波动，供应链复杂的连接关系使整个网络具有一定的动态平衡能力，使其上的商业交互能够流畅地进行。当供应链中的某个企业受外部因素影响，供需能力发生大幅度的改变（比如自然灾害导致破产，或融资后的业务拓展或转型等）时，供应链会受到冲击，并转移到新的平衡状态。在这一过程中，供应链上的很多企业都会受到影响，有些企业甚至会破产，就类似于生态失衡导致某些物种灭绝，生物链重新归于平衡的过程。

针对供应链的这些特性，一些商业机构推出了**供应链管理**服务，帮助企业优化自身的供应、仓储、物流等环节，使企业更好地利用供应链进行生产和销售，并减少沿供应链传播的负面影响。银行和金融机构则设计出了一些**供应链金融**产品，帮助供应链上的企业进行融资，提高供应链的运作效能。

供应链也得到了**数据经销商**的关注。传统意义上，针对供应链的服务和产品都是针对某一企业以及与之直接关联的供应和销售企业进行分析，即针对供应链中一个范围较小的局部进行分析。而数据经销商通常会使用来自银行、商业贸易平台或票据平台的大批量交易流水数据，构建出较为完整的供应链网络，并对其进行分析。这一过程会使用**图数据库**、**复杂网络分析**、**模式识别**、**深度学习**等技术，最终以抽象化数据或报告的形式销售，称为**供应链数据**。有的数据经销商或图数据库平台还提供在供应链上进行**压力测试**的工具。

> 图 3.10 是以 A 公司为主体，向上游和下游方向拓展多层得到的供应链结构展示。数据分析人员使用复杂网络分析和模式识别算法得出了这样一些结论：左侧深色节点所代表的公司是 A 公司的主要竞争对手；右侧大的空心节点指向了 4 个大型采

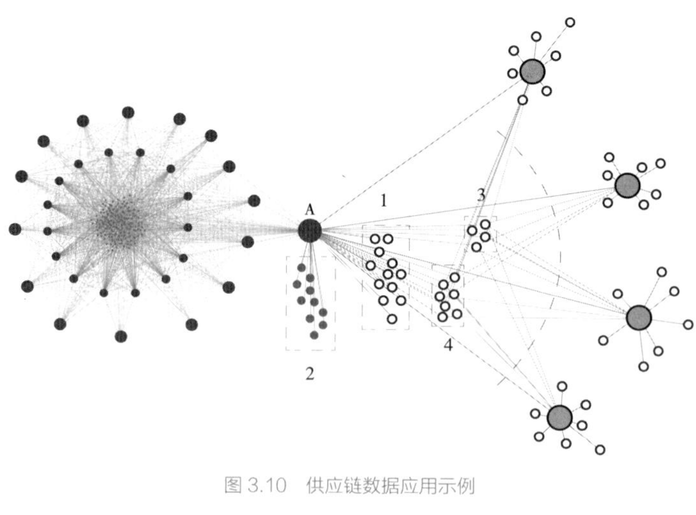

图 3.10 供应链数据应用示例

> 购专员或商业中介机构；1 号矩形内的企业完全依赖于 A 公司供货，2 号矩形内的企业则只向 A 公司一家企业供货，它们和 A 公司之间很可能签订了排他性的商业协议；3 号和 4 号矩形内的企业仅通过 A 公司和少量采购专员供货，它们可能与 A 公司有特殊的合作关系。

> 这些分析结果以分析师数据或替代数据的形式进行销售。

供应链金融 | Supply Chain Finance，SCF

关联词： 企业征信

供应链金融是银行或金融机构将核心企业及其上下游企业联系在一起提供金融产品和服务的一类商业和金融产品。这类产品通常会提供短期贷款，增加商业行为中买卖双方的流动资产数目，即提供资金作为供应链的“溶剂”，增加其流动性。

供应链金融是一种**产业金融**产品，包括**物流金融**这一子集。

供应链金融的基本实现机制是，银行在供应链中寻找处于网络关键位置的大型核心企业，通过与其合作，为其周围的供应链节点提供金融支持。一方面，由核心企业向银行提供其上下游的交易流水数据，使银行能够更直接地监控中小企业的运营，从而提升它们的信用额度。另一方面，核心企业通过将银行信用融合到与上下游企业之间的商业销购行为中，使自身的商业竞争力得到提升。同时，由于供应链上的各方都获得了额外的流动资金支持，整个供应链的商业效率和稳定性也能得到提升。

单个企业的流动资金被占用的形式主要有应收账款、库存、预付账款 3 种。按照担保措施的不同，从风险控制和解决方案的导向出发，可以将供应链金融的基础性产品分为应收账款融资、未来货权融资和融通仓融资三大类。**应收账款融资**是指在供应链核心企业承诺支付的前提下，供应链上下游的中小型企业可用未到期的应收账款向金融机构进行贷款。**未来货权融资**（又称**保兑仓融资**）是指下游购货商向金融机构申请贷款，用于支付上游核心供应商在未来一段时期内交付货物的款项，同时供应商承诺对未被提取的货物进行回购，并将提货权交由金融机构控制。很多情况下，只有一家需要融资的企业，而这家企业除了货物之外，并没有相应的应收账款和供应链中其他企业的信用担保。此时，企业以存货作为质押，经过专业第三方物流企业的评估和证明后，金融机构可以向其进行授信，这是一种存货类融资，称为**融通仓融资**。

在国际上，供应链金融的发展大致可以分为 3 个阶段。

> 19 世纪上半叶是供应链金融发展的初期，当时的业务主要针对存货质押贷款。早在 1905 年的俄国，农民在丰收季节，当谷物的市场价格较低时，将大部分谷物抵押给银行，用银行贷款资金投入后续的生产和生活；待谷物的市场价格回升后，再卖出谷物归还银行本金利息。由此，农民可以获得比收割时节直接卖出谷物更高的利润。

> 19 世纪中叶至 20 世纪 70 年代，供应链金融的业务逐渐丰富起来，承购应收账款等保理业务开始出现。但起初，这种保理业务常常是趁火打劫式的金融掠夺，一些银行等金融机构和资产评估机构合谋，刻意压低流动性出现问题的企业出让的应收

账款和存货，然后高价卖给其他第三方中介机构。部分金融机构恶意且无序的经营造成了市场严重的混乱，并引发了企业和其他银行的不满和抗议。为规范市场行为，1954 年美国出台了《统一商法典》(Uniform Commercial Code)，明确了金融机构开展存货质押应遵循的规范。由此，供应链金融开始步入健康发展的时期，但这一阶段的供应链金融业务仍以“存货质押为主，应收账款为辅”。

从 20 世纪 80 年代开始，供应链金融的业务开始繁荣，并出现了预付款融资、结算和保险等融资产品。这要归功于物流业高度集中和供应链理论的发展。在这一阶段的初期，国际上的主要物流渠道开始逐渐集中到少数企业，联邦快递(FedEx)、美国联合包裹运送服务公司和德国铁路物流等一些大型的专业物流“巨无霸”企业形成。随着全球化供应链的发展，这些物流企业更为深入地楔入众多跨国企业的供应链体系中，与银行相比，这些物流企业更了解供应链运作。通过与银行合作，深度参与供应链融资，物流企业在提供产品仓储、运输等基础性物流服务之外，还为银行和中小型企业提供质物评估、监管、处置以及信用担保等附加服务，为其自身创造了巨大的新的业绩增长空间，同时银行等金融机构也获得了更多的客户和更多的收益。在此阶段，国外供应链金融发展开始形成“物流为主、金融为辅”的运作理念，供应链金融因物流企业的深入参与获得了快速的发展。

与国外发展轨迹类似，中国供应链金融的发展也得益于物流业的快速发展。2000 年以来中国物流行业经过大整合之后，网络效应和规模效应开始在一些大型物流企业中体现出来，而这些企业也在更多方面深入强化了供应链的整体物流服务。综合来看，现阶段我国供应链金融发展呈现出这样一些特点：

> 供应链金融发展区域不平衡——在外向型经济比较明显的东南沿海区域，供应链金融发展相对领先，而内陆供应链金融仍处在初级阶段。此外，我国关于供应链金融的业务名称也没有一个确定的叫法，有物流金融、物资银行、仓单质押、库存商品融资、融通仓、货权融资及货权质押授信等。

> 供应链金融在国内还面临着法律风险，库存商品等流动资产质押尚缺乏监管。国内银行分业经营的现状，使供应链金融业务中形成了多种委托代理关系，加上社会信用体系建设方面的落后，进一步造成了供应链金融业务的运作风险。

> 国内电子商务的高速发展超过了其他国家和地区，而银行的业务发展相对比较缓慢。这使一些同时拥有商务平台资源和金融资源的大型互联网公司能够在供应链金融领域发展出众多业务，并获得重要的金融市场地位。这种应用和**大科技信贷**联系密切。

供应链管理 | Supply Chain Management, SCM

关联词： 企业征信

供应链管理是指在将原材料转化为产品并销售的过程中，将供应商、制造商、仓库、配送中心和渠道商等相关企业有效地组织在一起，进行产品制造、转运、分销及销售的管理方法，通常以软件信息系统的方式提供服务。供应链管理通过合理选择上下游供销商，并调整订单的数量等，使企业能更好地在**供应链**中运营和生产。

供应链管理的发展与制造业自动化的发展、企业经营管理的演进以及企业信息系统的演化密不可分。20 世纪五六十年代，制造商强调大规模生产以降低单位生产成本，即大规模生产的运营战略。当时的企业生产较少考虑市场因素，生产、制造缺乏弹性，新产品的开发缓慢，几乎完全依靠企业内部技术和能力。因此，企业的运营瓶颈要通过加大库存量来解决，很少考虑企业间的合作和发展。在当时采购仅仅被认为是生产的支持活动，管理人员很少关心采购活动。到了 20 世纪 70 年代，**制造资源计划**被引入，管理人员意识到存货数量给制造成本、新产品开发和生产提前期带来重要影响，所以开始通过转向新型物料管理来提高企业绩效。20 世纪 80 年代后，全球竞争加剧，一些大型跨国企业面对市场竞争，只有通过提供低成本、高质量、可靠的产品和更具弹性的生产计划来保持领先地位。日本丰田公司通过实施**实时生产**（**Just In Tim**，**JIT**，又称**准时生产**）来提高制造效率、缩短生产周期和降低库存，这一举措在整个制造业被效仿。实时生产通过与上下游企业的合作，实现快节奏制造、低库存，并以此缓解生产和排成问题。制造商重新意识到与战略合作伙伴关系的重要性，并与供应商开始发展战略供应关系，供应链管理的概念随即出现了。

20 世纪 90 年代，供应链管理持续发展，供应链扩展为由供应商、制造商、分销商和客户组成的整体链条。采购和供应开始更多地考虑成本与质量间的协调。制造商通过预先选定供应商消除非增值活动，相关的服务产品包括原材料质量检查、入库检查等。很多制造商和分销商通过紧密合作来提高跨企业的价值链的效率，例如在进行新产品开发时，制造商将供应商和客户整合在一起，利用合作伙伴的研发能力和科技，缩短研发周期。而分销商和零售商则将自己的分销与运输提供商进行无缝对接，以达到直接交货、消除物品检查等增值活动。

现在的供应链管理系统一般包括以下几个部分：

企业资源计划（ERP），是指对企业资源配置、利用、开发活动进行组织、计划、协调、监督和控制，由订单管理、生产派工、库存管理、采购管理等多个环节构成。

数据同步采集与实时分析，包括企业间交易数据共享（B2B）、企业应用集成（EAI）、企业信息门户（EIP）等，实时监控整个供应链管理系统的执行状况，并为其他系统提供数据。

订单管理系统（OMS），通过对订单的管理和分配，使仓储管理和运输管理有机结合，稳定有效地使物流管理中各个环节充分发挥作用，使仓储、运输、订单成为一个有机整体。

供应商关系管理（SRM），通过与供应商建立长期、紧密的业务关系，并通过对双方资源和竞争优势的整合来共同开拓市场，扩大市场需求和份额，降低产品前期的高额成本。

客户关系管理（CRM），自动化并改善与销售、市场营销、客户服务和支持等领域的客户关系有关的商业流程。

供应商管理库存（VMI），是指以实际或预测的消费需求和库存量，作为市场需求预测和库存补货的解决方法，即基于由销售资料得出的消费需求信息，供货商可以更有效地做计划，更快速地对市场变化和消费需求做出反应。

信用评级[25] | Credit Rating

关联词：金融风险管理、信用衍生品

信用评级，简称信评，是对潜在债务人（以企业或政府为主）的信用风险的评估，预测其偿还债务的能力，并隐含预测债务人的违约概率。

信用评级也称**资信评级**，由独立的**信用评级机构**对影响评级对象的诸多**信用风险因素**进行分析研究，就其偿还债务的意愿和偿债能力进行综合性预测和评价，并用简单明了的符号加以表述。具体而言，信用评级是由专门的独立机构或部门，根据独立、客观、公正的原则，通过收集影响债务或债务工具信用的信息，采用一整套分析框架和分析方法，对发债主体或债务工具在特定时期内偿还债务的意愿和能力进行评价，并用简单符号将这些意见向市场公开。

信用评级最重要的功能是风险揭示与预警，当然可能存在滞后问题。信用评级也存在一定的风险定价功能，投资人可以参考信用评级结果进行风险溢价补偿。

信用评级表示**信用评级机构**对准债务人的定性和定量信息的评估，包括由潜在债务人提供的信息以及由信用评级机构的分析人员获得的其他非公开信息。信用评级的称谓在1958年第一次被使用。信用评级作为重要的金融服务业务，无论在国内还是国外，都受到严格的监管。

信用评级结果表明评级对象在给定时间范围内违约的可能性。通常，一年及以下被认为是短期的，而超过一年被认为是长期的。过去，机构投资者倾向于考虑长期评级。如今，它们通常使用短期评级。

信用评级可以用来评估企业的金融工具，例如债务的安全性，

但同时也可以用来衡量企业本身。

信用评级具有真实、一致、独立、客观和审慎 5 个基本原则，[26] 以及公正原则。

信用评级按照评级对象、期限、主被动性、币种、行为主体和面向的市场可以分为以下几种（见表 3.5）。

表 3.5　信用评级的分类

评级对象	期限	主被动性	币种	行为主体	面向的市场
主体评级	短期评级	主动评级	本币评级	内部评级	信贷市场评级
债项评级	长期评级	委托评级	外币评级	外部评级	资本市场评级

主权信用评级是针对主权实体，如一个国家的政府的信用评级。主权信用等级表示一国投资环境的风险水平，供投资者在特定司法管辖区进行投资时使用，并考虑了政治风险。2017 年四季度多个国家的主权信用评级见表 3.6。

表 3.6　2017 年四季度多个国家的主权信用评级

风险排名（分数越高，风险越低）	排名变化	国家	总体分数
1	—	新加坡	88.6
2	—	挪威	87.66
3	—	瑞士	87.64
4	—	丹麦	85.67
5	▲ 2	瑞典	85.59
6	▼ 1	卢森堡	83.85
7	▼ 1	荷兰	83.76
8	▲ 4	芬兰	83.10
9	—	加拿大	82.98
10	▲ 1	澳大利亚	82.18

资料来源：Euromoney Country Risk。

信用评级在风险因素之外，还会受到监管和政治的影响，往往是多方利益平衡的结果。信用评级机构和**征信机构**的区别参见征信机构词条。

自金融危机以来，对信用评级机构的讨论较多，监管机构、市场参与者以及社会各界对其广泛关注。信用评级是金融市场的重要组成部分。央行前行长周小川指出，这个行业本身不大，但关系到广大的金融市场，广泛涉及金融市场板块及其产品，这些板块和产品对全球经济的作用是相当大的。

信用评级机构 | Credit Rating Agency, CRA

关联词： 信用衍生品

信用评级机构是指提供信贷评级服务的国际性独立机构，通过评估公司及时偿还本金和利息以及债务违约的可能性来评估债务人的偿还能力。

信用评级机构可以对债务发行人、债务工具以及某些情况下基础债务的服务人的**信用度**进行评估，但不适用于个人消费者。国家信用评级机构的影响力对其在国际资本市场的话语权而言十分重要。

信用评级机构是依法设立、从事信用评级业务的社会中介机构，具有独立性和专业性。信用评级对象即被评对象。信用评级机构进行信用评级业务的操作对象可分为债项（债券和衍生品）和主体。信用评级的结果是信用评级机构通过对经济主体、债务工具进行信用风险分析，形成的具有信用等级符号标识的信用评级报告。信用评级模式分为发行人付费模式 / 投资者订购模式和双评级模式（具有非主权特征的评级体系与主权国家评级体系共存的制度模式）。

信用评级机构评估的债务工具包括政府债券、公司债券、定期存款单、市政债券、优先股和抵押证券（如房地产按揭抵押证券）等。债务人或证券发行人可以是公司、特定目的的实体、州或地方政府、非营利组织或主权国家。信用评级促进了二级市场的证券交易，因为信用评级会影响证券支付的利率，较高的信用评级意味着只需付出较低的利率。个人消费者不是通过信用评级机构而是通过个人征信机构或信贷部门来评估其信用度。

证券信用评级的价值曾受到广泛质疑。在 2007—2008 年的金融危机中，被给予最高评级的数千亿证券被降级为垃圾级别。2010—2012 年欧洲主权债务危机期间，评级下调被欧盟官员指责加速了金融危机。

信用评级是一个寡头垄断行业，三大信用评级机构控制着全球市场约 95% 的评级业务。其中，穆迪和标准普尔的市场占有率合计高达 80%，而惠誉约占 15%。

国内最早出现的信用评级机构是 1988 年成立的上海远东资信评估有限公司。表 3.7 显示了部分国内外主要信用评级机构。

表 3.7　部分国内外主要信用评级机构

国际主要信用评级机构	
穆迪投资者服务公司 标准普尔公司 惠誉国际信用评级有限公司	
国内主要信用评级机构	
银行间市场	交易所市场
联合资信评估有限公司	联合信用评级有限公司
大公国际资信评估有限公司	大公国际资信评估有限公司

续表

国内主要信用评级机构	
银行间市场	交易所市场
中诚信国际信用评级有限公司	中诚信证券评估有限公司
上海新世纪投资服务有限公司	上海新世纪投资服务有限公司
东方金诚国际信用评估有限公司	东方金诚国际信用评估有限公司
中证鹏元资信评估股份有限公司	中证鹏元资信评估股份有限公司
中债资信评估有限责任公司	

资料来源：中证监测。

信用衍生品 | Credit Derivative

关联词：信用、信用评分、信用评级、信用评级机构、资产证券化

信用衍生品是用来分离和转移信用风险的各种工具和技术的统称，通常在借贷过程中将信用风险拆分，并以合约的方式转移给借方和贷方以外的其他经济实体来实现。

早在 1988 年,《巴塞尔协议》就促使商业银行考虑它们对客户的风险暴露问题。由此引发银行面临的一个难题——如何降低风险暴露但又不损害与客户的长期合作关系。信用衍生品最早出现于 1992 年的美国纽约互换市场，1993 年 3 月,《环球金融》(*Global Finance*）上的一篇文章提到华尔街 3 家公司——摩根大通、美林银行和信孚银行（Banker Trust）已经开始经营某种形式的信用衍生品。随着信用风险测量技术的发展，各种信用衍生品逐渐发展起来。目前国际上比较有代表性的信用衍生品主要有以下 4 种。

信用违约互换是将参照资产的信用风险从信用保障买方转移给

信用保障卖方的交易。信用保障买方向愿意承担风险的信用保障卖方在合同期限内支付一笔固定的费用。信用保障卖方在接受费用的同时，承诺在合同期限内，当信用违约事件发生时，向信用保障买方赔付违约损失。

总收益互换（Total Return Swap）是指信用保障卖方在协议期间将参照资产的总收益转移给信用保障买方，总收益可以包括本金、利息、预付费用以及因资产价格的有利变化带来的资本利得，作为交换，信用保障买方则承诺向信用保障卖方交付协议资产增值的特定比例，通常是**伦敦银行同业拆放利率**（**LIBOR**，是目前国际上最重要和最常用的市场利率基准）加一个差额，以及因资产价格不利变化带来的资本亏损。总收益互换在不使协议资产变现的情况下，实现了信用风险和市场风险的共同转移。

信用联系票据（Credit-Linked Note）是普通的固定收益证券与信用违约互换相结合的信用衍生品。在信用联系票据的标准合约下，信用保障买方或由信用保障买方设立的特殊目的机构，根据参照资产发行票据。信用保障卖方先以现金支付取得票据，交换来自有关票据固定利率或浮动利率的利息收入流程。当信用违约事件发生时，可根据双方协议的信用事故赔偿额赎回票据；如未发生信用违约事件，票据在合约期满后才可赎回。

信用利差期权（Credit Spread Option），假定市场利率变动时，信用敏感性债券与无信用风险债券（国库券等）的收益率是同向变动的，信用敏感性债券与无信用风险债券之间的任何利差变动必定是对信用敏感性债券信用风险预期变化的结果。信用保障买方，即信用利差期权购买者，通过购买利差期权来防范信用敏感性债券由于信用等级下降而造成的损失。

需要注意的一点是，无论在信用违约互换，还是在总收益互换中，风险的承担者都无须增加自己的资产负债表规模，而是将其作为表外业务加以处理。通过这种方式，银行或金融机构既可以维持与客户长期的良好关系，又可以避免在其他转移信用风险（如贷款出售和资产证券化）的方式中产生的法律费用等，从而简化流程，节约成本。

另外，商业银行可以通过购买信用衍生品进行信用保护，转移贷款项目中的一部分信用风险，从而降低风险加权资产的总量，缓解一部分资本充足率压力。通过信用衍生品，银行还可以开辟新的客户资源，尤其在开拓新的行业或地区时。通过信用违约互换，银行可以将信用风险转移至对客户信用状况比较了解的信用保障卖方，同时还可以放宽一些优质客户的信用额度。

由于信用衍生品的合约性质与**保险**极为相似，保险机构已经成为信用违约互换市场中违约保险的重要买方，而且不同类型的保险机构活跃于不同市场。比如，寿险机构活跃于债务抵押债券市场，单一险种保险机构通常活跃于信用违约互换市场。与此同时，一些**量化投资**团队也开始将信用衍生品作为一种金融产品看待，并在信用市场获利。在这个过程中，信用衍生品将信用、保险和投资这 3 个重要金融领域贯穿起来，使风险得到分散，同时提高了各市场的资本运作效率。

资产证券化（Asset-Backed Securitization，ABS）是指以基础资产未来所产生的现金流为偿付支持，通过结构化设计进行信用增级，在此基础上发行资产支持证券（ABS）的过程。资产证券化是以特定资产组合或特定现金流为支持，发行可交易证券的一种融资形式。资产证券化仅指狭义的资产证券化。自 1970 年美国吉利美（GNMA）首次发行以抵押贷款组合为基础资产的抵押支持证券——房贷转付证券，并完成首笔资产证券化交易以来，资产证券化逐渐成为一种被广泛采用的金融创新工具并得到迅猛发展，在此基础上，又衍生出风险证券化产品。

狭义的资产证券化是指信贷资产证券化。按照被证券化资产种类的不同，信贷资产证券化可分为住房抵押贷款证券化（Mortgage-Backed Securitization，MBS）和资产证券化。

4 数字货币与区块链

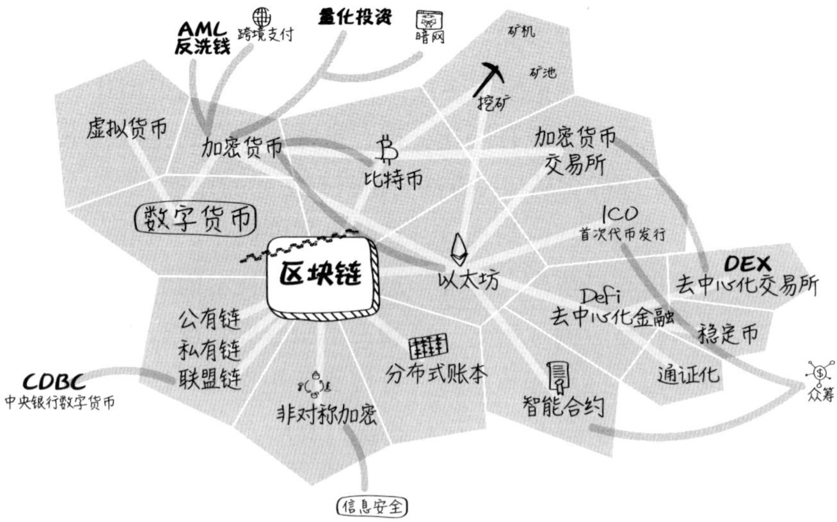

图 4.1　数字货币与区块链模块知识图谱

数字货币与区块链是金融科技领域最热门的板块之一，主要得益于比特币、以太坊等区块链项目的崛起。区块链一改传统金融保守的思维方式和森严的等级制度，扎根于互联网自由、平等、分享的基因内核，承载价值互联与传递的功能，唤起人们对金融民主、普惠的憧憬。数字货币与区块链模块知识图谱如图 4.1 所示。

随着央行发行数字货币（DC/EP），以及社交巨头脸书发行数字货币（Libra），数字货币的概念以及区块链技术再次触动科技界、投资界的神经。非对称加密、智能合约等一些此前冷门的概念再度引起媒体关注。去中心化自治组织、去中心化金融等一些前沿理念，引导着数字货币与区块链的创新之路。

不仅如此，以挖矿、交易、数字资产管理为核心的区块链商业也异常繁荣。每年矿机商、交易所创造的利润令许多传统金融机构瞠目结舌，金融机构被这种称为“区块链”的分布式账本技术所吸引，政府部门、商业银行、投资银行、征信机构都在研究区块链技术。

各国监管政策虽有不同，但新兴技术向前发展的潮流是不可阻挡的。美国证交会虽然拒绝了多次比特币 ETF 的申请，但比特币期货、信托已经在美国合规合法化，得到美国证交会的批准，将比特币作为一种商品进行交易和投资的自由得到法律的保护。

数字货币与区块链的新理念、新技术与密码学、网络技术是分不开的，同时也与经济学、心理学息息相关。技术能够降低交易成本，但归根结底是为商业需求、市场需求服务的，没有需求就没有产品，这也是很多区块链技术研究者容易产生误区的地方。找到适合区块链技术的商业需求才是万木之源。

跟随前沿创新并不是一件容易的事情，我们仅为读者提供一条了解数字货币、区块链技术的学习路径。本书精选的词条虽不能覆盖所有有关数字货币与区块链的概念，但重点精选了一些词条，希望能引起读者的兴趣，帮助读者踏入知识之门，寻找数字货币与区块链领域的灵感与商机。

比特币 | Bitcoin

关联词： 加密货币、数字货币、虚拟货币、区块链、暗网

比特币是一种**加密货币**，也是一种点对点的电子现金系统。比特币系统使用 P2P 技术，在没有中央权威机构或银行的条件下，管理比特币转账以及由网络节点集体完成的比特币发行。

比特币是由一位自称**中本聪（Satoshi Nakamoto）**的匿名人士或匿名组织发明的。北京时间 2008 年 11 月 1 日，中本聪在 P2P

Foundation 网站发布了白皮书《比特币：一种点对点的电子现金系统》(*Bitcoin: A Peer-to-Peer Electronic Cash System*)，并于 2009 年 1 月 4 日发布了第一版比特币开源软件。

> **关于白皮书发布时间与中本聪生日**
> 每年 10 月 31 日午夜至 11 月 1 日，是美国等西方国家的重要节日——万圣节。2008—2009 年正是美国次贷危机演变为金融危机并波及全球之时。中本聪选择在此时发布比特币白皮书，或许别有用意。
> 在 P2P Foundation 的注册信息里，中本聪填写的自己的生日为 1975 年 4 月 5 日。这个时间和历史上两个事件巧妙地联系起来。一个事件是，1933 年 4 月 5 日，美国罗斯福总统签署 6102 条国家紧急安全法，宣布美国人持有黄金属于非法行为。用美元强行兑换美国人的黄金，之后却让美元贬值 40%，相当于洗劫了美国人 40% 的财富。另一个事件是，1974 年 12 月 31 日，美国黄金合法化法案正式生效，1975 年美国人又可以持有黄金了。[1,2,3]

比特币代码是开源的，遵循公开的分布式账本设计思路，没有人能占有或控制比特币，任何人都可以自由进入或退出比特币网络，而不必经过准许。比特币转账需要经过网络节点的密码学确认，然后被记录在一个公开的分布式账本里，这个公开的**分布式账本**被称为**区块链**。比特币是通过一个“**挖矿**”的过程作为奖励而被创造出来的。比特币可以用来购买其他的货币、商品或者服务。[4]

比特币账户是通过**公钥**（**Public Key**）和**私钥**（**Private Key**）创建的，它们是一对使用数学上的**非对称加密**算法生成的包含数字和字母的长字符串。公钥生成账户地址，类似于电子邮箱，比特币账户地址是公开的，可用于接收和发送比特币。私钥则需要妥善保管，只有私钥能够授权比特币转账。私钥不同于普通密码，私钥不可更改。

比特币挖矿是“铸币”过程，通过挖矿，新发行的比特币将进入市场流通。具体而言，在“铸币”过程中，需要先解出一道有关计算的数学难题，然后才能发现一个新区块，并将新区块“链接”到已有的区块链上，从而获得系统发行的一定量的比特币。从 2009 年比特币运行开始，新区块奖励 50 枚比特币，大约每 4 年新区块奖励的比特币减少一半。比特币是以一个固定且周期性递减的速率进行发行的，它的总供给量趋近于 2 100 万枚。

比特币的发行规则，实际上遵循了一种数学上收敛的无穷级数算法。例如等比数列：$\frac{1}{2}+\frac{1}{4}+\frac{1}{8}+\frac{1}{16}+\cdots=1$。中本聪给比特币定义的规则是：每挖出 210 000 个区块，比特币新区块的奖励减少一半，而每个区块的平均发现时间是 10 分钟，这是由比特币的**挖矿难度**动态调节的。因此，210 000 个区块大约经历 4 年（$210\,000\times10\div60\div24\div365\approx4$）。每 4 年为一个发行周期，第一个 4 年的总产量是 $210\,000\times50=10\,500\,000$ 枚比特币，第二个 4 年的总产量减少一半，依此类推，按照等比数列之和的计算，极限值是 2 100 万枚比特币。这就是比特币总量不超过 2 100 万枚的由来。

那些掌握着计算能力（简称“**算力**”）并加入比特币网络的独立个人或公司被称为“**矿工**”，他 / 它们被新区块奖励和转账费用激励而进行挖矿。这些矿工可以被认为是保障比特币网络可信度的去中心化“权威机构”。

在比特币的**创世区块**代码中，中本聪隐藏了一句暗语“The Times

03/Jan/2009 Chancellor on brink of second bailout for banks”，译为中文是：《泰晤士报》2009 年 1 月 3 日财政大臣将再次对银行施以援手。这正是 2008—2009 年美国次贷危机和欧洲债务危机的真实写照。

为了向比特币创立者中本聪致敬，社区将比特币最小细分单位亿分之一比特币，即 0.000 000 01 BTC 命名为 1 聪（Satoshi，SAT）比特币；将 10 万聪比特币或 1/1 000 比特币，即 0.001BTC 命名为 1 毫（Millibitcoin，mBTC）比特币。

区块链 | Blockchain

关联词：中央银行数字货币、邓白氏编码、供应链金融、众筹、供应链、物联网、反洗钱、KYC、共享经济

区块链，也称区块链技术（Blockchain Technology），是**比特币**的底层技术架构。狭义上讲，区块链是一种按照时间顺序将数据区块以顺序相连的方式组成的链式数据结构，以及以密码学方式保证的不可篡改和不可伪造的分布式账本。广义上讲，区块链是利用块链式数据结构来验证与存储数据，利用分布式节点共识算法来生成和更新数据，利用密码学方式来保证数据传输和访问安全，利用自动化脚本代码组成的智能合约来编程和操作数据的一种全新的分布式基础架构与分布式计算范式。[5]

简单来讲，区块链就是一串用**时间戳**相连的不可更改的数据记录，它们被计算机集群共同管理而不被任何单一实体所控制。每一个数据区块都通过密码学原理来保障安全并相互绑定，从而形成一条链式结构。

就区块链而言，**非对称密码学**提供了一种强有力的所有权工具，来满足认证方式的要求。拥有私钥即获得所有权。这也避免了当一个人需要进行交易时，不得不分享过多的个人信息而将信息暴露给

黑客的情况。

仅仅是认证还不够，认证是指确认账户上有足够多用于支付的钱、确认转账类型广播正确等，此外，它还需要一个**P2P 网络**作为起点。一个分布式网络能够降低中心化腐败或失败的风险。

> P2P 网络，也称对等网络，或 P2P 技术等，是一种分布式信息传输协议。P2P 技术为互联网开辟了一片崭新的天地，为人熟知的比特流（BitTorrent）、电驴、迅雷都使用 P2P 技术，P2P 技术的鼻祖是 1999 年在美国成立的 Napster，创始人是肖恩·范宁（Shawn Fanning）与肖恩·帕克（Sean Parker），后者也是脸书的联合创始人。

这个分布式网络还被用于转账的记录保存和安全保证。授权转账是整个网络遵守共识机制的结果。

作为一种分布式账本，区块链通常由 P2P 网络管理，节点之间通信和验证新区块要共同遵守一种协议或**共识机制**。一旦记录下来，任何区块里的数据事后都不可更改，除非修改后续一系列的区块，而这需要全网大多数达成共识。尽管区块链并非不可更改，但区块链在设计上被认为是安全的，并用事实说明它是一个具有高**拜占庭容错**能力的分布式计算系统。因此，在区块链上形成了一种去中心化共识。

这种将 P2P 网络和支付系统相结合的简单想法，通过加密货币的诞生，彻底改变了金融行业。

区块链的发明使比特币成为第一个不需要可信机构或中央服务器而解决了“**双花**”难题的数字货币。比特币的发明启发了其他应用程序，使得公众可读区块链广泛用于加密货币，区块链被认为是一种支付轨道。

区块链未来更多的探索方向：

智能合约——分布式账本可以使简单合约通过计算机代码实现自动化，当一定条件被满足时，智能合约就能自动执行，而无须人的干预。

共享经济——通过点对点支付，区块链打开了用户端之间直接交易的大门。

众筹——区块链技术使众筹上升到新水平，激发更多众包风险投资基金。

治理——通过将竞选过程向公众开放，分布式数据库技术能够使竞选更加透明。

供应链审计——区块链能够为产品溯源提供技术支持，时间戳日期和地点需要与产品编号保持一致。

文件存储——去中心化的文件存储能够有效阻挡黑客攻击和文件丢失。

市场预测：区块链是一种代表“群体智慧”的技术，它能够通过分析群体“下注”而预测事件。

知识产权：智能合约能够保护知识产权，自动完成在线创造性产品的销售，降低文件复制和再分配的风险。

物联网：智能合约能够通过软件、传感器、网络设备自动执行远程系统程序。

智慧电网：区块链能够为邻里之间局部的可再生能源创造交易市场。

身份管理：分布式账本提供方法来证明你是谁，拥有安全数字身份对网络服务来说非常重要。

反洗钱和 KYC（了解你的客户）：使用区块链，能够提升反洗钱和 KYC 的水平，使跨机构客户身份识别和强化分析成为

> 可能。
> 个人数据管理：用户可以管理和出售自己在网络上活动的小片、零散数据，如果他们自己认为合适的话。
> 产权登记：公开可触达的账本可以更加开放、高效，产权上链可以更加有效地反欺诈和对抗腐败。
> 股票交易：当点对点交易可以即时完成时，审计机构、托管机构可能就会退出市场。[6]

按照访问权限的不同，区块链可以分为 3 类：**公有链**、**私有链**、**联盟链**。

公有链或公有区块链（Public Blockchain）没有任何访问限制。任何人都可以连接互联网发起转账，也可以成为验证者，参与共识协议的执行。通常，区块链会为那些提供算力支持和保护网络安全的节点提供经济激励，比如，可以使用工作量证明（Proof of Work，PoW）或权益证明（Proof of Stake，PoS）算法。知名公有链有比特币和以太坊等。

私有链或私有区块链（Private Blockchain）需准入才能使用。除非受到网络管理员的邀请，否则无法加入，参与者和验证者都受到限制。这种区块链可以作为一些公司的备选方案。对于那些对区块链技术感兴趣，但还未打算开放网络的公司来说，它们寻求在不牺牲自主权和避免将敏感数据暴露于公开网络的情况下，将区块链用于会计、审计和记录保存。

联盟链或联盟区块链（Consortium Blockchain）通常被认为是半去中心化的。与私有链的单个组织控制区块链不同，联盟链允许一些公司单独运行自己的节点。联盟链的管理员在认为合适的情况下会限制用户的阅读权限，仅受信任或被授权的节点才能执行共识协议。比较知名的联盟链包括 Hyperledger Fabric、R3 Corda、企业以太坊联盟（EEA）等。

挖矿 | Mining

关联词： 加密货币、区块链

挖矿，也称加密货币挖矿（Cryptocurrency Mining），是创造或发现**加密货币**的过程。挖矿也是一种通过使用计算机处理能力来完成转账记录保存的服务。

矿工不停地将新广播的转账记录打包进一个新区块，然后将打包好的新区块向网络广播，并被其他接收数据的节点验证，从而保证区块链的连续性、完整性和不可篡改性。

挖矿活动在完成了区块链记账工作的前提下，获得了系统发行的加密货币奖励，实现了加密货币的发行过程。

关于比特币的一个基本问题是：比特币从何而来？

传统货币是由中央银行创造的，而比特币是由比特币矿工通过挖矿获得的。具体而言，矿工按时间顺序将转账记录打包进找到的比特币区块中，这样可以防止用户支付相同的比特币两次，从而解决“双花”难题。

比特币不受中央权威机构管制，相反，比特币得到了全球数百万台计算机——“矿工”的背书。该计算机网络发挥了与美联储（Federal Reserve）、Visa（威士）和万事达（MasterCard）相同的功能。

要想被其他的网络节点所接受，新区块必须包含工作量证明。使用的这套系统基于亚当·贝克（Adam Back）1997 年提出的反垃圾邮件方案——哈希现金（HashCash）。工作量证明要求矿工找到一个称作随机数（Nonce）的数字，使得当区块内容与该随机数一起进行哈希运算时，其结果在数值上小于网络当前的难度目标值（Difficulty Target）。工作量证明对于网络中的任何节点来说都易于验证，但是生成该证明非常耗时，为得到一个安全的密码学哈希值，矿工必须尝试许多不同的随机数（通常测试值按自然数升序排列：0，1，2，3，...），直到小于难度目标值为止。

工作量证明系统与区块链结构一起，使得修改区块链十分困难。为了使一个区块修改的内容被接受，攻击者必须修改后续所有的区块。随着每时每刻都有新区块被挖出，修改区块的难度会随着时间流逝以及随后的区块（也称对给定区块的确认）数量的增加而增加。

比特币挖矿的结果是双重的。一方面，当矿工在比特币网络上解决复杂的数学问题时，他们"生产"出新比特币，这与黄金的开采过程没什么不同。另一方面，通过解决数学难题，比特币矿工使比特币网络值得信任；通过验证转账信息，保障转账网络的安全。

作为对矿工努力的补偿，每当矿工向区块链成功添加一个包含转账记录的新区块时，其将获得比特币奖励。每个被开采的区块释放的新比特币数量被称为"区块奖励"。每挖出 210 000 个区块，区块奖励减少一半，用大约 4 年时间。2009 年比特币创世时，区块奖励为 50 枚比特币；2012 年第一次减半，区块奖励为 25 枚比特币；2016 年第二次减半，区块奖励为 12.5 枚比特币；2020 年第三次减半，区块奖励为 6.25 枚比特币，依此类推。

第一次减半：北京时间 2012 年 11 月 28 日 23∶24∶38，新区块由 Slushpool 矿池挖出，区块奖励由 50 枚比特币减少为 25 枚，比特币区块链高度为 210 000。

第二次减半：北京时间 2016 年 7 月 10 日 00∶46∶13，新区块由 F2Pool 矿池挖出，区块奖励由 25 枚比特币减少为 12.5 枚，比特币区块链高度为 420 000。

第三次减半：北京时间 2020 年 5 月 12 日 03：23：43，新区块由 AntPool 矿池挖出，区块奖励由 12.5 枚比特币减少为 6.25 枚，比特币区块链高度为 630 000。[7]

每挖出 2 016 个区块（按照挖出每个区块平均用 10 分钟计算，约 14 天），难度目标值将根据网络最新算力表现进行调整，以使每个新区块被挖出的平均时间保持在 10 分钟。通过这种方式，系统可以自动地适应网络上挖矿算力的总量。

随着越来越多的比特币被挖出，挖矿难度（即涉及的算力）不断增长。挖矿难度始于 2009 年比特币首次亮相时的 1.0。2009 年年底，挖矿难度只有 1.18。到 2020 年 5 月 12 日比特币第三次减半后，挖矿难度已超过 16.1T（万亿）。

实际上，新币的发行速度会以指数级进行 32 次“等分”，直到第 6 720 000 块（大约在 2137 年被挖出），达到比特币的最小货币单位 1 聪。最终，在挖出 693 万个区块之后，所有的共 2 099 999 997 690 000 聪比特币将全部被挖出。也就是说，到 2140 年左右，会存在将近 2 100 万枚比特币。在那之后，新的区块不再包含比特币奖励，矿工的收益全部来自交易费。[8]

> 矿机（Mining Machine）是进行加密货币挖矿的硬件设备。最早，中本聪使用个人电脑的中央处理器（CPU）进行挖矿；随后早期的矿工发现图形处理器（GPU）能够更好地适应工作量证明算法，于是就用图形处理器替代中央处理器挖矿；随着比特币难度目标值的增加、全网算力的暴涨，后来的挖矿爱好者研发出现场可编程门阵列（FPGA）（一种更高级的处理器）进行挖矿。目前，比特币挖矿公司运营着大型矿场，使用效率更

高的芯片专用集成电路（ASIC）矿机进行挖矿。

矿池（Mining Pool）是指矿工进行联合挖矿的平台，矿工们将自己的矿机接入矿池，贡献自己的算力共同挖矿，然后按照贡献比例分配挖矿收益。矿池平台负责矿池的运营，收取一定比例的管理费。随着全网算力的指数级增长，个人挖矿获得区块奖励的概率变得极低，近乎为零，矿工们开始联合起来与其他矿工竞争，然后平分挖矿收益，逐步形成了矿池。目前矿池的主要模式包括 PPS（Pay Per Share）、PPLNS（Pay Per Last N Shares）等。PPS 是指按用户有效算力在全网的占比，来分配矿池理论出块的块奖励模式；PPLNS 是指按用户有效算力在全网的占比，来分配矿池实际出块的块奖励模式。

加密货币 | Cryptocurrency

关联词： 中央银行数字货币、区块链、数字货币、虚拟货币

加密货币是指构建于区块链技术之上的可交易**数字资产**或数字形式的货币，是一种使用强密码学保证金融交易安全、控制新增单位发行以及验证资产转移的交易媒介。

加密货币最大的创新之处是在没有中央权威机构的情况下达成“共识”。

加密货币与传统金融模型之间的主要区别在于加密货币的**去中心化**。这意味着当你支付一种加密货币时，交易批准并非来自一个中央权威机构，例如银行或支付公司，而是来自点对点的计算机网络，节点之间达成共识并确保交易合法。

每一种加密货币的去中心化控制都是通过**分布式账本技术**（通常是**区块链**）实现的，区块链充当公开金融交易的数据库。

比特币通常被认为是第一种去中心化的加密货币，开源软件于2009年首次发布。自比特币发布以来，已经出现超过4 000种竞争币、山寨币，包括比特币的替代变体和其他加密货币。

让我们看一下加密货币数据库的运行机制。比特币网络由节点组成，每个节点都有所有转账的完整历史记录，从而能够记录每个账户的余额。资金本质上是一种经过验证的账目，以某种数据库形式存在，其中包含账户、余额和转账记录。

一次转账就会形成一个上面写着“鲍勃发送*n*枚比特币给爱丽丝”的文件，然后由鲍勃用私钥生成数字签名。这是基本的公钥密码学。生成数字签名之后，这笔转账将在全网广播，从一个节点发送到其他每一个节点。这是基本的P2P技术。加密货币的工作机制如图4.2所示。

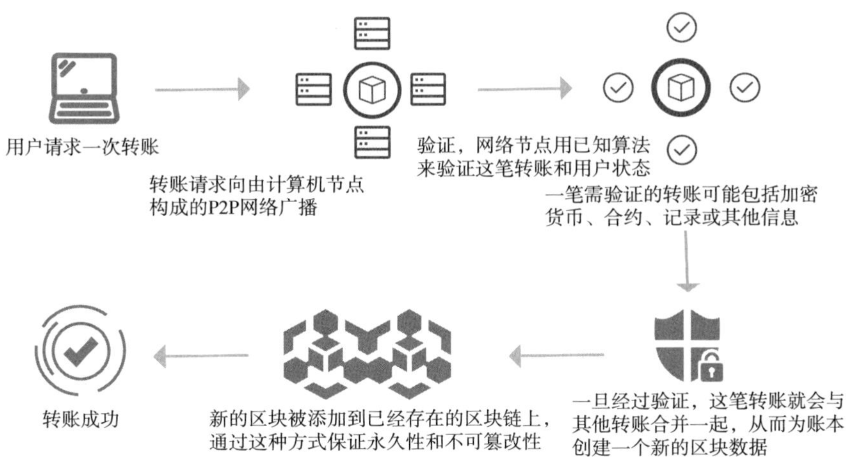

图4.2　加密货币的工作机制

资料来源：BlockGreeks。

这笔转账几乎瞬间会被全网知道，但是，在经过一定时间后才能被确认。**确认（Confirmation）**是加密货币领域中一个至关重要的概念，也可以说，加密货币所有的一切都与确认有关。

只要一笔转账还未被确认，它就在待定（Pending）状态中，就可能会被伪造（Forged）。当一笔转账被确认后，它就像被刻在石头上，几乎不可被伪造，也不可逆转，就成了不可更改的历史转账记录（即所谓的区块链）的一部分。

只有矿工才能确认交易，这是矿工在加密货币网络中的工作。矿工接受转账记录，验证其合法性，并在网络中传播。当一笔转账被矿工确认后每个节点不得不将其添加到数据库中，它就成为区块链的一部分。

做好这项工作后，矿工可以获得一些加密货币奖励，例如比特币，因此，矿工的工作是加密货币网络中最重要的部分。

基本上，加密货币就是关于去中心化共识数据库中代币的账目。之所以称为“加密”货币，是因为保持共识的过程是由强密码学保证的，不是基于人与人之间的信任，而是由数学保证的。

> **数字货币（Digital Currency）**，即电子货币（Electronic Currency），是一种数字形式的货币，与实物形态的纸币、硬币相对应。数字货币具有类似于实物货币的特性，但可以实现即时交易和无物理边界限制的所有权转让。数字货币包括加密（数字）货币和央行数字货币，以及中央银行发行的法定货币的数字形态。与传统货币一样，这些货币可用于购买有形商品和服务，但也可能仅限于某些社区，例如用于在线游戏或社交网络中。[9]

虚拟货币（Virtual Currency），2012 年，欧洲中央银行将虚拟货币定义为“一种不受管制的数字货币，通常由其开发者发行并控制，被特定虚拟社区的成员接受和使用”。[10] 2013 年，美国财政部金融犯罪执法网络（FinCEN）将虚拟货币定义为“在某些环境中像货币一样运作的交换媒介，但不具有真实货币的所有属性”。特别是，虚拟货币在任何司法管辖区均不具有法定货币地位。[11] 2014 年，欧洲银行业管理局将虚拟货币定义为“既不是由中央银行或公共机构发行的数字化价值表示形式，也不一定是法定货币附带的，而是被自然人或法人所接受用于付款并可以通过电子方式进行转移、存储或交易的数字表示形式”。[12] 例如，Q 币等游戏积分、点卡，都属于虚拟货币的范围。

加密货币交易所（Cryptocurrency Exchange），也称数字货币交易所（Digital Currency Exchange，DCE），是指允许客户将加密货币或数字货币与其他资产，例如法定货币或其他数字货币进行交易的平台或场所。加密货币交易所可以是做市商，通常将买卖价差作为服务的交易佣金；也可以是为买卖双方撮合匹配的平台，简单地收取一定比例的交易费用。

不同于传统金融市场的一级市场与二级市场的划分，加密货币领域并没有明确划分一、二级市场。传统金融市场的一级市场一般指私募股权市场，股东人数受到一定限制；二级市场指公开上市企业的股票市场，交易转让可以在股票交易所进行。加密货币并没有股权和股票之分，但从交易形态来看，可以分为场外交易（Over-The-Counter，OTC）和交易所竞价交易。另外，值得关注的是，崛起的去中心化交易所（Decentralized Exchange，DEX），正在将场外交易与交易所竞价交易的功能合二为一，成为加密货币、区块链以及科技金融领域重要的创新之一。

分布式账本 | Distributed Ledger

关联词： 区块链

分布式账本，也称**共享账本**（Shared Ledger），是一种包含多个数据存储单位的数据库，每个存储单位具有完全相同的数据记录，并由分布式计算机服务器网络共同维护和控制。

具体来讲，分布式账本是一个可以在多个站点、不同地理位置或多个机构组成的网络里进行分享的资产数据库。在网络的每一个节点保存唯一、真实、相同的账本副本，账本里的任何改动都会在所有节点表现出来。

账本里存储的资产可以是金融的、法律意义上的、实体的或电子的。

账本里存储的资产的安全性和准确性是通过密码学原理实现的。通过公私钥及数字签名控制账本的访问权。根据网络节点之间的共识算法，一旦达成共识，所有节点将使用新的正确的账本副本进行更新。

分布式账本最大的优势是没有中央记账机构，分布式的特点能有效对抗网络攻击和恶意篡改。由于每一个节点都保存了账本副本，黑客必须同时攻击所有的节点才能够攻击成功。[13]

分布式账本与区块链有所交叉，也有所不同。从技术上来看，区块链是一种特定类型的分布式账本。例如，比特币在分布式账本上使用了工作量证明，从而解决了电子货币支付中的“双花”问题。但是，分布式账本本身可以不需要工作量证明，也可以不需要以区块为单位的链式数据结构。从功能上来看，区块链不仅限于记账功能，还可以应用在**智能合约**、**去中心化自治组织（DAO）**、**分布式计算**等多领域，而分布式账本更多应用于金融审计领域。

案例 爱沙尼亚政府使用由Guardtime公司开发的被称为“无钥签名基础设施”（Keyless Signature Infrastructure，KSI）的分布式账本技术去做相关的试验已经有几年的时间了。无钥签名基础设施让公民可以验证他们存放在政府数据库的相关记录的正确性。此举杜绝了一些有特权的内部人员在政府网络内部采取不法行为的可能性。有了这个保证后，爱沙尼亚相继启动了电子式商业登记（e-Business Register）以及电子税务（e-Tax）等基于数字技术的服务。这降低了国家和公民的行政负担和成本。[14]

以太坊 | Ethereum

关联词： 区块链、加密货币、比特币

以太坊是一个开源的有智能合约功能的公共区块链平台，通过其专用加密货币以太币（Ether，ETH）提供去中心化的虚拟机即以太虚拟机（Ethereum Virtual Machine，EVM）来处理点对点的智能合约。[15]

以太坊是由一位年轻的加密货币研究者和程序员**维塔利克·布特林（Vitalik Buterin）**在2013年年底提出的。为了解决开发资金问题，2014年7月23日至2014年9月2日，以太坊项目进行了为

期 42 天的以太币预售。一共募集了 31 591 枚比特币，按当时比特币的价格计算，价值约 18 439 086 美元，预售出 60 102 216 枚以太币，每枚以太币平均价格约为 0.31 美元。以太坊项目正式上线时间为 2015 年 7 月 30 日。[16]

以太币是以太坊原生的一种**加密货币**。除了被预售的以太币，剩余的以太币的发行方式类似于比特币，通过**工作量证明**和**挖矿**发行新以太币，奖励那些提供算力参与挖矿的节点，使以太币保持去中心化的特性。不同于比特币的是，以太币并未设置总量上限。

为了安全考虑，比特币的代码有意地限制了脚本的可扩展性，使得开发者难以在区块链上创建更多的应用。以太坊的创新之处在于开发了一套"**图灵完备**"的**虚拟机——以太虚拟机**，可以使区块链超越货币范畴，将区块链延伸到更多领域。

与比特币账户**未花费的交易输出**（Unspent Transaction Outputs，UTXO）模型不同，以太坊采用一种"**状态转移**"（**State Transition**）的方式来记录账户和余额。以太坊区块链不仅运行着原生以太币，还运行着各种各样的**智能合约**，以及基于以太坊的各种**代币**（Token）。如果一名初级程序员想创建一种加密货币但又缺乏开发经验，那么使用以太坊 **ERC20** 智能合约标准接口就可以轻松完成代币的创建。

为了防止对以太虚拟机网络资源的滥用，以太坊内置了一种内部转账的定价机制——"燃料（Gas）"机制，来增加垃圾交易的作恶成本。每次执行智能合约都需要付出相应的交易成本。

以太坊在虚拟机、智能合约、ERC20 标准等方面的创新，使其被业界称为区块链 2.0 的代表。以太币则成为仅次于比特币的全球市值第二大加密货币。

智能合约是指买卖双方之间的协议条款直接被写入代码中从而

自动执行的合约。智能合约允许在不同的匿名方之间达成可信的交易和协议，而无须中央权威机构、法律系统或外部执行机制参与。智能合约使交易可追溯、透明和不可逆。

智能合约最早是由美国计算机科学家尼克·萨博（Nick Szabo）于1994年提出的，他在1998年发明了一种叫作“比特金（Bit Gold）”的虚拟货币，较比特币早了整整10年。实际上，经常有传言称萨博就是中本聪，但他否认了。萨博在论文中的许多预测都在区块链技术出现之前的环境中实现了。[17]

去中心化金融 | Decentralized Finance，DeFi

关联词： 跨境支付

去中心化金融（DeFi）描述了一种全新的去中心化金融系统，该系统构建在比特币和以太坊等公共区块链上。比特币和以太坊不仅仅是数字货币，它们还是基础的开源网络，可用于改变全球经济的运作方式。

去中心化金融是一种开源技术，旨在通过引入去中心化层来取代寻租中间人，从而改善当前金融系统的各个方面。

DeFi是一类被称为**去中心化应用（DApp）**的新型应用程序的子集。就像DApp存在许多不同的用例一样，DeFi也存在许多不同的用例。

跨境支付方面：用户可以使用加密货币在全球范围内进行支付，只要终端商户接受加密货币，用户就可以不受任何金融机构的约束和限制。但是，在一个国家或地区，加密货币的交易成本可能会高于法定货币，根据“**劣币驱逐良币**”原理[①]，加密货币作为“良币”在支付方面并没有优势；相反，在某些特定的跨境支付方面，加密货币的交易成本具有相对优势。典型代表为比特币、**莱特币（Litecoin）**、**泰达币（USDT）**等。

借贷应用：用户不通过银行或借贷机构就能完成加密资产质押贷款，甚至可以通过智能合约来完成用户之间的P2P借贷，不存在中间方“跑路”风险。DeFi借贷是近两年备受资本关注的领域。典型代表为MakerDAO、dYdX等。

稳定币（StableCoin）：稳定币是一种具有价格稳定特征的资产，其适合某些场景或功能，例如，作为交换媒介、会计单位或进行价值存储。稳定币为比特币、以太币和其他易波动的数字资产提供稳定价格的功能，使人们对数字资产领域的兴趣日益增长。泰达币是有史以来第一个发布的稳定币，每发行1美元的泰达币都有1美元做支持。但是，有关稳定币的争议已围绕其偿付能力展开，其他稳定币如MakerDAO（DAI）、GUSD（Gemini Dollar）和USDC（Circle）也已推出。

通证化（Tokenization）：Token被翻译成令牌、代币或通证。Token可以是一种纯粹的技术令牌，也可以表示一种数字形式的资产。通证化是指将商品、服务或证券升级为区块链数字资产的过程，从而增加其流动性，降低交易成本。典型案例是证券代币发行（Security Token Offering，STO），美国开始尝试对股票、债券等金融资产所有权进行区块链上的通证化，客户可以通过购买通证或代币而持有项目股份。

---

① 劣币驱逐良币是指，当一个国家或地区同时流通两种实际价值不同而法定比价相同的货币时，实际价值高的货币（良币）必然要被熔化、收藏或输出而退出流通领域，而实际价值低的货币（劣币）反而充斥市场。

去中心化交易所：与中心化交易所不同，去中心化交易所通过智能合约技术实现点对点交易，用户可以自己掌握加密资产私钥，不必把资产托管到中心化交易所而担心其“跑路”。去中心化交易所的创新之处在于结合了场外交易与交易所竞价交易两者的优势。典型代表为 Uniswap、Kyber Network 等。

DeFi 可能对世界产生的影响包括以下几个方面：

1. 更广泛的全球金融服务渠道。借助 DeFi，任何可以连接互联网且拥有智能手机的人都可以访问金融服务，从而规避当前金融系统中存在的各种限制，比如，若无公民身份、凭证等，则不能享受金融服务；一些金融服务需要入门级资金；与金融服务提供商之间的物理距离较远。在 DeFi 服务中，一家金融公司的顶级交易员与印度偏远地区的农民具有相同的访问权限。

2. 负担得起的跨境支付。DeFi 去除了高成本的金融中介，使全球用户负担得起跨境汇款服务。

3. 改进隐私性和安全性。在 DeFi 系统中，用户拥有自己的财产保管权，无须中央权威机构的验证即可安全交易。而传统金融信息保管机构可能会泄露用户信息，令用户信息和资产处于风险之中。

4. 防审查交易。在 DeFi 系统中，交易是公开且不可更改的，区块链不能被政府、中央银行或大公司等中央权威机构强行关闭。例如，委内瑞拉人已经采用比特币来保护其财富，使其免受政府操纵和免受恶性通货膨胀影响。

5. 使用简单。**即插即用（Plug-and-Play）**应用程序使人们可以直观地使用 DeFi 服务，无须了解集中式系统的复杂性。使用 DeFi 服务，菲律宾的妇女可以通过可交互操作的应用程序，从美国获得贷款，在哥伦比亚进行投资，然后还清债务并购买房产。

首次代币发行 | Initial Coin Offering，ICO

关联词：众筹

ICO 是一种筹款机制，新项目出售其基础加密代币以换取流动性更高的比特币或以太币。ICO 另外的名字是代币销售（Token Sale），或首次加密货币发行（Initial Cryptocurrency Offering）、首次加密代币发行（Initial Crypto-token Offering），采用公募或私募的形式。

ICO 借鉴了股票市场**首次公开发行（Initial Public Offering，IPO）**的概念，但 ICO 与 IPO 有着本质的不同。ICO 实质上是一种代币兑换、代币预售行为。股票是一种权益或证券，代币的性质更为广泛，可以代表某种权益，也可以代表某种商品或者积分，或者纯粹为一种技术令牌，其性质需依区块链应用场景而定。

ICO 也是一种众筹行为，但不同于传统众筹，ICO 使用区块链技术。2017 年，以太坊 ERC20 代币合约标准的成功制定，使发行代币更为便捷，ERC20 标准大大简化了众筹流程，降低了技术开发成本。参与 ICO 的用户在新项目上线之前就可以通过代币进行交易，增加了流动性。

目前的 ICO 至少有 3 种形式：

一是去中心化众筹。项目方提前将众筹规则写入智能合约，用户将比特币或以太币发送到智能合约地址，该智能合约地址存储资金并在以后的某个时间点向用户地址（账户）分配等值的新代币。

二是通过 ICO 平台众筹。用户可以到第三方互联网平台或众筹网站注册并参加项目预售，使用比特币、以太币或其他加密货币进行兑换。

三是场外交易。不通过智能合约或第三方平台，在场外可以进行沟通、议价，以及区块链项目代币的预售、兑换等活动。

一般来讲，当区块链项目开发完成并在主网上线后，项目方会使用区块链原生加密货币兑换此前预售的代币。

ICO 代币大概分为两种类型：**功能型代币（Utility Token）**和**证券型代币（Security Token）**。在某些情况下，代币仅仅是应用程序的技术令牌，这意味着它使所有者可以访问特定的协议或网络。因此，它可能不属于金融证券。另外，如果代币具有权益属性，这意味着它的唯一目的就是升值，那么它看起来更像是一种证券。在美国，评价代币是否属于证券的标准是**豪威测试（Howey Test）**，如果通过测试，ICO 代币就必须遵守美国联邦证券法。

案例 美国证交会曾对 2016 年在以太坊区块链上进行 ICO 的项目 The DAO 做出如下裁决：

“2017 年 7 月 25 日，美国证交会根据《1934 年证券交易法》第 21（a）条发布了一份调查报告，其中描述了美国证交会对虚拟组织 The DAO 的调查，以及 The DAO 使用分布式账本或区块链技术，提供和出售 DAO 代币以筹集资金的过程。委员会将现有的美国联邦证券法应用于这一新范式，确定 DAO 代币为证券。美国证交会强调，在美国买卖证券的人必须遵守联邦证券法，无论这些证券是以虚拟货币购买的，还是以区块链技术分配的。”[18]

The DAO 是一个去中心化的风险投资基金。2016 年 5 月底，The DAO 完成了在当时来看史上金额最大的一次 ICO，募集了约 1 150 万枚以太币，根据当时以太币的价格计算，约合 1.68 亿美元。然而，遗憾的是，2016 年 6 月 17 日，The DAO 代码出现漏洞，被黑客盗取 360 万枚以太币，占募集资金的 1/3。[19] 之后便引发了在当时具有巨大争议的以太坊原链的硬分叉。

ICO 可以为初创区块链项目或公司筹集资金，减少了投资银行、风险投资以及证券交易所对中间环节的控制，降低了用户参与早期项目的门槛，但同时也应注意，早期项目具有较高的风险。根据 ICO 代币的不同性质，各国对 ICO 的监管政策也不尽相同，开展或参与 ICO 应遵守当地法律。

非对称加密 | Asymmetric Cryptography

关联词： 信息安全

非对称加密，也称公钥密码学（Public-key Cryptography），是密码学的一种算法。它需要两个密钥，一个是公钥，另一个是私钥。由于加密和解密需要两个不同的密钥，故称为非对称加密。[20]

在非对称加密系统中，任何人都可以使用接收者的公钥对消息进行加密，但是只能使用接收者的私钥对加密的消息进行解密。

这种密钥的产生基于数学中单向函数的密码算法。常用的密码算法有 RSA、ElGamal、背包算法、Rabin（RSA 的特例）、D-H（迪菲－赫尔曼密钥交换协议）、ECC（椭圆曲线加密算法）。使用最广泛的是 RSA。ElGamal 是另一种常用的非对称加密算法。

非对称加密的两个最著名的用途是：

1. **公钥加密**，其中消息是使用收件人的公钥加密的。没有匹配私钥的任何人都不能解密该消息，只有私钥持有者能够对消息进行解密，这就保证了消息的机密性。

2. **数字签名**，其中消息是使用发件人的私钥签名的，并且可以由有权访问发件人公钥的任何人验证。这就验证了该消息有没有被篡改，因为数字签名在数学上绑定了它最初创建的消息，因此无论篡改消息与原始消息有多么相似，验证几乎都会失败。[21]

与非对称加密相对应的是**对称加密（Symmetric Cryptography）**，指的是加密与解密使用同一个密钥。

非对称加密与对称加密相比，安全性更高。对称加密的通信双方使用相同的密钥，如果一方的密钥遭泄露，那么整个通信就会被破解。非对称加密使用一对密钥，一个用来加密，一个用来解密，而且公钥是公开的，秘钥是自己保存的，不需要像对称加密那样在通信之前先同步密钥。

非对称加密的缺点是加密和解密花费时间长、速度慢，只适合对少量数据进行加密。[22]

案例　非对称加密的使用

1. A 要向 B 发送消息，A 和 B 都要生成一对密钥用于加密。
2. A 的私钥保密，A 把 A 的公钥告诉 B；B 的私钥保密，B 把 B 的公钥告诉 A。
3. A 要给 B 发送消息时，A 用 B 的公钥加密消息，因为 A 知道 B 的公钥。
4. A 将这个消息发给 B（已经用 B 的公钥加密）。
5. B 收到这个消息后，用自己的私钥解密 A 的消息。其他所有收到这个消息的人都无法解密，因为只有 B 才有 B 的私钥。[23]

B 给 A 发消息，则是相反的过程。

5 支付科技

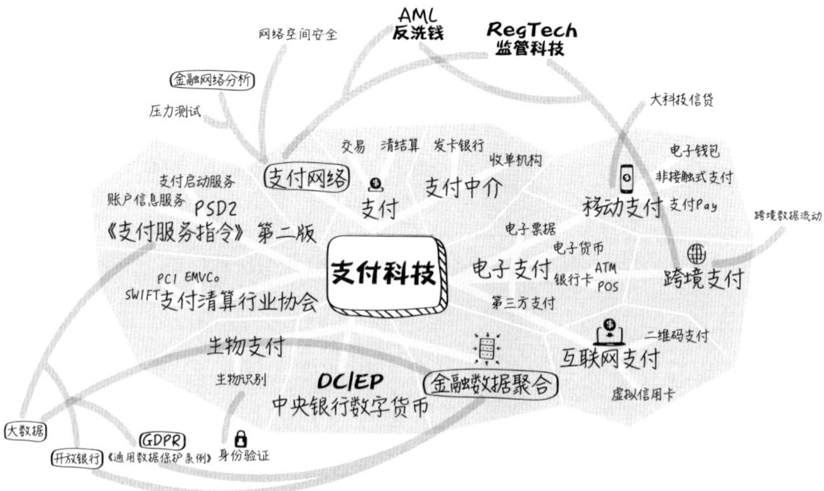

图 5.1 支付科技模块知识图谱

支付科技模块知识图谱如图 5.1 所示。支付产业是现代金融服务业的重要组成部分，经历了基于黄金、白银的贵金属货币时代，如今正处于信用货币时代。信用货币的主要载体是电子化的货币和票据，前者一般由各国的货币当局发行，后者则与各国的商业信用体系相关，商业票据发行和交易规模庞大。与此同时，用于支付的银行账户也实现了电子化，并随着商业繁荣和技术进步出现了银行卡业务。银行卡种类繁多，借记卡、信用卡、预付卡等帮助消费者实现了各种消费场景中的支付便利化，也极大地推动了世界商业银行体系的完善，并促进了电子支付网络、商业化支付中介机构（如银行卡清算组织）和行业自律组织（如支付清算行业协会）的出现。

支付科技是支付交易的“润滑剂”。[1] 支付中介机构积极参与市场竞争，不断引进新技术，为消费者提供更优质、安全可靠、综合性的服务，历经电子支付、互联网支付和移动支付等阶段，未来将向生物支付、金融数据聚合服务等创新领域发展。随着行业的发展，支付中介机构也出现了细化分工，派生出银行卡收单机构（如 Visa）和第三方支付平台［如贝宝（PayPal）］，前者和商业银行建立了深厚的合作关系，赞助行业自律组织或接受各国货币当局的监管，后者则以创新者的身份出现，在支付信用增进和跨境支付等新领域崭露头角。

由于支付行业对金融市场流动性产生决定性影响，各国货币当局也积极推动相关监管政策和法律法规的建设工作，比较典型的是欧盟的 PSD2，以及与支付行业密切相关的 GDPR。GDPR 强调在数据流通前要做好保护工作，和其配套的 PSD2 则打破银行“垄断其用户数据”的格局，允许新兴的高技术企业在持卡人允许的情况下从银行检索其账户数据，和未来开放银行有相似之处。金融数据聚合遵循 PSD2 的账户信息服务要求，处理了来自用户各类账户的数据和信息，可以更准确、全面地获取用户消费习惯、储蓄倾向以及更广泛意义上的财务状况等高价值信息。这些新概念和新业态已经引起支付行业和金融科技领域的广泛兴趣。

支付是本次金融科技浪潮中的引擎，未来随着国际互联网的完善，电子支付必将迈入数字化新时代，中央银行数字货币将成为货币的新形式，并赋予其更深刻的金融内涵。

支付 | Payment

关联词：电子支付、票据、第三方支付

支付是指发生在**付款人**和**收款人**之间的金融交换，是由社会经济活动引起的债权债务清偿及货币转移行为。[2]

所谓**付款人（Payer）**指的是支付资金或授权他人支付资金的一方，即购买者。与之对应，**收款人（Payee）**就是接收资金或授权他人接收资金的一方，即销售者。

最基本的支付仅出现在付款人和收款人之间，并没有出现支付交易的中介（或代理）。随着社会经济的发展，付款人和收款人的支付业务愈发复杂，于是出现了专业化的**支付中介（Payment Intermediation）**。支付中介有两个重要的作用，即撮合和信用保证，前者提高了付款人和收款人的交易匹配程度，后者则减少了交易摩擦。于是，支付中介分化为信用中介和信息中介。

信用中介在支付业务中比较常见，由于其提供专业的支付服务，我们将之定义为**支付服务提供商**，例如，在电子支付生态，国际信用卡组织这样的**收单（Acquire）**机构就是典型的信用中介，其主要的业务是信用卡收单。常见的信用中介则是各种金融机构，例如**商业银行（Commercial Bank）**。在支付业务中，我们将之定义为**发卡银行（Issuing Bank）**。

信息中介和信用中介并不是严格区分的，其业务是互相渗透的。信息中介掌握付款人的实际交易信息，利用丰富的市场渠道和高品质的专业服务扩大客户群体，很显然对信用中介拥有较强的定价权。例如，在互联网支付生态下，一些**第三方支付平台**就既做了信息中介，也做了信用中介。反过来，信用中介是依靠经营信用风险获利的，自然希望获得客户群体真实的支付信息。因此，信用中介积极开拓或对接信息中介服务能力。支付行业就是在这样的竞争与合作机制中不断发展的。[3]

支付业务包括**交易**、**结算**和**清算** 3 个活动。清算和结算均是清偿收付双方债权债务关系的过程及手段。在支付过程中，同一个银行内的账户资金往来直接进行结算，而涉及不同银行之间账户资金往来的，则需先完成清算，再进行结算。概括来说，清算是发出净额结算指令和建立最终结算头寸的过程。结算过程则表示支付活动中债权债务清偿的最终结果。结算的完成意味着支付交易的完成，此时，收款人将商品转移给付款人，而付款人将资金（或**票据**）转移给收款人。结算和清算都完成，意味着付款人和收款人之间的交易行为得到了各自代理银行（也称结算银行）的最终确认。

把支付业务对应支付参与者，可以发现，支付服务提供商完成了支付业务的结算及信息中介服务（收单），发卡银行完成了结算及清算。需要指出的是，清算受各国对支付业务的监管思路的影响较大，有的是监管主导，有的是通过市场组织（例如国际信用卡组织），有的是混业经营。

票据 | Bill

关联词： 银行卡

票据是由出票人签发的约定自己或者委托付款人在见票时或在指定日期向收款人或持票人无条件支付的一定金额的有价证券。

广义的票据包括各种有价证券和凭证，如股票、企业债券、发票、提单等；狭义的票据，即我国《票据法》中规定的票据，包括汇票、本票和支票。

在消费场景的支付业务中，常见的用于支付的票据包括**支票（Check / Cheque）**和**商业票据（Commercial Paper）**。

支票，是出票人签发的委托办理支票存款业务的银行或者其他金融机构在见票时无条件支付确定的金额给收款人或者持票人的票据。

我国对支票使用的要求较为严格，支票的功能更多地被银行卡所取代。

商业票据是一种期限为 1 天到 1 年不等的融资票据，是一种重要的短期融资形式。商业票据的可靠程度依赖于发行企业的信用度，可以由发行企业为票据背书或进行转让，但一般不能用来贴现。[4]

> 在美国市场发行的商业票据称为**美国商业票据**（US Commercial Paper，USCP），在欧洲市场发行的商业票据称为**欧洲商业票据**（Euro-Commercial Paper，ECP）。两者的主要不同在于其利率报价形式不同。其中，美国商业票据的报价形式为折扣率（Discount Rate），而多数欧洲商业票据的报价形式则为附加率（Additional Rate）。

我国商业票据的期限一般不足 9 个月。由于其风险较大，利率高于同期银行存款利率，对出票企业的信用审查十分严格。商业票据既可以由企业直接发售，也可以由经销商代为发售。如由经销商代为发售，则它实际在幕后为售给投资者的商业票据提供了担保。

> 2016 年，为了规范我国票据市场，中国人民银行牵头成立了上海票据交易所（Shanghai Commercial Paper Exchange Corporation Ltd）。上海票据交易所具备票据报价交易、登记托管、清算结算、信息服务等功能，承担中央银行货币政策再贴现操作平台等政策职能，是我国票据领域的登记托管中心、交易中心、创新发展中心、风险防控中心、数据信息研究中心。[5]

电子票据（Electronic Bill），也可以称为无纸化票据，即实物票据的电子化形态。电子票据可以同实物票据一样进行转让、贴现、质押、托收等。传统票据业务中的各项流程均没有改变，只是每一个环节都加载了电子化处理手段。在零售行业，电子票据业务并不是高频业务，其功能通常被**电子支票（Electronic Check）**取代。

所谓电子支票，是指客户向收款人签发的无条件的数字化支付指令。电子支票可以通过互联网或者无线接入设备来完成传统支票的全部功能，通常由商业银行运营。[6]

银行卡 | Bank Card

关联词： 银行卡清算组织、支付网络

银行卡是商业银行向社会发行的具有消费信用、转账结算、存取现金等部分或全部功能的支付工具。

常见的银行卡有**信用卡（Credit Card）**、**借记卡（Debit Card）**和**预付卡（Prepaid Card）**。

信用卡也称贷记卡，是由商业银行或信用卡公司对信用合格的消费者发行的一种银行支付卡，**持卡人（Cardholder）**根据预先与发卡机构签订的合约，可以延期偿付债务或者借债并延期还债。[7]

信用卡按照发行方的不同，又分为**商业信用卡**和**银行信用卡**。

> 金融历史上率先出现的是商业信用卡，然后才是银行信用卡。商业信用卡是百货公司、商超、餐饮公司针对信用良好、有实力的顾客发行的，为消费提供支付便利的卡片，体现基本的商

> 业信用。由于这样的商业信用卡很受消费者欢迎，20 世纪 50 年代美国富兰克林国民银行（Franklin National Bank）率先发行了银行信用卡，由银行选择有实力的潜在客户，并与银行合作商户签订协议，使其接受银行信用卡。[8]

与商业信用卡相比，银行信用卡对持卡人来说是一种消费信贷，其将仅限于买卖双方的商业性质的卡发展成了涉及持卡人、特约商户和商业银行三方关系的银行性质的信用卡。

持卡人可以使用信用卡向特约商户支付商品及服务的货款和其他费用。发卡机构，如商业银行和**银行卡清算组织**，创建一个循环账户，并向持卡人提供信用额度，持卡人可以从该额度中借钱以支付给特约商户或作为现金进行透支。

国际信用卡组织向其金融机构客户提供丰富的信用卡产品平台，运营遍布全球的**支付网络（Payment Network）**，可以满足不同地区不同年龄层消费者和大型商业机构的需求。国际信用卡组织的信用卡平台还提供个性化积分回报系统、紧急替代卡、旅行协助和租车保险等增值服务，可以帮助发卡机构提高顾客忠诚度及使用率。

需要指出的是，信用卡与借记卡、预付卡等支付产品有所不同，持有信用卡的付款人可以在规定额度内透支，而借记卡和预付卡则不能透支。

借记卡是指发卡银行向持卡人签发的，没有信用额度，由持卡人先存款、后使用的银行卡。借记卡按功能不同分为转账卡、专用卡和储值卡。例如，中国银联的对公业务卡就是一种借记卡。借记卡的主要特点是支付便利，具有专用性和安全性。在支付便利方面，转账卡具有转账、存取现金和消费等功能。持卡人购物的时候不需要找零钱，而是在交易时取现、转账或直接从卡内扣款。在专用性上，借记卡可以在特定区域、专用领域使用。

预付卡是用于存取预付账户中的资金的银行卡。早期的预付卡由大型商业企业、商业机构发行，故称为**商业预付卡**。

> 早期的“发现卡”（Discover Card）是由当时美国最大的商业零售企业西尔斯百货（Sears）通过收购金融机构，尝试在其零售业的服务中加入一些新鲜的商业银行服务而发明的。最初的发现卡都被打上西尔斯百货的标志。后来，随着经营环境的变化，发现卡被西尔斯百货出售，几经易手，并最终成为探索银行（Discover Bank）的信用卡。

如今，商业预付卡已经由商业银行和银行卡清算组织发行的**银行预付卡**所取代，并成为全球普惠金融的重要支付工具。银行预付卡种类繁多，从而使金融机构可以基于一个资金账户为消费者提供多种产品。

> 中国银联的银行预付卡包括可充值使用的预付卡、预付费礼品卡、员工工资卡、公务支出卡、员工福利及医疗卡、差旅卡及其他产品。

可见，预付卡可以帮助那些享受传统金融服务的消费者转变以支票或现金交易为主的高成本、低效率的支付方式，以电子支付的方式支配自有账户的资金，选择一种更方便和安全的支付手段来进行日常消费。

第三方支付 | Third-Party Payment

关联词： 银行卡、支付清算协会、支付网络

第三方支付也可以称在线支付服务，这意味着收款人或付款人使用计算机、移动终端或其他电子设备基于公共电信网络和信息系统远程发起付款指令。

这里谈到的第三方支付并不是从其经济学意义上命名，而是相对于商业银行和银行卡清算组织提供的电子支付渠道而言的，是支付服务提供商细分的结果。

第三方支付服务提供商（Third-Party Service Provider，TPSP） 也称第三方支付平台，是新型的银行卡收单机构，其提供的主要服务是银行卡收单业务的支付信息交换，一般不涉及资金结算、清算等金融活动。TPSP 利用先进的电子支付工具和互联网技术，建立新型的支付网络，为付款人和收款人提供支付技术支持。

事实上，TPSP 也是支付服务提供商，仍旧具备信用中介和信息中介的支付代理特征。TPSP 与传统支付服务提供商的区别在于，**持卡人**持有的支付卡通常不是由第三方支付平台发行的。

> 香港地铁“八达通卡”的运营方八达通卡有限公司就是一个典型的 TPSP。八达通卡有限公司与香港地铁合作，香港市民可以通过八达通卡无记名购买香港地铁车票，不仅可以乘坐交通工具，还能在与八达通卡有限公司签约的便利店、超市及餐厅购物。

> 贝宝成立于 1998 年 12 月。在 2002 年被早期电子商务巨头易贝收购后，成为其主要支付渠道。合并收益超出预期后，贝宝

> 于2015年6月27日正式从易贝分离并在纳斯达克（NASDQ）成功上市。[9]

> 支付宝成立于2004年12月，最初旨在解决淘宝交易的安全性问题。与贝宝相似，支付宝是目前我国市场占有率较高的TPSP。

> 财付通最早成立于2005年，是首批获得中国人民银行《支付业务许可证》的第三方支付公司。财付通长期致力于为互联网用户和各类企业提供安全、便捷、专业的支付服务，其业务规模在中国第三方支付市场居于前列。

> 银联商务成立于2002年12月，是中国银联控股的专门从事线下、互联网以及移动支付的综合支付与信息服务机构。银联商务建设了我国多个普惠金融服务平台，形成了遍布全国的POS机、ATM、自助终端以及App（应用程序）等电子支付终端和渠道。

国际主要经济体的监管一般不认为TPSP是金融机构，因此，TPSP通常作为独立的支付服务提供商运营。为了提高其支付业务的合规性，**国际支付行业组织——支付卡行业安全标准委员会（Payment Card Industry Security Standard Council，PCI）**正在积极推动TPSP的合规监管，特别是关于**持卡人数据环境（Cardholder Data Environment，CDE）**的尽职调查。

> **持卡人数据环境**指的是TPSP代替金融机构存储、处理和管理的银行卡持卡人个人信息和数据环境，一般由专有网络、防火

墙、数据库、服务器和机房等物理设施组成。

PCI 的合规标准主要包括支付卡行业数据安全标准（Payment Card Industry Data Security Standard，PCI-DSS）、支付应用程序数据安全标准（Payment Application Data Security Standard，PA-DSS）和 PIN 输入设备安全要求（PIN Entry Device Security Requirements，PED-SR）。并且，PCI 进一步指出金融机构在引入 TPSP 开展支付业务合作的时候，应开展 4 个方面的合规性建设，包括对 TPSP 的尽职调查，采购 TPSP 的服务，签订书面协议，以及对 TPSP 进行持续监督。TPSP 为了提高国际竞争力，也应主动接受或参照 PCI 的合规标准提高自身业务的合规性，通过合规认证。

电子支付 | Electronic Payment / E-Payment

关联词：银行卡清算组织、互联网支付、移动支付、金融风险管理

电子支付是指商业组织、持卡人等付款人直接或授权支付服务提供商通过电子终端向收款人发出支付指令，实现货币支付与资金转移的行为。

电子支付生态是当前支付行业的主体。全球主要经济体和国家的金融机构利用信息技术，依托遍布全球的计算机和通信网络构建了支付网络，称为支付行业的支撑平台，出现了所谓银行卡产业，并形成了 Visa、万事达、发现金融服务公司（DFS）、中国银联这样的**银行卡清算组织**。银行卡清算组织帮助各国商业银行开展银行卡

发行、收单和其他金融业务，帮助其连接全球电子支付网络。

按照支付终端和渠道的不同可以将电子支付业务划分为银行卡支付、固定电话支付、电视支付、手机支付和**互联网支付（Internet Payment）**等。随着技术的进步和消费习惯的变化，电子支付生态的内涵和外延不断更新。固定电话支付和电视支付业务逐渐萎缩，越来越多的电子支付被智能手机/终端的**移动支付（Mobile Payment）**和互联网支付所代替。

从**金融风险管理（Financial Risk Management）**的角度来看，电子支付业务对金融系统的资金流动性影响很大，也关系到商业银行的信用风险和市场风险，世界主要经济体和国家都对电子支付行业采取了强监管态度。一般认为，电子支付从商业银行收单，到银行卡清算组织收单，到TPSP收单，其业务风险不断累积。因此，监管方采用法律法规、行业规范、发牌照方式等分级分类控制金融风险的传导。

需要指出的是，电子支付和互联网支付、移动支付并没有很清晰的边界。这是由于信息技术和通信技术是支付行业发展的原动力。技术的不断更新促使支付行业业态和消费者支付习惯不断变化。

电子支付生态中的银行卡支付业务主要有**电子资金转账（Electronic Funds Transfer，EFT）**、**ATM转账**、**POS机支付**和**快捷支付（Quick Payment）**等收单、交易和结算功能。

电子资金转账，指的是除支票、汇票或类似纸质工具的交易以外，通过电子终端、电话工具、计算机或磁盘命令、指令（或委托）金融机构借记或贷记账户的任何资金的划拨。EFT的成本低廉且使用方便，在资金转账过程中使用EFT不需要使用纸质凭证。商业银行把现金从一个账户划拨到另一个账户之后，只要记一笔简单的日记账分录即可。企业可以利用银行EFT来支付薪资、租金、水电费、保费以及利息。[10]

ATM也称自动柜员机、自动提款机等，是商业银行提供的一种电子通信设备。ATM利用银行卡［磁性代码卡或IC（集成电路）卡］实现金融交易的自助服务，代替银行柜员的工作。

> ATM可用于提取现金、查询存款余额、进行账户之间资金划拨和余额查询等；还可以进行现金存款实时入账、支票存款、存折补登和中间业务等。持卡人可以使用信用卡或借记卡，基于密码办理自动取款、查询余额、转账、现金存款、存折补登、基金购买、密码更改和手机话费缴纳等业务。

> 历史上第一台ATM出现在1967年英国伦敦的巴克莱银行（Barclays Bank）恩菲尔德（Enfield）分行。其发明人是英国人约翰·谢菲尔德-巴隆（John Shepherd-Barron）。中国大陆第一台ATM出现在20世纪80年代的深圳特区，仅比香港晚不到10年。

POS也称POP（Point Of Purchase）、EPOS（Electronics at the Point Of Sale），是一种多功能支付终端，一般部署在零售商业的商场、超市的收银台。POS是消费零售行业最为普遍的支付信息系统，为持卡人提供消费、预授权、余额查询和转账等功能，使用安全、快捷、可靠。

除了支付功能外，POS还可以帮助商户统计商品的销售、库存与顾客购买行为，商户可以通过此系统有效提升经营效率。POS可以说是现代零售行业经营上不可或缺的工具。由于POS应用不断扩大，现在许多POS机具制造商已将英文“Point Of Sale”改为“Point

Of Service”，即服务式销售终端。[11]

在国际电子支付生态中，ATM 渠道由商业银行根据业务开展的需求，以独立运营的模式推广。POS 机渠道则由于其灵活性，引入了收单机构（主要是 TPSP）进行运营，商业银行选择和收单机构合作在大型购物场所、餐饮、机场等高频消费场景中推广。

快捷支付是我国常见的电子支付产品。之所以将快捷支付纳入电子支付生态，是因为该产品的形态仍旧是银行卡支付，只不过付款人无须打开网上银行，只需提供诸如银行卡号、账户名、手机号之类的信息即可绑定银行卡。之后，付款人只需输入第三方支付平台的支付密码，或“支付密码 + 手机动态验证码”即可完成支付。

快捷支付最大的优势是省去了银行卡支付流程中的付款人信息“四要素”，而用“三要素”取代。所谓“四要素”是指付款人在支付过程中，需要提供银行卡号、账户名、身份证号、手机号等信息。快捷支付通过手机“绑卡”操作，在之后的支付活动中，付款人无须继续提供身份证号，让支付变得便捷，增强了付款人的交易黏性。此外，采用“四要素”的快捷支付被称为“协议支付”，由监管机构特许的互联网清算机构推行。当前，国内互联网清算机构包括网联清算有限公司和中国银联及其“无卡业务平台”。

互联网支付 | Internet Payment

关联词： 电子支付、第三方支付、移动支付

互联网支付也称在线支付，是电子支付生态在万维网环境下的延展和创新。

正如之前的分析，电子支付生态主要依赖于银行体系和银行卡

清算组织构建的全球支付网络，电子支付用的网络是广域网，并没有深度使用开放的万维网。随着万维网技术的发展，互联网电子商务的发展促进了线上交易规模的迅速增长，也成为零售行业新的增长点。在这样的发展态势下，互联网支付成为电子支付新的生态。

与此同时，电子支付渠道也从单纯的支付工具过渡到担保交易工具。这一阶段，付款人和收款人之间的交易信任机制的建立成为 PSP 的核心价值。因此，互联网支付与电子支付的重要区别在于 TPSP 率先尝试融合信息中介和信用中介的功能。

TPSP（主要是支付宝）通过**二维码支付（2-dimensional BarCode Payment）**改造了快捷支付，突破了银行卡支付的卡介质的物理限制，本质上实现了一个交易码既提供传统意义上的 TPSP 的交易撮合服务，又依托电子商务平台的先行赔付机制实现了电商和 TPSP 的业务整合[12]。

> 二维码支付，也称条码支付，最早出现于 2011 年，是支付宝针对互联网线下实体商户提供的一种快捷支付解决方案。这种支付产品无须收款人安装 POS 机，直接通过已有的收银系统或智能移动终端（手机）上下载的 App，扫描付款人手机上的二维码即可向其发起收银。

二维码支付存在明显的技术风险，原因是二维码极易制作和传播，与信用卡的安全管理相比相距甚远。2014 年，我国的支付业务监管部门曾一度叫停二维码支付。当时，中国人民银行指出："线下条码（二维码）支付突破了传统受理终端的业务模式，其风险控制水平直接关系到客户的信息安全和资金安全。将条码（二维码）应用于支付领域有关技术，终端的安全标准尚不明确。相关支付撮合验证方式的安全性尚存质疑，存在一定支付风险隐患。”

尽管如此，二维码支付由于成本低，容易推广，一直受到支付市场的欢迎。为了鼓励创新，监管部门也有限度地放开了对二维码支付产品的管控。

> 2016 年，中国支付清算协会面向第三方支付机构发布了《条码支付业务规范（征求意见稿）》。2017 年，中国人民银行发布《中国人民银行关于印发〈条码支付业务规范（试行）〉的通知》，配套印发了《条码支付安全技术规范（试行）》和《条码支付受理终端技术规范（试行）》。

虚拟信用卡（Virtual Credit Card）是为了在互联网电子商务平台上支付的便利，由商业银行或持牌收单机构推出的信用卡产品。虚拟信用卡与真实的用户信用卡捆绑在一起，用户提供账号用于互联网支付交易，而不会让真正的信用卡信息在互联网环境中泄露。

虚拟信用卡的账号有的是一次性的，也有的充值后可以继续使用，用于人们在网络上的一次购物或交易。由于交易看不到真正的账号，即使销售商（收款人）的系统被黑客攻击，也可以避免账号的泄露。

> 国内典型的虚拟信用卡有广发银行的极客卡、建设银行的龙卡 e 付卡、中信银行的网付卡。以建设银行的龙卡 e 付卡为例，它是一款主卡型虚拟卡，有独立完整的主账户，不依赖于实体信用卡，也不管申请人是否已经拥有建设银行的信用卡。龙卡 e 付卡办理成功后，申请人通过手机短信验证获取虚拟信用卡的卡号、有效期、安全码等，在手机银行或个人网银进行安全

绑定，然后就可以使用了。

也有第三方支付平台与商业银行合作发行的虚拟银行卡，某第三方支付平台推出的“信用卡管家”App 可以为其客户提供持牌互联网银行的联名虚拟信用卡。

在国外，贝宝的虚拟信用卡独立给申请人授信。贝宝的虚拟信用卡被提供给那些使用贝宝支付工具，但不是其合作伙伴的电子商务网站上的用户，以帮助他们快捷、有效购物。

移动支付 | Mobile Payment

关联词： 大科技公司、大科技信贷、电子货币

移动支付是由国内外新技术公司、移动运营商和终端制造商发挥自身技术和商业优势，利用近场通信（Near Field Communication，NFC）技术、SIM（客户识别模块）卡的安全模块（Secure Element，SE）等多种新无线通信协议和软硬件系统，在通用移动智能平台［安卓（Android）、iOS］上构建的安全可信的移动支付产品。

早期的移动支付脱胎于互联网支付生态。在互联网支付生态里，银行和很多互联网电商平台采用手机短信服务（Short Message Service，SMS）、无线应用协议（Wireless Application Protocol，WAP）、Wi-Fi（无线上网）等搭建互联网支付渠道，提供转账汇款、公共事业缴费、理财产品购买等移动互联网线上服务。然而，这些互联网渠道并不是建立在万维网上的，所以并不属于互联网支付生态。

早期的移动支付发展缓慢，主要是因为这些支付产品在技术上

存在明显的安全隐患，付款人以手机作为支付终端，通过2G、3G移动通信网络支付服务提供商传递支付交易密码，无法同时传递信用卡的其他信息（如“四要素”），通信线路也存在被黑客攻击的风险。随着移动互联技术的发展，手机终端运行在更加可靠的安卓和iOS智能平台上，并且伴随4G网络带宽的扩容，加密和通信能力都有了质的变化，这些有效提高了移动支付的安全性。在这样的技术的推动下，移动支付生态开始发展，甚至取代互联网支付生态。

按照信息安全技术的特征，可以将移动支付产品分为远程和近场两种支付模式。互联网支付就是一种典型的远程支付模式。PSP将移动终端当作互联网的延伸。发卡银行、银行卡清算组织和持有第三方支付牌照的互联网电子商务公司都在大力推动在其App内增加“电子钱包”的功能。然而，在互联网环境下，App的安全性不足，这种类型的远程支付产品一直处于应用广泛但备受争议的窘境。

电子钱包（E-wallet/Electronic Purse）是电子支付中的**电子货币**在移动支付中的延伸。从形态上看，电子钱包是付款人在移动终端安装的App，是其在对应银行和商业组织所拥有的账户的延伸。付款人依赖于移动互联网络，将支付的密码和卡号直接传递给银行，或者通过TPSP间接传递给银行。

按开立人的不同，电子钱包分为**银行电子钱包**和**商业电子钱包**。银行电子钱包是依据我国监管部门相关规定制定的个人商业银行开立账户分类管理中的第三类账户。这种账户适合小额高频交易，其账户余额不得超过2 000元，适合用于绑定电子商务公司的电子钱包、二维码支付、手机近场通信支付等，随用随充，便捷安全。不少TPSP和商业银行合作积极推广第三类银行账户的应用。商业电子钱包则是由电子商务公司为消费者提供的安装在移动端的App。需要指出的是，提供银行账户支付功能的电子商务公司必须持有第三方支付牌照，或者与商业银行、银行卡清算组织、第三方支付机构开展收单业务合作。

充分利用移动通信设备安全性的移动支付是一种典型的近场支付（Near Field Payment）。在技术上，近场支付主要应用了近场通信技术，其主要产品有**非接触式支付（Contactless Payment** 或 **Tap-to-Pay）**和**支付 Pay**。

> 近场通信技术起源于射频识别技术。射频识别技术的特点在于，它是单向（one-way）通信：从代码（code）到读取器（reader）。20 世纪 90 年代，飞利浦和索尼开发了双向（two-way）非接触式通信技术，即 NFC 技术标准，并于 2003 年得到国际标准化组织的承认。

非接触式支付是一种典型的近场支付，它采用短距离无线技术，通过非接触支付卡或具备支付功能的手机、平板电脑或可穿戴设备进行安全支付。与二维码支付的不同之处在于，非接触式支付依托于既有的 POS 机渠道，并进行了技术改进。在电子支付中，持卡人需要提供信用卡、借记卡给特约商户，并依赖 PIN（个人识别密码）或其他安全验证，这显然很烦琐。而在非接触式支付中，卡片在装载了嵌入式芯片和传感器后，就能够在 POS 机的读卡器附近，通过挥动卡片来完成付款，提高了用户的支付体验。

> 非接触式支付在地铁、公交车、超市、加油站等区位场景中有明显的优势。例如，在美国以外的地区，通过 Visa 网络处理的面对面交易中有 50% 以上为非接触式支付交易。这项技术不仅让日常支付更加便利，同时开启了全新的支付受理环境。

支付 Pay 是移动支付产品（服务）的一种约定称呼。各种移动通信服务商、高科技公司为手机用户（也是商业银行信用卡客户）提供安全、便捷的移动支付 App。

支付 Pay 为了提高支付交易过程中数据的安全性，不仅充分利用了移动通信终端设备的安全性，还需要**支付标记化（Payment Tokenization）**的技术支撑。

> **支付标记化**是由国际芯片卡标准化组织（EMVCo）于 2014 年发布的一项技术，通过用支付标记（Payment Token）取代银行卡号进行交易认证，避免卡号等信息泄露带来的风险。所谓支付标记，指的是按照《EMVCo 支付标记化规范》的规定分配的数字识别码，可代替账号发起交易。

在支付 Pay 产品中，移动通信终端制造商在手机 SIM 卡内置了安全模块，用于存储**支付标记**信息。在消费者使用手机进行支付时，支付信息通过 NFC 将支付标记发送给 POS 机，POS 机再把支付标记及交易数据发送给银行卡清算组织或收单银行，并完成交易验证。

从安全角度分析，在交易过程中，支付 Pay 采用 NFC 技术和支付标记化技术，其付款人的手机是不需要联网的，但支付过程等同于付款人的银行卡和 POS 机发生了联网。这样，既确保了移动支付的安全性，还提高了付款人的刷卡体验。

采用生物识别技术的移动通信终端制造商，还可以在手机上增加指纹识别等技术进一步加强移动支付的安全性。例如，苹果支付（Apple Pay）利用 Touch ID（一种指纹识别技术）对支付标记进行读取。

移动通信终端制造商纷纷推出各品牌的支付Pay产品，支持近场支付相关产品和解决方案。例如，三星智付（Samsung Pay）、苹果支付、谷歌支付（Google Pay）、小米支付等。这些支付Pay都依赖NFC和支付标记化等相关支付安全技术。

中国银联通过“云闪付”和各商业银行的手机银行App进行深度集成，建立安全可靠的近场支付生态。“云闪付”汇聚了国内主要商业银行，绑定和管理各类商业银行账户，为持卡人提供各银行的移动支付功能，并使用各家银行的移动支付服务及优惠权益。中国银联向持卡人提供风险管理服务，综合管理持卡人的实体银联卡信息、移动设备信息和其他风险评级信息，保障持卡人使用“云闪付”过程中的安全性。

2016年11月，中国人民银行下发关于实施行业标准《中国金融移动支付　支付标记化技术规范》的通知。通知要求，自2016年12月1日起，全面推广应用支付标记化技术。

移动支付生态发展很快，以支付宝和财付通为例，其活跃用户数均超过10亿。我国主要城市超过90%的居民日常以移动支付为主要支付手段。据中国支付清算协会的年报披露，2018年第三方支付业务中，移动支付资金增长较2017年增长近60%。

跨境支付 | Cross-border Payment / Cross-border Interbank Payment / Interbank Payment

关联词：跨境数据流动、反洗钱、监管科技跨境支付也称跨境付款，是指涉及在至少两个不同国家 / 地区开展业务的个人、公司、银行或结算机构的交易，其交易参与者一般是各国的商业银行。

让我们举个例子来介绍跨境支付流程。

> 卡米拉是一名在巴西的电子购物者。她想从注册和实际运营在加拿大的互联网电商 Coat Warehouse① 的网站上购买一件新外套。当卡米拉在该电商网站购物并用巴西某银行的信用卡完成支付后，就启动了跨境支付流程。在这个案例中，卡米拉在巴西的信用卡开卡行是她的代理行。该代理行与该电商在加拿大的代理行进行业务联系。该电商的代理行收到付款信息后，进行结算、汇率计算和税费扣除（或减免）等动作。在交易完成后，代理行将通知电商确认交易，并将信息反馈给卡米拉在巴西的代理行。

跨境支付流程涉及多个交易主体的行为，并受到买卖两地市场环境、监管政策等的约束。因此，跨境支付将导致比单独的国内贸易更多的成本。包括：

1. 代理行的手续费。这是整个跨境交易的主要成本构成。

2. 跨境汇款费。汇款通常是从生活在发展中国家的移民家庭发出的。此类交易也需要支付跨境汇款费用。该费用按照使用外国信用卡的消费者（如例子中巴西的卡米拉）的百分比来确定信用卡费率。对于不同国家的消费者，其信用卡代理行在这样的交易中的费率会有所不同。

① Coat Warehouse 是为商业案例编写需要而杜撰的一个公司名称。

3. 税费。每个国家都有自己的税制。税费项目种类繁多，例如营业税、增值税、关税等。

4. 货币汇率。每个国家都有自己的货币，这意味着必须计算汇率。货币汇率不断变动，不仅会影响消费者的购买决定，也会影响跨境电子商户的销售和定价策略。

可以说，跨境支付也脱胎于互联网支付生态。与移动支付生态的不同之处在于，跨境支付生态更依赖于万维网而不是移动终端提供的支付便利。由于互联网和支付网络的结构不同，跨境支付为了降低支付的中间交易成本，可以绕过一些不必要的国际结算，降低汇兑成本。商业组织如瑞波（Ripple）、贝宝都采用类似的商业策略拓展其跨境支付业务。

与之相对，传统的支付网络运营组织，如环球银行金融电信协会（Society for Worldwide Interbank Financial Telecommunications，SWIFT），也顺应时代发展，与全球银行界合作建立了处理跨境实时支付的新消息标准服务，即**全球跨境瞬时支付服务（Global Payments Innovation，GPI）**。

> SWIFT GPI 帮助成员银行向企业客户提供更加快速、透明、可追溯的跨境支付服务，其目的是对抗创新跨境支付公司（瑞波、贝宝等），以确保 SWIFT 全球跨境支付行业的领导地位。自 2018 年 SWIFT 推出 GPI 报文后，已有 165 家银行采用了该服务。
>
> SWIFT GPI 复用 SWIFT 现有的消息传递标准和银行支付处理系统，使其能够经济高效地适应新标准，减少重复投资，降低运营成本。成员银行可以通过 SWIFT GPI 为企业客户提供更快捷的服务来增强其在快速发展的跨境支付生态系统中的影响

力，满足银行之间的快速到账、扣费透明、汇兑信息无损、随时跟踪监控支付状态，以及查阅与 SWIFT GPI 成员银行交易对手相关的信息的需求。在技术上，SWIFT GPI 支持云计算架构，使得商业银行可以很方便地接入移动互联环境。

在我国，SWIFT 与我国跨境银行间支付清算有限责任公司深度合作，在全球支付市场推广人民币跨境支付业务。此外，中国银行、南京银行等商业银行也开通了 SWIFT GPI 业务。

银行卡清算组织 | Bank Card Clearing Agency

关联词：银行卡、支付网络、电子支付

银行卡清算组织简称卡组织，是银行卡产业中负责成员商业银行银行卡业务的交易和清结算处理的中介机构，也有场合称之为银行间卡协会。

世界主要经济体都建立了完善的银行卡清算组织。我国于 1993 年启动银行卡联网通用工程，即“金卡工程”，并建立了以商业银行和**中国银联（China UnionPay）**为基础的国内银行卡清算组织。

中国银联是 2002 年 3 月，经国务院同意，中国人民银行批准，在合并 18 家银行卡信息交换中心的基础上，由中国印钞造币总公司、中国工商银行、中国农业银行、中国银行、中国建设银行和交通银行等 85 家机构共同出资成立的股份有限公司。中国银联主要负责建设和运营全国统一的银行卡跨行信息交换网络，提供银行卡跨行信息交换相关的专业化服务，管理和经营“银

联”品牌，制定银行卡跨行交易业务规范和技术标准。

美国和欧洲则在更早的时候就建立了较为完善的区域性银行卡支付网络和电子货币清结算系统。在全球支付网络方面则出现了跨国商业化银行卡清算组织，例如**Visa**、**万事达**、**吉士美（JCB）**、**大来卡（DinersClub）**等。

Visa是一家全球领先的数字支付公司。Visa的愿景是通过创新的快速、安全可靠的电子支付网络连接200多个国家和地区的消费者、企业、金融机构、商户和政府，实现价值与信息的交换，助力电子支付在当地市场的发展。Visa正拓宽发展战略，致力于成为可信赖的商业引擎和“汇聚网络的网络”，为人们提供全球范围内的支付服务。

万事达是一个由超过2.5万个金融机构会员组成的在美国纽约证券交易所上市的有限公司。万事达提供四大类产品和解决方案，包括信用卡、借记卡、预付卡和商务卡，涵盖消费信贷、全球取现、电子旅行支票预付和企业与政府采购等商业场景的授权、清算及结算服务。

吉士美卡，又称日财卡，是世界通用的国际信用卡，是日本三和银行、日本信贩银行、三井银行、协和银行、大和银行在1961年联合发行的信用卡，该信用卡2013年已在世界190个国家及地区发行流通。

大来卡是第一张塑料付款卡，出现于20世纪50年代，并迅速成为国际知名的信用卡品牌。1981 年，大来卡由美国花旗银行（Citibank）经营。中国银行于 1983 年开始办理大来卡业务。

银行卡清算组织以实现各成员行银行卡的互联、互通和互认为宗旨，其主要业务是帮助成员金融机构发行、推广银行卡，并开展收单业务。在此基础上，商业银行开展结算业务。银行卡清算组织致力于普惠金融方面的创新服务。商业性质的银行卡清算组织连接了世界各国和地区，构建了全球支付结算网络，推动了支付业务的标准化和合规发展。

支付网络 | Payment Network

关联词：反洗钱、监管科技、金融网络分析、压力测试、欺诈检测、信息安全、网络安全

支付网络是由支付基础设施（Payment Infrastructure）、商业银行体系、银行卡清算组织、ATM、POS 机、信息通信运营商构成的遍布全球的支付结算网络，为其成员机构提供支付通信业务授权和银行间清结算服务。

从网络结构上看，支付网络的节点和层次众多，主要包括**全球 ATM 终端网络（Global ATM Network）、VisaNet，SWIFTNet，**以及万事达和发现金融服务公司、北美支付结算网络等。

通过全球 ATM 终端网络，ATM 终端项目参与者作为发卡机构或 ATM 项目收单机构或二者兼任，为持卡人提供取现服务。

> Visa 建有遍布全球的电子支付网络，即 VisaNet，连接 200 多个国家和地区，为其会员、商户和持卡人提供全球范围内支付的授权、清算及结算服务。

> SWIFTNet 是 SWIFT 提供的金融报文传送平台。SWIFTNet 在全球金融机构中搭建了单一、共享的基础设施，保障金融机构可以在安全、标准和可靠的环境中发送、接收金融交易的有关信息。目前，世界主要经济体的商业银行支付结算都广泛应用 SWIFTNet。[13]

此外，也有商业机构依托全球开放的互联网环境建立了支付网络。

> 贝宝开放式数字支付平台包括 Braintree、Venmo、Xoom 和 iZettle 等产品和服务，支持贝宝的 2.77 亿活跃账户持有人使用在线、移动设备或 App 通过互联网进行连接和交易。这一平台用来管理和转移资金，并在发送支付指令、支付或获得支付指令时具有了选择性和灵活性。这一平台遍布全球 200 多个市场，使消费者和商家能够以 100 多种货币接收资金，以 56 种货币提取资金，并以 25 种货币在其贝宝账户中持有余额。

除此之外，世界主要经济体一般自建或依托商业银行体系建立了区域性的支付网络。这种支付网络不仅承担了电子支付职能，往往也履行了金融系统流动性管理、结算和清算服务等支付基础设施职能。

支付清算行业协会 | Payment & Clearing Association

关联词：银行卡清算组织、支付、支付网络

支付清算行业协会是世界主要经济体和国家建立的公立或半官方性质的支付清算行业自律组织，以监管和协调支付产业发展，推动支付业务合规化，与金融机构、银行卡清算组织共同为持卡人提供优质的支付服务。

国际主要的支付清算行业协会有 **SWIFT**、**PCI**、**EMVCo** 等。

SWIFT 是国际金融信息服务组织，其总部设立在比利时，并由其成员金融机构共同拥有，在全球设有办事处。SWIFT 的跨国治理和监督模式加强了其协作机制的中立性和国际性。[14]

PCI 是一个开放的全球行业标准机构，于 2006 年启动。PCI 负责支付卡行业安全标准的开发、管理和教育。PCI 由美国运通（American Express）、发现金融服务公司、吉士美、万事达与 Visa 共同创建。[15]

EMVCo 是一个支付卡标准化组织，成立于 1999 年。EMV 分别代表欧陆卡（Europay，后被万事达收购）、万事达与 Visa，是该组织最初的 3 家公司。该组织的使命是发展制定与主管维护 EMV 支付芯片卡的规格、标准与认证，监督并确保该标准在全球的安全互通性与其付款环境的可用性。[16]

EMV 标准（EMV Standard）的全称是《EMV 支付系统的集成

电路卡规范》（EMV Integrated Circuit Card Specifications for Payment Systems），是 EMVCo 对于智能支付卡（即 IC 卡），以及与之适配的 POS 机、ATM 等所制定的标准。EMV 标准旨在确立处理借记和贷记交易的标准，并确保支付行业使用的芯片技术在全球的互操作性。

中央银行数字货币 | Central Bank Digital Currency，CBDC

关联词： 加密货币

中央银行数字货币，也称数字法定货币（Digital Fiat Currency）、数字基础货币（Digital Base Money），是一个国家法定货币的数字形式，即由该国法律法规、货币当局规定的官方货币的数字形式。[17]

从定义的角度看，中央银行数字货币并不能简单地被认为是**虚拟货币**和**加密货币**，后两者不是由主权国家发行的，缺乏法定货币地位。然而，由于中央银行数字货币和法定货币都具有官方性质，其可能会与商业银行的存款出现竞争，并挑战中央银行当前的货币储备系统。

> **英国中央银行**，即**英格兰银行**，2020 年 3 月在题为《央行数字货币：机遇、挑战和设计》（*Central Bank Digital Currency：Opportunities，Challenges and Design*）的报告中指出其正在认真权衡发行中央银行数字货币的利弊。英格兰银行意识到，数字英镑可能会破坏当前的银行体系。但是，数字货币可以利用最新的金融科技，并使消费者更轻松、更快捷地进行交易。

推动这一改变的是市场。在互联网经济这样的虚拟经济发展起来后，越来越多的支付工具不再是各国中央银行发行的货币，或者其电子化后的货币，而是由金融科技公司、互联网公司提供的新的货币形式，以及新的支付工具。以脸书发布的 Libra 计划为例，如果脸书用户通过脸书庞大的社交网络——而不是支付网络——进行跨国家和区域支付的话，当前的国际支付结算生态将受到严重的影响。

正因如此，越来越多国家的货币当局开始认真考虑中央银行数字货币的设计和发行工作。不过，仅有少数国家的央行尝试发行了数字货币。

> 2015 年，南美洲国家厄瓜多尔推出一种新的加密支付系统和基于这个系统的“厄瓜多尔币”[18]。这种货币只有少数人有资格使用。该货币在流通领域应用并不广泛，在运行后的一年时间，“厄瓜多尔币”的流通量不到整个经济体货币流通量的 0.03‰。2018 年，“厄瓜多尔币”就被宣告停止使用。同年，同为南美洲国家的委内瑞拉宣布发售“石油币”。不过，后续关于“石油币”的公开信息少之又少，也没有在公开市场上交易。此外，已经发行国家级数字货币的还有突尼斯、塞内加尔和马绍尔群岛，但都没有获得全国范围的采用。

我国央行较早开展了关于数字货币的研究工作，并于 2017 年成立了中国人民银行数字货币研究所。我国央行对中央银行数字货币的命名是**数字货币电子支付（Digital Currency/Electronic Payment，DC/EP）**。

从字面意思上来看，DC/EP 仍旧严格限制在人民币的数字形式和电子支付工具的范畴内，并没有讨论中央银行数字货币与金融理论方面的问题。

> 2018 年，央行时任行长周小川曾在一次非官方论坛阐述了数字货币与电子支付的概念。[19] 他建议以国际清算银行（BIS）的数字货币报告为基础，从基本问题出发，研究数字货币和电子支付是基于支付标记还是基于账户，是为零售服务还是为批发服务，是借记型还是贷记型，币值是锚定的还是非锚定的，以及在哪个层次上允许数据留存以保护隐私权。

在 DC/EP 的发行方面，披露的信息不多，本书做了以下梳理。

> 2019 年 10 月，中国国际经济交流中心副理事长黄奇帆在首届外滩金融峰会上表示，中国央行推出的数字货币是基于区块链技术做出的全新加密电子货币体系，将采用双层运营体系，即中国人民银行先把 DC/EP 兑换给银行或其他金融机构，再由这些机构兑换给公众。

> 2020 年 4 月，互联网媒体披露 DC/EP 已在中国农业银行开始内部测试。此外，国内主要互联网公司阿里巴巴和腾讯也将参与测试。DC/EP 的首批试点投放地区包括苏州、雄安新区、成都和深圳。目前，DC/EP 的数字钱包将支持数字资产兑换、数字钱包管理、数字货币交易记录查询等功能。

从时间上可以发现，我国中央银行数字货币的研究、测试和发行正逐步加快。

《支付服务指令》第二版 | The Second Payment Services Directive，PSD2

关联词： GDPR、开放银行、大数据、替代数据

PSD2 是欧盟经济体在支付领域的重要法律基础，由欧盟委员会设计、管理和发布，并于 2018 年生效。PSD2 用于规范整个欧盟国家和欧洲经济区（European Economic Area，EEA）的支付服务和支付服务提供商。

《支付服务指令》第一版（PSD）仅适用于欧洲经济区的支付服务提供商，以指导其适用欧元在付款人和收款人之间的支付执行。PSD2 则增加了适用欧元的新的支付场景，包括：

1. 可以以任何货币表示欧洲经济区的支付服务提供商之间的付款场景，而不仅仅是欧洲经济区的货币。

2. 可以以任何一种货币进行单边出交易（One Leg Out，OLO）。OLO 指的是支付交易的一方的支付服务提供商在欧洲经济区，而另一方在欧洲经济区之外。

PSD2 通过为新的金融服务提供商（主要是第三方支付平台）和新的支付服务提供框架以规范和促进竞争。在欧盟，依托 PSD2 的新支付服务有**账户信息服务（Account Information Services，AIS）**和**支付启动服务（Payment Initiation Service，PIS）**。[20]

账户信息服务是 PSD2 框架下由支付服务提供商向付款人提供的一种在线服务，可提供有关支付服务用户与支付服务提供商所持有的付款账户的综合信息。

在账户信息服务基础上，欧盟的支付服务扩展了金融数据聚合，支持用户聚合其支付账户的信息，并可以通过接口访问所谓的账户根（Account Rooting）服务提供商的数据库，来了解自己特定时间

内的财务状况。

支付启动服务是 PSD2 框架下付款人使用信用卡或借记卡进行在线支付的一种替代方法。在付款人同意和认证的情况下，支付服务提供商可访问其支付账户，并启动资金转账。PSD2 提升了支付启动服务的监管水平，确保支付启动服务提供商（Payment Initiation Service Provider，PISP）可以访问付款账户，同时还对付款账户提出要求，以确保付款人的安全。PSD2 特别要求 PISP 确保在支付服务用户在线访问其付款账户或发起付款交易时，能够使用强客户认证（Strong Customer Authentication，SCA）。

PSD2 打破了银行“垄断其用户数据”的格局。它将允许新兴的高科技企业（例如亚马逊）在持卡人允许的情况下从银行检索其账户数据。这意味着当持卡人购买商品时，新兴的商户可以为持卡人直接付款，而无须将其再定向到其他支付服务提供商的服务上。

金融数据聚合 | Financial Data Aggregation，FDA

关联词： GDPR、开放银行、大数据、替代数据

金融数据聚合指的是支付服务提供商将消费者的多个账户、工具和其他信息汇总在一起，进行分析，并对消费者的财务状况得出全面认识，帮助消费者做出更好的支付和储蓄决策，以提升支付体验和精准营销。

金融数据聚合是商业智能领域的重要概念。欧盟的金融数据聚合服务遵循 **PSD2** 的**账户信息服务**要求，处理来自用户各类账户的数据和信息，可以更准确、全面地获得用户消费习惯、储蓄倾向以

及更广泛意义上的财务状况等高价值信息。

> 2019 年，意大利金融市场监管局（CONSOB）发布了题为《金融数据聚合和账户信息服务：监管问题和业务概要》（Financial Data Aggregation and Account Information Services: Regulatory Issues and Business Profiles）的报告。该报告分析了金融数据聚合在欧盟法律框架内的演化路径。根据 PSD2 的相关要求，金融数据聚合被归为账户信息服务的范畴，可应用于付款人和收款人的支付信息聚合场景。

美国的情况与之不同。在美国，账户信息服务的演变是在没有具体规定的情况下发展起来的。但是，美国要求账户信息服务必须适用有关消费者信息和隐私保护的一般规则和预防措施。

基于账户信息服务的金融数据聚合仍然在发展。消费者对其的认识仍有限。不过，支付行业显然对这个概念很感兴趣，因为在**大数据**环境下，消费者多种账户的支付信息聚合在一起，能够更好地帮助财务顾问对消费者的收入和储蓄能力进行观察。这显然有很高的商业价值。

生物支付 | Biometric Payment

关联词：生物识别、身份验证

生物支付是在支付业务中采用生物识别技术进行身份验证的一种新型支付产品。

过去，生物识别技术由于成本较高，主要应用于政府部门和重

要机构的访问控制（比如我国的二代身份证）。现在生物识别技术成本已经得到有效控制，其应用前景广阔。

移动支付生态高度关注这种生物识别解决方案。有3个重要的金融场景可以使用生物支付。

场景 商业银行利用生物识别技术可以有效减少持卡人信用卡被盗用带来的损失。

商业银行可以建立持卡人生物信息库，通过自动指纹识别系统（Automated Fingerprint Identification System，AFIS）对持卡人的支付进行校验。通过这种方式，商业银行不但能够解决ATM读卡失败、卡片丢失等问题，还能够有效减少因为盗刷带来的商业纠纷。

全球多家银行已经将生物识别技术用于客户身份验证。比利时、印度、波兰和日本等国家在ATM存取款等场景支持生物识别技术。其他很多国家也打算跟随潮流，特别是一些亚洲国家和非洲国家。

场景 移动通信终端制造商通过在手机上增加指纹识别技术，加强手机支付的安全性。

增加指纹校验的手机，只有机主才能打开，这种安全性比单纯使用手机开机密码要好许多。如果手机还支持NFC和支付标记化技术，并且SIM卡内置有安全模块，那么可以说其移动支付的安全性和用户体验达到了较为完美的状态。

场景 商业银行的移动端App。在大额转账、个人信贷，甚至远程开户等场景中应用人脸识别技术，能够给银行客户带来便捷的金融服务，还能够有效控制欺诈的发生。

很多人工智能高科技公司向商业银行提供人脸识别等活体检测

技术。例如，中国工商银行的个人消费信用贷款产品，就应用了活体检测技术，配合银行卡中银 e 盾（USB Key），用户无须去柜台，利用手机就能随时随地安全、便捷地办理大额信用贷款。

6 监管科技与网络分析

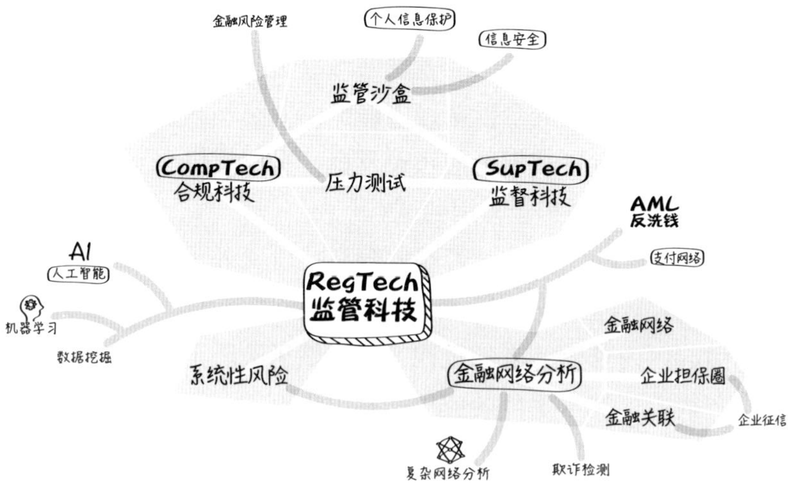

图 6.1　监管科技与网络分析模块知识图谱

监管科技提出的时间不长，但已成为近年来金融科技领域的一个热点。关于监管科技的定义目前还没有定论，但是人们普遍认为监管科技可以分为监管端监管科技（简称监督科技，SupTech）和合规端监管科技（简称合规科技，CompTech）。监管端监管科技主要被央行、监管机构和重要金融基础设施机构采用，以降低监管成本并提高监管有效性；而合规端监管科技主要被金融机构为满足合规性要求而采用，以提高合规效率，降低合规成本，监督科技和合规科技存在一一对应关系，可以说是一枚硬币的两面，既有共性目标，也有冲突的地方，但是对信息技术的应用是一致的。监管科技并非仅限于金融领域，医药和市场管理等领域也应用监管科技，但是其在金融领域的应用更为广泛。对于这两种不同形式的监管科技，人工智能、机器学习、数据挖掘、复杂网络和可视化都有很深入的应用。监管科技与网络分析模块知识图谱如图 6.1 所示。

首先，压力测试是一种重要的监管科技手段，可以对金融基础设施、支付清算系统和金融机构内部不同规模的业务与 IT 系统提供系统稳定性评估，是金融风险管理的重要工具。监管沙盒为金融科技的发展提供了监管安全框架，为保护个人隐私和信息安全提供屏障。随着国内金融科技创新的飞速发展，可以提供“安全空间”的监管沙盒机制正在被积极采用和试点。

其次，系统性风险是监管端监管科技所要处理的重要问题。由于系统性风险不能被分散，而且会导致金融部门“雪崩式”衰退，其逐渐引起国内外监管者的重视。系统性风险防范需要从多方面着手才会有成效，技术手段的应用是其中重要的一环。金融网络分析是系统性风险建模的有效工具。

再次，金融网络分析在 2008 年金融危机后引起全球学术界和专业人士的高度关注，不仅可用于宏观层面的监管科技领域（例如支付网络分析和系统性风险防范），而且在微观层面的反洗钱和欺诈分析方面有着多年的实践，特别是对于具有中国特色的企业担保网络分析而言更是有力的风险决策工具。随着金融系统越来越复杂，金融实体之间的关联越来越重要，将为金融风险分析提供一个广泛应用的新框架。

金融关联是进行金融网络分析的关键，金融市场主体之间的关联变得越来越普遍，也变得越来越复杂，对金融系统的影响日益增强。仅央行企业征信部门就梳理出数十种企业金融关联关系。

企业间互相担保贷款是一种重要的金融关联。作为金融网络的典型代表，企业担保圈近 20 年来一直是金融信贷市场挥之不去的梦魇，曾经也作为金融创新促进了信贷市场的发展，但是也带来了风险的传播，导致一些运营正常、本身并无金融风险的企业因担保问题深受其害。同时，时至今日，由于缺抵押、少信用，企业信贷担保仍然是一种重要的企业信贷形式。金融网络分析可以为担保圈等金融关联性风险管理提供很好的分析工具。

监管科技[1, 2, 3, 4, 5] | Regulatory Technology，RegTech

关联词： 金融重要基础设施、反洗钱、压力测试、系统性风险、数据挖掘、人工智能、机器学习、复杂网络分析

监管科技（RegTech），是指应用 IT 技术帮助监管机构、银行和其他金融机构应对金融合规与风险管理等方面的挑战，降低宏观风险管理和金融合规成本，其本质是“利用最新科技手段服务于金融监管和合规，以实现金融机构的稳定、可持续发展”。[6]

监管科技的概念最早是由英国金融行为监管局（Financial Conduct Authority，FCA）于 2015 年提出的，其将监管科技定义为“使用新技术来帮助企业符合监管要求”。[7]2015 年 7 月，英国前财政大臣乔治·奥斯本（George Osborne）首次将监管科技描述为“致力于利用新技术来促进监管要求”。

2008—2009 年金融危机导致金融监管负担的增加（监管成本的上升），金融监管者认识到金融混业经营将导致金融风险不断升高，金融监管变得越来越复杂。同时，科技公司进入金融业，金融产品创新速度加快，金融监管者依靠原来传统的监管方式已经不能满足市场需求。各国金融政策制定者、监管层开始关注监管科技问题。

通常，监管科技分为两类：一类是**监管端监管科技**，即监管部门使用新技术来提高监管效率和有效性（见图 6.2）；另一类是**合规端监管科技**，即企业利用新技术使自己更好地符合监管部门规定。[8]在实际应用中，监管端监管科技和合规端监管科技相互融合。

国际清算银行报告对**监管端监管科技**进行分类，认为监管端监管科技包括数据搜索和数据分析两部分。在不同应用领域，监管科

技使用不同的技术，但总体目的都是加强政府对被监管机构的监管，提高监管效率。[9]

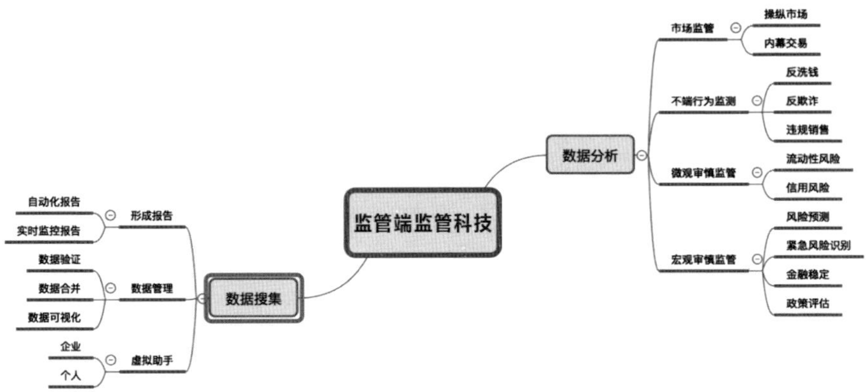

图 6.2　监管端监管科技

监管科技在金融监管领域的细分领域都有应用。许多自动化项目包括雇员监控、合规性数据管理、防欺诈和审计追踪等。值得注意的一些具有代表性的监管科技公司和它们所创建的工具包括：

- IdentityMind Global，通过跟踪付款实体，提供数字交易的防欺诈和风险管理服务。
- Trunomi，安全管理使用客户个人数据的同意授权。
- Suade，帮助银行提交所需的监管报告，而不会破坏银行的架构（合规性监管）。
- Silverfinch，通过基金数据实用程序连接资产管理者和保险公司，以满足相关要求。
- PassFort，自动收集和存储客户尽职调查数据。
- Fund Recs，监督基金行业如何管理和处理数据（对账）。

监管科技的应用场景主要包括**用户身份识别**、**市场交易行为监测**、**合规数据报送**、**法律法规跟踪**、**风险数据融合分析**、**金融机构压力测试**六大方向，每个场景都需要多种技术共同支撑，都会在金融监管机构和金融从业机构中进行广泛应用。

> 美国证交会几年前推出了一个绰号为“机械战警”（Robocop）的计算机程序（正式名称是会计质量模型）。该程序使用证交会的金融数据库来检查企业利润报告，从中发现可能隐含的古怪行为——无论是激进的会计手法还是赤裸裸的欺诈。关于美国证交会“机械战警”的具体情况，外界知之甚少，但其基本思路是通过大数据分析，发现多个可能暗示着潜在会计问题的重要指标。

> 哥伦比亚央行通过名为 FNA 的监管科技公司提供的服务来识别金融机构流动性和偿付能力的预警。哥伦比亚央行一直在使用资产负债表和监管数据报告来了解哥伦比亚金融系统参与者的流动性和偿付能力。但是，这种传统的分析很耗时，数据要迟几个月才能送达。FNA 帮助哥伦比亚央行对来自银行间支付系统的数据进行网络建模分析，可以使银行更快地获得有关风险的预警。通过使用 FNA 的宏观监管平台（见图 6.3），哥伦比亚央行现在可以近乎实时地监控其银行系统，自动警报系统会将网络中的任何异常行为通知给哥伦比亚央行和相关银行。此外，自动压力测试会检测出金融网络中两个最大的不合格机构参与者，从而有助于了解金融系统的潜在风险。

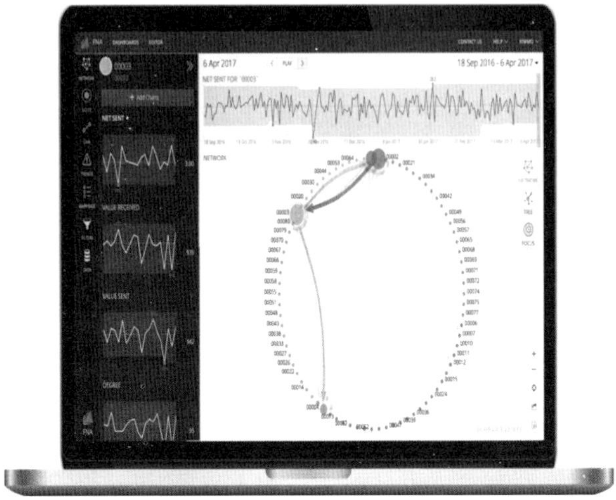

图 6.3 FNA 的宏观监管平台

监管沙盒 | Regulatory Sandbox

关联词： 个人信息保护、金融科技、保险科技、欺诈检测、身份识别、生物识别

监管沙盒（Regulatory Sandbox），在金融领域中，是指一个“安全空间”，在这个安全空间内，金融科技企业可以测试其创新金融产品、服务、商业模式和营销方式，而不用在相关活动遇到问题时立即受到监管规则的约束。

监管沙盒的概念由英国金融行为监管局于 2015 年 3 月率先提出。监管沙盒的存在便于监管者在保护消费者 / 投资者权益、严防风险外溢的前提下，通过主动合理地放宽监管规则，减少金融科技创新的规则障碍，鼓励更多的创新方案积极主动地由想法变成现实，在此过程中，能够实现金融科技创新与有效风险管控的双赢局面。[10]

为了鼓励金融创新，越来越需要发展和完善金融监管框架来促进新兴业务模式的出现。监管沙盒存在的目的是改变严格的金融监管环境，保证科技公司的创新增长。

在英国，金融机构对发展金融科技的需求非常强烈，伦敦也试图成为金融创新的全球之都。2015 年年底，英国金融行为监管局发布了一份名为《沙盒监管》的报告，解释了为什么需要一个监管沙盒。

该项目于 2016 年年中实施。来自世界各地的金融科技公司参与该项目，与英国金融行为监管局一起工作，发展自身的商业并遵守严格的金融监管法规。英国金融行为监管局的宗旨是为竞争创造激励机制，使消费者有更多、更好的选择来管理他们的资金。

英国的第一版监管沙盒始于 2017 年。2018 年 6 月，英国金融行为监管局宣布第二组选定公司，准备开始第二轮沙盒测试，它甚至准备受理第三轮申请。

中国香港、新加坡、美国和澳大利亚都是使用监管沙盒促进金融科技创新的先行者。香港金融管理局（HKMA）在 2016 年 9 月推出的金融科技监管沙盒（Fintech Supervisory Sandbox，FSS），允许银行及其合作伙伴（科技公司）对涉及有限数量参与客户的金融科技创新项目进行试点，而无须完全遵守香港金融管理局的监管要求。这种安排使银行和科技公司可以收集数据和用户反馈，以便对自己的新计划进行完善，从而加快新技术产品的发布，并降低开发成本。

中国已经初步具备设立监管沙盒的基础条件。现有监管机制并不排斥监管沙盒，其弥补了现有金融监管在应对金融科技创新方面的不足。北京、海南、贵州等地率先开启金融科技领域监管沙盒的试验。此外，中国设立金融监管沙盒在操作层面还面临一些挑战。监管沙盒作为监管方式的一次大胆创新，还需要面对现行监管规则与法律框架对监管责权的束缚，积极协调暂时性宽松与法律法规的不一致等问题。

压力测试 | Stress Testing / Pressure Test / Stress Test

关联词：支付网络、复杂网络分析、金融风险管理

压力测试（Stress Testing）是一种对系统稳定性进行评估的测试方法，在金融风险管理等领域应用比较普遍。

在金融领域，压力测试是指将某个**金融基础设施**、金融机构或资产组合置于某一特定的极端市场环境下，测试该金融基础设施、金融机构或资产组合在这些关键市场变量突变的压力下的表现，看其是否能经受得起这种市场突变。压力测试也常常用于检测金融基础设施信息系统的可靠性。

根据国际证监会组织（International Organization of Securities Commissions，IOSCO）1995 年有关文件的规定，压力测试是分析最不利市场情形（如利率急升或股市急挫）对资产组合的影响效果的一种方法。巴塞尔委员会的有关文件则将其定义为，金融机构用以衡量由一些例外但有可能发生的事件所导致的潜在损失的方法。具体来讲，压力测试的**本质思想是获取大的价格变动或者综合价格变动信息，将其应用到资产组合中并量化潜在的收益和损失**。[11]

银行的压力测试通常包括**信用风险**、**市场风险**和**操作风险**等方面内容。压力测试中，银行应考虑不同风险之间的相互作用和共同影响。识别那些可能提高异常收益或损失发生概率的事件或情境，度量这些事件发生时银行资本充足率。

进行压力测试的方法，大致可归纳为两大类：

敏感度分析（Sensitive Analysis），是指利用某一特定风险因子或一组风险因子，使风险因子在执行者所认定的极端变动范围内变

动，分析其对于资产组合的影响。

情景分析（Scenario Analysis），是指将一组风险因子定义为某种情景，分析在个别情景下的压力损失。情景分析的事件设计方法有两种，分别是历史情景分析和假设性情景分析。

监管压力测试。继2008年金融危机，由于《多德–弗兰克法案》（Dodd-Frank ACT），美国金融业中，具有系统重要性且被美国金融稳定委员会认为是“大而不倒”的，通常是那些资产超过500亿美元的银行，这些机构必须提供针对破产方案进行的压力测试报告。在美国政府2018年关于这些银行的一次评审中，共涉及22个“大而不倒”的总部设在美国的系统重要性国际银行。

风险管理压力测试。在投资组合管理中，压力测试通常也用于确定投资组合风险和设置对冲策略以减轻损失。投资组合经理使用内部专有的压力测试程序来针对市场事件和潜在事件管理和测试他们的投资组合。

资产和负债匹配压力测试。压力测试广泛用于商业和投资管理。公司可以使用资产和负债匹配压力测试来确保适当的内部控制和程序。退休和保险投资组合也极大地利用了压力测试以确保现金流和支出水平保持在有效范围。

压力测试服务通常由某些监管科技公司提供。

案例 加拿大支付机构设计了带有压力测试的下一代银行间支付系统。加拿大支付机构负责一个持续多年的项目，旨在使加拿大的支付系统现代化并在该国实现实时付款。新的支付系统方案将改变付款方式，加拿大的银行可能会面临流动性风险。银行流动性风险的量化确实发现需求大于可承受的水平。通过提供压力测试服务，监管科技公司FNA利用其平台进行的模拟，通过优化系统设计，可以节省部分流动资金。它在2018—2019年通过更多仿真测试来验证方案，并于2020年将压力测试平台扩展到正在进行的监控和管理。

案例　担保圈风险压力测试

风险分析主要是根据企业担保圈的压力测试，针对企业资金链断裂通过担保链传染的风险的评估[①]。2011年下半年，温州民间借贷风波爆发，金融风险不断向银行传染，银行不良贷款处于整体上升趋势，如图6.4所示。担保链传染是导致风险加重的重要因素。在征信系统查询与调查相关信息的基础上，通过多自主体系统和小世界网络模型模拟了温州企业担保链风险传染可能的发展形势、担保链传染引发不良贷款额理论最大值（1 128亿元），以及由担保链引发不良贷款额累计数值在其风险发展轨迹上所处的位置，即在有互保关系的大、中、小企业中，资金链断裂比例分别达到2.7%、6.4%和4.9%，受冲击企业的比例分别达到0.4%、17%和36%。

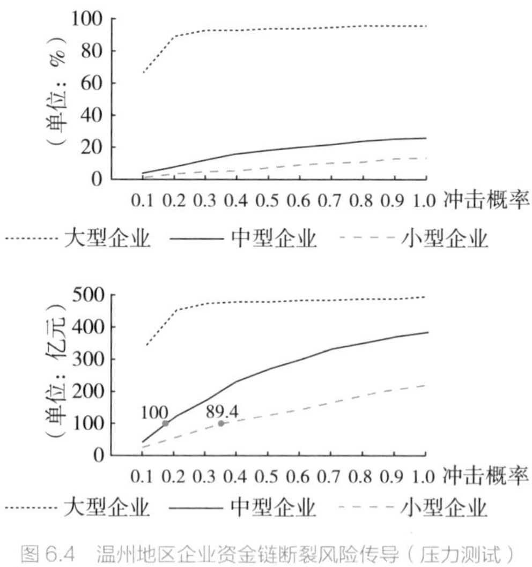

图6.4　温州地区企业资金链断裂风险传导（压力测试）

① 模型由中国人民银行温州市中小支行和中科院管理、决策与信息系统重点实验室联合研发。

系统性风险[12] | Systematic Risk

关联词：金融重要基础设施、复杂网络分析、金融风险管理

系统性风险（Systematic Risk）是指金融机构从事金融活动或交易的整个系统因内部或外部事件冲击而崩溃，单个金融机构不能幸免，从而遭受经济损失的风险。

系统性风险是一种不可分散的风险，不能通过分散投资抵销或消除。系统性风险包括政策风险、经济周期性波动风险、利率风险、购买力风险、汇率风险等。系统性风险通常由公司外部因素引起。经济方面的外部因素有利率、汇率、通货膨胀、宏观经济政策、货币政策、能源危机、经济周期循环等；政治方面的外部因素有政权更迭、战争冲突等；社会方面的外部因素有体制变革、所有制改造等。[13]

在金融场景中，金融系统内部的关联导致金融部门“雪崩式”经济衰退，引发系统性风险[14]。政策制定者面临的关键问题是如何限制系统性风险的积累，并在危机发生时遏制风险的传播。

英国伦敦政治经济学院（LSE）系统性风险研究中心的研究认为有 4 个关键要素，可以使我们更好地理解系统性风险。[15]

- **内生性风险**：是由金融系统本身造成的，而不是由系统外部的破坏性事件造成的。
- **放大机制**：系统性风险的爆发通常是由一个小事件触发的，该事件的影响因金融系统中的关联而放大。
- **识别风险**：通过积累有关金融市场运作方式的经验，相关研究可以帮助政策制定者及时识别风险的累积以做出响应。
- **政策回应**：监管机构需要集中精力制定能够降低系统性风险

的政策举措，并避免那些即使意图良好但实际上会导致新的更大风险的政策举措。

案例 2008 年的金融危机[①]

许多经济学家认为 2008 年的金融危机是 20 世纪 30 年代大萧条以来最严重的金融危机。它始于 2007 年，当时美国次级抵押贷款市场陷入危机，随着投资银行雷曼兄弟（Lehman Brothers）于 2008 年 9 月 15 日倒闭，危机发展成为全面的国际银行业危机。雷曼兄弟申请破产后，印地麦克银行（Indymac）倒闭，贝尔斯登（Bear Stearns）被摩根大通（JPMorgan Chase）收购，美林（Merrill Lynch）被出售给美国银行（Bank of America），房利美（Fannie Mae）和房地美（Freddie Mac）被置于美国联邦政府的控制之下。

到 2008 年 10 月，联邦基金利率和贴现率分别降至 1% 和 1.75%。英国、中国、加拿大、瑞典、瑞士和欧洲的中央银行也纷纷采取降息措施，以帮助世界经济。但是，降息和流动性支持本身不足以阻止如此广泛的金融危机。

全球金融危机使人们意识到风险传染和系统性风险的重要性。风险来源之一是通过金融交易产生的经济主体之间的相互联系。这些交易产生金融网络。然而，人们对金融网络的功能及其强大程度尚无明确的认识。理解网络中的系统性风险对于建立有效管理规则至关重要。

国内的系统性风险：2017 年年底，时任央行行长周小川发表文章

① 参见 wikipedia。

> 称之所以当前及未来一段时间内金融工作的重点是守住不发生系统性金融风险的底线，是因为当前和今后一个时期我国金融领域尚处在风险易发高发期。周小川称，风险点多面广，呈现隐蔽性、复杂性、突发性、传染性、危害性特点，结构失衡问题突出，违法违规乱象丛生，潜在风险和隐患正在积累，脆弱性明显上升。
> 在周小川看来，金融风险主要表现在宏观层面的金融高杠杆和流动性风险、微观层面的金融机构信用风险，以及跨市场、跨业态、跨区域的影子银行和违法犯罪风险。周小川认为，高杠杆是宏观金融脆弱性的总根源，在实体部门体现为过度负债，在金融领域体现为信用过快扩张。

系统性风险防范需要多方面着手才会有成效，从技术角度看，针对系统性风险，可以利用**复杂网络**来建模，运用**金融网络分析**方法进行定量分析，提供决策支持。

金融网络 | Financial Network

关联词：复杂网络分析、金融重要基础设施、反洗钱、欺诈检测、受益所有人、监管科技、支付网络、压力测试、系统性风险

金融网络是一个描述金融实体（例如交易者、公司、银行和金融交易所）的任何集合以及它们之间的连接的概念。

金融网络由金融节点组成，节点代表金融机构或参与者。网络连接表示节点之间正式或非正式的关系（即股票或债券持有关系）。

一个最常见的例子是证券资产网络（例如上市公司的股票），上市公司为节点，网络连接表示两个上市公司之间股票的持有关系。

金融网络涉及各种类型的机构，也涉及各种**金融关联**，其组成既可以在国内，也可以跨境。例如，由于金融网络的存在，美国拉斯维加斯的房地产价格崩溃可能影响伦敦和香港的金融市场，一家法国银行的投资丑闻可能使全球其他银行的股价下跌。

金融网络有其独特的逻辑，其风险传播和传染病传播完全不同，金融网络一方面传播风险，另一方面存在一种抵销效应，使金融风险传播机制比传染病传播更微妙。传染病传播网络中的新连接让传播变得更快、更广泛，而金融网络中的新连接还会推动风险的分散，使其能被更有效地化解。

金融网络将在政策与研究之间架起一座桥梁。为了回应现代金融系统表现出的高度相互依存关系，金融网络的概念开始出现并得到应用。全球化放大了许多组织之间金融的相互依赖水平。随着时间的流逝，股票、资产和金融关系会出现更大程度的交叉持有和相互参与。趋势是金融领域的一个主要话题，它预示着金融危机的出现。

在深化对金融网络的理解的过程中，危机扮演了重要角色。在2008年金融危机之后，许多经济学家纷纷提出观点，认为金融系统的高度网络化在塑造系统性风险中起着核心作用。实际上，随后许多政策行动都受到这些见解的推动。结果是，自2008年以来，对金融网络的研究变得越来越重要。

2007—2009年的金融危机凸显了忽视复杂的经济金融体系之间联系的危险：雷曼兄弟和美国国际集团（AIG）在规模上并不是最大的参与者，但它们在市场上联系紧密，其失败导致对整个金融体系产生冲击。网络理论的应用在金融领域变得越来越重要，网络分析为传统分析方法中的难题提供了答案，并导致多种风险改进模型的出现。实际上，金融网络构成了每种风险的基础，包括**流动性风险**、**运营风险**、**保险风险**和**信用风险**。

金融网络根据关联的不同，可以分为**支付网络**、**银行间拆借网络**、**不同国家之间的汇款网络**、**企业信贷相互担保网络**和**企业之间相互投资网络**等。

> 不同国家之间的汇款网络。网络中的节点表示汇款国家或地区，连接表示汇款关系，连接方向表示汇款方向，连接颜色的深浅和汇款金额成正比，网络的核心仅包含 5 个节点，并且其中包含两种类型的国家或地区，分别是汇款的净发送国（美国、英国、德国和意大利）和净接收国（印度）。美国是全球主要的汇款净发送国，而主要的汇款净接收国是墨西哥。全球汇款网络示意图见图 6.5。[16]

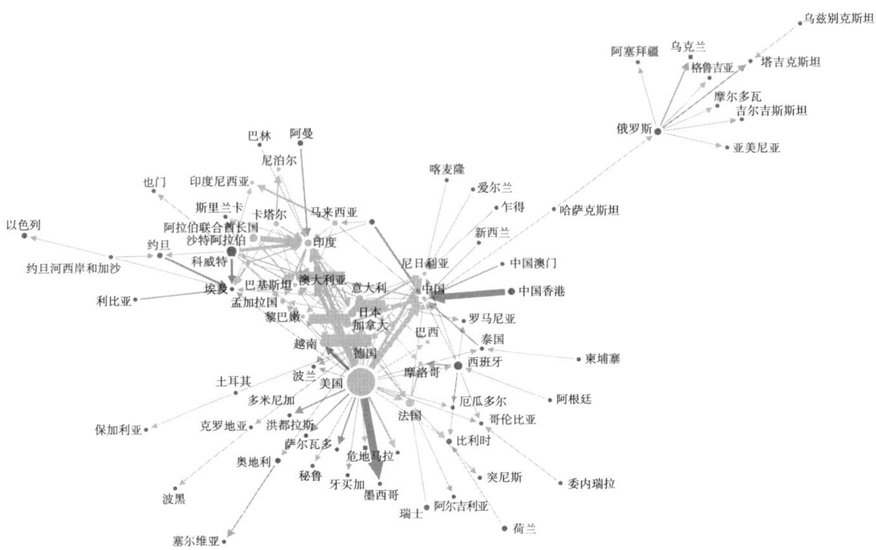

图 6.5　全球汇款网络示意图

金融关联 | Financial Link / Financial Relationship

关联词：复杂网络分析、金融重要基础设施、反洗钱、欺诈检测、受益所有人、监管科技、支付网络

金融实体（交易方、银行、企业、消费者和其他金融机构）之间各种各样的具有经济和金融意义的（直接或间接的）联系称为金融关联。

金融实体可以是消费者、企业和银行（金融机构）。这些关联关系可以是实际存在的关系，也可以是通过计算得到的相关性，或者由于共生性而得到的关系。同一种金融实体的关联关系可以用一般的**复杂网络**（即**金融网络**）表示；两种金融实体的关联关系可以用一种特殊的复杂网络来表示，即二**部图**。

随着金融市场的发展，金融网络变得越来越复杂，而且呈动态化，对单个金融实体的描述、建模和检测，已经不足以进行投资分析、风险预测和监管合规管理。金融实体之间的关联关系越来越受到重视。同时随着数字经济的发展，也产生了越来越多的金融关联，例如消费者角度的微信支付和支付宝的应用。这些关联关系是构建金融网络，进行综合和系统分析的基础。金融关联是进行金融网络分析的基础。**反洗钱**分析往往也需要各种各样的金融关联。

> 央行征信系统整理了企业之间的 33 种关联关系。[17, 18] 例如，投资关联是以企业资本构成信息为基础，通过对出资信息进行匹配而形成的特定关联关系。根据企业间的投资关系，将其细分为对外投资、被投资和相互投资 3 种，并根据具体出资金额计算投资比例。

担保关联是以借款人担保合同信息为基础，通过对担保信息进行匹配，在企业间形成的特定关联关系。根据合同中担保方与被担保方的关系对担保关联进行细分，其包括对外担保、被担保和相互担保 3 种。

法人代表关联是指对所查询企业的法人代表在其他企业担任法人代表、总经理、财务负责人职务，以及对其他企业进行投资或担保的情况进行关联，从而在这些企业间形成的特定关联关系。

集团母子关联是以企业集团公司信息为基础，对上级公司信息进行匹配，从而在公司间形成的特定关联关系。

家族关联是以家族企业成员信息为基础，将法人代表亲族中自然人在其他企业的信息进行匹配，在其家族成员所在企业间形成的特定关联关系。

此外，还有地址关联和电话关联。

关联查询产品利用央行征信系统中借款人基本信息和信贷信息，根据借款人与企业、借款人与个人之间的资本、经济利益纽带，为用户提供与某一企业相关的所有关联企业信息，揭示出通过投资、高管人员及担保交易等关联起来的一个企业群及其群内企业之间、个人与企业之间的关系，以及该企业群整体信贷及风险情况。帮助金融机构更加全面地识别借款人信贷风险，及时发现企业集团风险，及早采取应对措施，提高信贷风险管理能力和效率；也帮助政府和司法部门及早化解潜在风险，维护金融稳定。

历史上多次大规模金融危机的发生表明，金融机构之间的风险传播是金融危机迅速扩大的主要原因，越来越多的专业人士认识到，金融网络内的关联结构是认识危机传播问题的关键。[19]

企业担保圈 | Guarantee Chain of Firms

关联词：复杂网络分析、企业征信、小微企业金融

当多家企业由于相互**担保**或者连环担保的关系而联系到一起时，便构成了一个特殊的利益群体，这个（企业）利益群体就是一个担保圈。

企业担保圈贷款盛行是我国经济金融领域的独有现象，而且是当前信贷市场的重要组成部分。担保圈（担保链）是随着担保贷款的发展而衍生出来的特殊利益形态，其纽带是企业群体间存在的相互担保或连环担保关系，在形式上表现为闭合或链式网络结构。

用复杂网络对企业担保圈进行建模：具有担保关系的不同企业为网络中的节点，企业间的担保关系为网络中的连接（边），若两个企业之间有担保关系，则两个相关节点之间有连接，否则不存在连接。企业担保圈是一种典型的金融网络。[20] 企业担保圈的复杂网络模型如图 6.6 所示。

图 6.6　企业担保圈的复杂网络模型

由于企业担保圈会对债务问题产生扩大作用，在目前国内去杠杆、去产能的情况下，信贷市场中企业担保圈问题依然存在。

金融网络分析[21, 22] | Financial Network Analysis，FNA

关联词：复杂网络分析、金融重要基础设施、反洗钱、欺诈检测、受益所有人、监管科技、支付网络

金融网络分析，首先是根据金融关联关系建立金融网络，然后基于复杂网络分析理论，如社团发现、压力测试、传染病分析、排行分析、动态分析等，结合金融市场需求，进行不同角度的深入分析，为风险决策等提供量化支持（如识别系统重要性金融机构以及对风险传播路径进行建模）。

近年来，金融网络分析成为金融分析的一个重要领域。这种新研究用来满足迫切的市场需求：理解**金融市场**的结构和动态变化；解释和预测不同金融实体相互作用可能产生的结果。2013 年 3 月，国际一流的学术期刊《自然·物理》（*Nature Physics*）推出了题为“金融复杂网络”（Complex Network in Finance）的专辑，其动因在于，2008 年金融危机的爆发暴露了金融系统和经济系统建模过程中存在的明显缺陷，在这次危机中，宏观经济模型忽略了对**系统性风险**的综合考虑，不仅不能预测这次经济危机，也不能很好地解释经济危机，专业人士希望通过**复杂网络**和金融交叉学科的研究加深对于经济和金融网络的基础性理解，同时增强政策制定者的实际洞察力。

艾伦（Allen）和巴布斯（Babus）在题为“金融网络”（Networks

in Finance）的综述文章中认为，网络理论的使用可以丰富我们对金融系统的理解，金融系统的网络分析方法对于评估金融稳定性发挥了重要作用，并对复杂网络在银行间市场、投资决策、公司管理、投资银行等具体领域的应用进行了介绍。

图 6.7 展示了基于复杂网络的算法分析，对担保群的风险进行计算，对担保群进行简单的风险分类，便于金融机构进行风险监测和系统性风险管理，类似地，也可以根据担保关联关系，利用算法计算出每个担保企业的风险等级，便于进行量化风险管理。

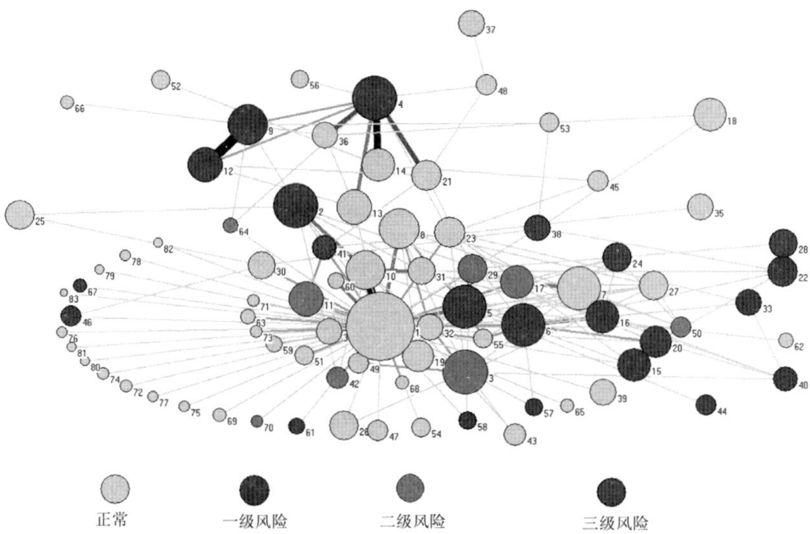

图 6.7　企业担保群风险分类结果

注：数字代表不同的企业担保圈标号。

国外金融机构和中央银行、金融监管机构已经将金融网络分析应用于研究银行间拆借市场以监测流动性风险。

随着金融市场的创新和发展，金融风险变得越来越复杂，需要更多的数据支撑和复杂的数学模型来进行量化描述，金融网络分析将成为未来金融风险管理的利器。

反洗钱是金融网络分析的一个重要应用场景，例如，资金网络图是金融网络分析在反洗钱中的一个应用。

7 反洗钱

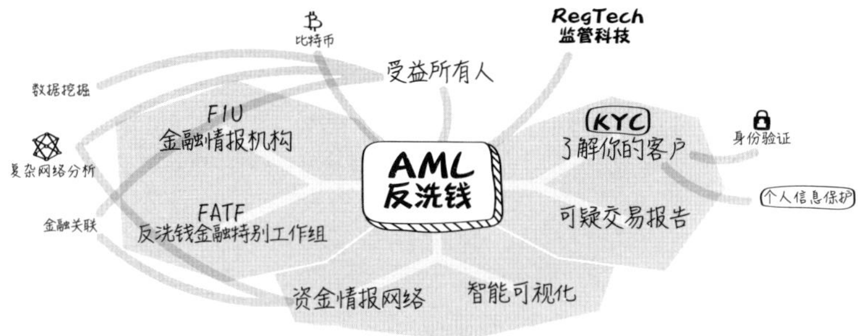

图 7.1 反洗钱模块知识图谱

反洗钱是典型的监管科技（合规端监管科技）应用。近年来，反洗钱往往还和反恐融资交织在一起，洗钱活动往往通过最新的信息技术手段（例如区块链和比特币）来规避监管。“魔高一尺，道高一丈。”反洗钱工作的开展需要跟踪和学习最先进的金融科技。反洗钱模块知识图谱如图 7.1 所示。

首先，反洗钱工作离不开国际组织和专业机构。反洗钱金融行动特别工作组（FATF）是权威的国际反洗钱组织，被确定为打击恐怖主义融资的全球标准制定者。截至 2020 年，该组织共有 37 个成员以及 20 多名观察员，中国于 2007 年正式加入 FATF，这标志着中国反洗钱工作进入一个新阶段。2019 年中国接任 FATF 轮值主席。金融情报中心（FIU）是各国的反洗钱专业机构，隶属央行的中国反洗钱监测分析中心就是国内的金融情报中心。

其次，对于反洗钱的流程和工具，KYC 是基本的反洗钱工具，而且贯穿金融交易流程的始终。身份验证是 KYC 的一个关键步骤，KYC 的对象包括个人和企业实体，会对个人进行画像，同时也会注意保护个人隐私，防止敏感信息的泄露。

可疑交易报告也是一种反洗钱的基本产品形态，就像（个人或企业）信用报告支撑征信行业一样重要，也可以被视为合规端监管科技的典型产品。

在反洗钱业务中受益所有人穿透是反洗钱的基本工作，往往要结合大数据技术和复杂网络分析工具才能实现，目前很多金融科技公司提供该类分析产品和服务。

最后，涉及具体的技术，金融网络分析和数据挖掘很早就在反洗钱领域得到深入应用。基于资金关联和其他金融关联的资金情报网络，可以在庞大的资金流转网络中识别可疑资金流，提供反洗钱或反恐融资的线索，是进行反洗钱分析的重要技术手段，已经在国内外许多重大案件中得到成功应用。情报可视化技术是可视化技术在数据视觉展现中的一种应用，在反洗钱工作中，可以将人群、账户以及相关的关联关系，用各种层次图、时序图或热图展现出来，提高分析效率。

反洗钱 | Anti-Money Laundering, AML

关联词： 监管科技

洗钱是指对犯罪所得进行处理并掩饰其非法来源，以期将犯罪所得用于合法或非法活动。反洗钱是指预防通过各种方式掩饰、隐瞒毒品犯罪、黑社会性质的组织犯罪、恐怖活动犯罪、走私犯罪、贪污贿赂犯罪、破坏金融管理秩序犯罪等犯罪所得及其收益的来源和性质的洗钱活动的措施。

洗钱是近几十年来伴随贩毒等有组织的恶性犯罪的肆虐，在世界范围内日益猖獗的一大社会公害。**反洗钱**工作有利于及时发现和监控洗钱活动，遏制洗钱犯罪及其上游犯罪，维护经济安全和社会稳定，维护金融安全，是推进国家治理体系和治理能力现代化的重

要内容，是参与全球治理体系、扩大金融业双向开放的重要手段。反洗钱往往和反恐融资交织在一起，被称为**反洗钱/打击资助恐怖主义（Anti-Money Laundering/Combating the Financing of Terrorism，AML/CFT）**。

洗钱活动的基本流程分为**资金处置（Placement）**、**资金离析（Layering）**、**资金融合（Integration）**3个阶段。

> 资金处置，洗钱分子将赃款存入合法金融机构是洗钱过程中最容易识别的一环，因为大量现金的存入非常可疑，而且银行按规定要上报巨额交易。

> 资金离析即资金转移，是所有洗钱过程中最复杂的一环，其目的是想方设法让原始赃款难以被追踪。

> 资金融合让赃款以貌似合法的形式重新进入主流经济体系。

为了打击洗钱活动，政府动用立法、司法力量开展反洗钱工作，调动有关组织和商业机构对可能的洗钱活动予以识别，对有关款项予以处置，对相关机构和人士予以惩罚，从而达到阻止犯罪活动的目的。从国际经验来看，洗钱和反洗钱的主要活动都是在金融领域进行的，几乎所有国家都把金融机构的反洗钱置于核心地位，国际社会进行的反洗钱合作也主要在金融领域。

> 洗钱案例中影响比较大的，一是2012年汇丰案，二是2014年法国巴黎银行被美国罚款89亿美元。以汇丰案为例，结合处罚点、违规问题来看：长期存在反洗钱缺陷，如高风险地区的

> 分支机构，缺少有效的合规项目 / 计划，包括成文的标准、经验丰富且足够的人员、监测可疑账户和汇款交易的必要基础设施、有效的反洗钱培训和重视获取客户准确信息的合规文化。（美国监管五大支柱，2016 年被明确提出。）

2007 年以前，我国反洗钱工作多局限于银行业金融机构。2007 年，中国人民银行开始加大对保险机构、证券机构的监管，同时证券期货业和保险业金融机构开始报送大额交易和可疑交易报告。2010 年支付机构被正式纳入反洗钱监管范围。商银信支付因存在 16 宗违法违规行为，收到央行 1.16 亿元天价罚单。

我国洗钱风险近期以**赌博**、**涉税交易**、**走私交易**、**非法跨境资金流动**为主，其中利用第三方支付跨地区甚至跨国作案，是地下钱庄最近几年的新方式。而随着网络时代电子商务的发展和区块链等新金融工具的出现，**网络洗钱**新技术不断出现，与传统洗钱方式相比，**电子银行**、**电汇**、**第三方支付**、**ATM** 转账 / 取现等主要有 3 个方面的优势：一是携带方便，资金变现渠道多；二是周转速度快，涉及范围广，可瞬间把资金转移到世界上任何一个角落；三是隐匿性强。

反洗钱金融行动特别工作组 | Financial Action Task Force on Money Laundering, FATF

关联词：反洗钱、金融情报中心

反洗钱金融行动特别工作组（Financial Action Task Force on Money Laundering，FATF）是全球洗钱和资助恐怖主义的监督机构。这个政府间机构制定了旨在防止这些非法活动及其对社会造成的危害的国际标准。

FATF 于 1989 年成立，是世界上最重要的打击**洗钱**的国际组织之一，旨在**反洗钱**领域推动各个国家 / 地区进行立法和改革，制定政策打击洗钱及资助恐怖主义活动，并协调各国打击洗钱的执法部门。除了 FATF 外，还有其他与地区反洗钱相关的组织，例如**亚太反洗钱组织（APG）**、**欧亚反洗钱与反恐融资小组（EAG）**、东南非洲反洗钱工作组（ESAAMLG）、中非反洗钱行动组织（GABAC）、拉美金融行动特别工作组（GAFILAT）。

FATF 成员遍布各大洲主要金融中心。其制定的反洗钱《40 项建议》是世界上反洗钱和反恐融资的最权威文件。从 2005 年起，中国也加入 FATF，截至 2020 年，该组织已拥有 37 个成员以及 20 多名观察员。

FATF 的工作集中于实现下列 3 个目标：

1. 向全球所有国家和地区推广反洗钱信息。

2. 监督 FATF 成员执行反洗钱《**40 项建议**》。所有成员通过自我评估和互评估，监督各成员执行《40 项建议》的情况。

3. 关注和检讨洗钱类型分析和反洗钱措施的发展趋势。

2019 年 2 月 21 日，FATF 审议通过了中国第四轮反洗钱和反恐怖融资互评估报告，报告认为中国反洗钱和反恐怖融资体系具备良好基础，同时存在一些问题需要改进。

FATF 紧跟新技术新趋势，于 2018 年 10 月修订了发布于 2012 年的反洗钱《40 项建议》中的“建议 15”（“新技术”部分），添加了“**虚拟资产**”和“**虚拟资产服务提供商**”的定义，以阐明 **AML/CFT** 的要求该如何应用于虚拟资产。2019 年，FATF 在**区块链**领域越来越活跃，先后发布了《公开声明－减轻虚拟资产的风险》《关于对虚拟资产和虚拟资产服务提供商采取基于风险的方法的指导意见》。敦促各国围绕**数字资产**的转让实施严格的 KYC 协议，供政府、受监管实体和其他利益相关方执行**反洗钱**和**打击资助恐怖主义**法规，在金融系统变得更加数字化的交易过程中解决新出现的安全性和透明度问题。在其指导中，FATF 呼吁当局制定明确的指南或规定，以允许受 **AML/CFT** 目的监管的实体使用可靠的独立**数字身份证系统**。同时，FATF 建议受监管机构（例如加密货币交易所）“采用基于风险知情的方法，依靠数字 ID（身份识别）系统进行客户尽职调查”。

金融情报中心 | Financial Intelligence Unit, FIU

关联词：监管科技、金融重要基础设施

金融情报中心，又称金融情报机构，是一个旨在打击洗钱犯罪，专门负责收集、归纳分析有关可疑犯罪收入或被国家立法或规定要求的金融情报线索，并向执法部门传递情报的中央国家机构。

金融情报中心是国际反洗钱和反恐融资行动新形势下的制度创新，是情报机构和金融部门有机结合的产物。它通过接收、分析和移送**金融情报**向立法、执法、国家安全、金融监管等部门提供信息支持，为制定法律和宏观经济政策提供实证基础，为打击犯罪发现线索，也为行政机关工作提供必要参考。

根据 **FATF“建议 29”**，各国应建立一个金融情报中心，作为全

国性中心负责接收和分析**可疑交易报告**；与**洗钱**、相关上游犯罪和**恐怖主义融资**有关的其他信息，以及用于发布该分析结果的信息。金融情报中心应该能够从报告机构获得其他信息，并及时访问正确执行其职能时需要的金融、行政和执法信息。

作为金融情报中心的国际组织**埃格蒙特集团（Egmont Group）**已经拥有 101 个成员，建成了用于成员国或地区金融情报中心之间交流情报的安全网络，该组织是一个非正式的国际性组织，其目的是为其成员国或地区金融情报中心提供一个**反洗钱**信息和经验交流平台，推动反洗钱及恐怖主义金融活动的国际合作。

不同国家或地区的金融情报中心有**司法型**、**执法型**、**行政型**、**混合型**等 4 种。

世界主要国家的金融情报中心的简要介绍如下：

中国的中国反洗钱监测分析中心（CAMLMAC）

阿根廷的金融联合会（Unidad de Inteligencia Financiera）

澳大利亚的澳大利亚交易报告和分析中心（AUSTRAC）

加拿大的加拿大金融交易和报告分析中心（FINTRAC）

法国的法国金融情报中心（Tracifin）

印度的金融情报部门（FIU-IND）

爱尔兰的加尔达国家经济犯罪局（GNECB FIU）

英国的国家犯罪局（National Crime Agency）

美国的金融犯罪执法网络（The Financial Crimes Enforcement Network，FinCEN）

美国金融执法机构**金融犯罪执法网络**成立于 1990 年 4 月，是美国财政部重要的反洗钱与反恐融资职能部门之一，是一个用制度和技术手段组建起的政府内的反洗钱情报网络、一个连接

> 金融机构和执法机关的网络、一个组织各个相关职能部门的网络，是行政型的金融情报中心。
> 中国反洗钱监测分析中心是中国人民银行总行直属机构，是中国政府根据联合国有关公约的原则和 FATF 建议以及中国国情建立的行政型国家金融情报中心，是为央行履行组织协调国家反洗钱工作职责而设立的收集、分析、监测和提供反洗钱情报的专门机构。

了解你的客户 | Know Your Customer，KYC

关联词： 身份验证、个人数据画像、生物识别、生物支付、监管科技

了解你的客户（KYC）用于指代监督客户金融活动的银行监管和反洗钱法规。根据 FATF“建议 10”，各国应当禁止金融机构保持匿名账户或明显以假名开立的账户，各国应当要求金融机构在出现建议所规定的情形时，采取客户尽职调查。

KYC/ 客户尽职调查（Customer Due Diligence，CDD）的主要目标是通过对客户身份的核实和对商业行为的了解，有效地发现和报告可疑行为，预防身份盗窃、金融诈骗、洗钱及恐怖主义融资。通常这是通过对交易的受益方、来源和资金用途进行了解，并在考虑企业经营历史后对企业行为和交易形式的恰当性和合理性做出的恰当、尽职的调查。

KYC 对客户相关身份资料进行收集并评估，防范潜在的**洗钱风险**或**恐怖主义融资风险**，而 **CDD** 的过程是 KYC 的关键部分。CDD

完成后，可以根据客户潜在的异常风险为客户给定风险分类评级。**风险分类评级**可以采用类别的形式，例如低风险或高风险。

对于任何金融机构，首先进行的分析之一是确定你是否可以信任潜在客户。你需要确保潜在客户值得信赖；KYC / CDD 是有效管理风险并保护自己免受可能带来风险的犯罪分子、恐怖分子和政治公众人物（Politically Exposed Person，PEP）影响的关键要素。

KYC 程序适用于不同规模的公司，以确认其可能的客户、顾问或经销商符合**反贿赂标准**（Anti-bribery Standard）。越来越多的银行、保险公司会要求客户提供具体的反腐败尽职调查资讯，以确认客户的诚实和正直。

KYC 原则被日益拓展到包括**了解你的雇员**、**了解你的代理人**和**了解你的关联方**，甚至**了解你的第三方服务提供商**上来，而对用户进行画像属于更进一步的 KYC。经验表明，通过欺瞒雇员和类似的当事人，将有助于实施洗钱行为。

KYC 的过程更像是一个用户个人档案信息的载录，比如真实姓名、电话、证件号码、相貌特征、财产状况、社会关系等。客户到银行去开账户，需要填写一大堆详尽的个人信息，或者用支付宝、微信支付，也需要实名认证。

> 2020 年 4 月 3 日，中国人民银行深圳中心支行发布了［深人银罚〔2020〕3 号］罚单，宣布针对深圳某技术有限公司予以人民币 6 124 万元的罚款。据深圳人行的官网信息，该公司主要是违反了反洗钱合规中的 KYC 条款，包括：
>
> 1. 超出核准业务范围。
> 2. 未按规定建立有关制度办法或风险管理措施。
> 3. 未按规定履行客户身份识别义务。

4. 与身份不明客户进行交易。
5. 未按规定报送可疑交易报告。

可疑交易报告 | Suspicious Transaction Report，STR

关联词： 反洗钱、金融情报中心、消费者信用报告

可疑交易报告（STR）也称可疑活动报告（Suspicious Activity Report，SAR）是金融机构针对可疑或潜在可疑活动所做的报告。

根据 **FATF** “建议 20”，如果金融机构怀疑或有合理的理由怀疑资金是犯罪活动的收益或与**恐怖主义融资**有关，则应根据法律，将其怀疑立即报告给**金融情报中心**。

可疑交易报告是向所属国家（例如中国）的金融情报中心或所属国家（例如美国）的**金融犯罪执法机构**提交的，该机构通常是专门机构，旨在收集和分析非法交易信息，然后由有执法权 / 调查权 / 行政权的金融情报中心直接处理，少数国家需要将其报告转给相关的执法部门。金融机构的一线员工有责任识别可能可疑的交易，并将这些交易报告给负责报告可疑交易的指定人员。

如今，全球大多数**金融机构**和许多**特定非金融行业和职业**（**Designated Non-Financial Businesses and Profession，DNFBP**）都需要识别并向各自国家的**金融情报部门**报告可疑交易。例如，银行必须验证客户的身份，并在必要时监视交易中的可疑活动；出纳员和客户账户代表之类的银行员工接受**反洗钱培训**，并被要求举报他们认为可疑的活动；此外，**反洗钱软件**可以过滤客户数据，根据可疑程度对其

进行分类，并检查其是否存在异常现象，此类异常情况包括资金突然大量增加，大量提款或将资金转移到银行保密管辖区，符合特定条件的较小交易也可能被标记为可疑。

2016 年 12 月 18 日，央行发布了新版《金融机构大额交易和可疑交易报告管理办法》，自 2017 年 7 月 1 日起实施。内容主要涉及金融机构和非银行支付机构的大额交易管理和可疑交易报告的相关义务，并规定，金融机构发现或者有合理理由怀疑客户、客户的资金或者其他资产、客户的交易或者试图进行的交易与洗钱、恐怖融资等犯罪活动相关的，不论所涉资金金额或者资产价值大小，都应当提交可疑交易报告。

国内根据相关监管规定，所有银行、证券、保险机构，以及特定非金融机构、第三方支付机构、银行卡清算组织，以及房地产、贵金属、珠宝等非金融机构，都要依照规定形成可疑交易报告，向**中国反洗钱监测分析中心**（简称“**反洗钱中心**”）报送。

> 反洗钱相关的执法行动：
> “天网”行动是中央反腐败协调小组于 2015 年 4 月部署开展的针对外逃腐败分子的重要行动，通过综合运用警务、检务、外交、金融等手段，开展职务犯罪国际追逃追赃专项行动，重点抓捕潜逃境外的职务犯罪嫌疑人。其中，金融机构提供的可疑交易报告提供了很多有价值的情报线索。
> 公安部牵头开展“猎狐 2015”专项行动，重点缉捕外逃职务犯罪嫌疑人和对腐败案件重要涉案人追逃追赃；中国人民银行会同公安部利用可疑交易报告，开展打击利用离岸公司和地下钱庄向境外转移赃款专项行动，重点对地下钱庄违法犯罪活动，利用离岸公司账户、非居民账户等协助他人跨境转移赃款等进

行集中打击。“天网”行动得到美国、澳大利亚、新加坡、柬埔寨等国家和地区政府的协助，成效显著。

受益所有人 | Beneficial Owner，BO

关联词：复杂网络分析、数据挖掘

受益所有人是英美法上的概念，是指拥有受益所有权的人。

在 2016 年杭州 G20（二十国集团）峰会公报中，各国达成共识，期待能够适当明确监管预期相关工作，呼吁 G20 成员、国际货币基金组织（IMF）和世界银行加大对各国能力建设的支持力度，从而帮助其改善全球 **AML/CFT** 以及审慎标准的合规工作。FATF 也已经提交了关于**反恐融资**、**信息共享**、透明度和**受益所有权**的报告。2016 年以来对《40 项建议》的修订，体现了对受益所有人的重视。随着**全球监管**（反洗钱）的**一体化**，国内金融监管也越来越多地使用这个词，有时候往往要用技术手段来穿透最终交易或资产的**最终受益人**（**Ultimate Beneficial Owner，UBO**）或**受益所有人**。

按照《金融机构客户身份识别和客户身份资料及交易记录保存管理办法》的规定，[1] 有效开展非自然人客户的身份识别，提高受益所有人信息透明度，加强风险评估和分类管理，防范复杂股权或控制权结构导致的洗钱和恐怖融资风险。

借着反洗钱金融行动特别工作组第四轮评估的契机，对照《40 项建议》，中国人民银行连续印发了相关规定，对原先的**反洗钱监管**框架进行了补充和修订（《中国人民银行关于加强反洗钱客户身份识别有关工作的通知》、《中国人民银行关于进一步做好受益所有人身份识别工作有关问题的通知》)，清晰定义了“受益所有人”的内涵和外延。反洗钱义务机构对新建业务关系的客户有效开展身份识别，同时制订切实可行的工作方案，按时完成存量客户的受益所有人身份识别工作，建立相关制度并持续开展客户管理、客户准入等工作。

金融机构开展受益所有人识别工作，受益所有人的判定标准如下。

> **公司的受益所有人**应当按照以下标准依次判定：直接或间接拥有超过 25% 的公司股权或者表决权的自然人；通过人事、财务等其他方式对公司进行控制的自然人；公司的高级管理人员。
> **合伙企业的受益所有人**是指拥有超过 25% 的合伙权益的自然人。
> **信托的受益所有人**是指信托的委托人、受托人、受益人以及其他对信托实施最终有效控制的自然人。
> **基金的受益所有人**是指拥有超过 25% 的权益份额或者其他对基金进行控制的自然人。
> 按照穿透原则，结合实务操作，可以画**受益所有人**判定流程图。

各国的受益所有人的情况很复杂，法律制度不一样、监管要求也不一样，产品和市场差异很大。国内外有许多公司在从事或其技术产品可用于受益所有人调查，例如**邓白氏**的受益所有权解决方案、路透数据等可以帮助金融机构跨越复杂的股权架构层级，提供更为深入的受益所有权及最终受益所有权信息，并识别受益所有人中是否存在**政治公众人物**等，从而协助做出明智的合规业务决策。

这些机构拥有数据分析能力，可通过商用数据库提供与受益所有人或**最终受益人**有关的风险情报。通过分析，金融机构可以丰富来自全球企业和政治人物的源数据，包括法律形式、SIC（标准产业分类）代码、业务活动、持股少至 0.01% 的**受益所有人**和国家代码，从而支持基于风险的尽职调查决策。可通过 API 或批量数据查询的方式，提供了解企业受益所有权所需的数据，让**金融情报机构**对正在和它们做交易的人了如指掌。通过 API，该类产品可以展示出受益所有权可视化图表，用于显示企业的组织结构及复杂的**受益所有权关系**（见图 7.2）。

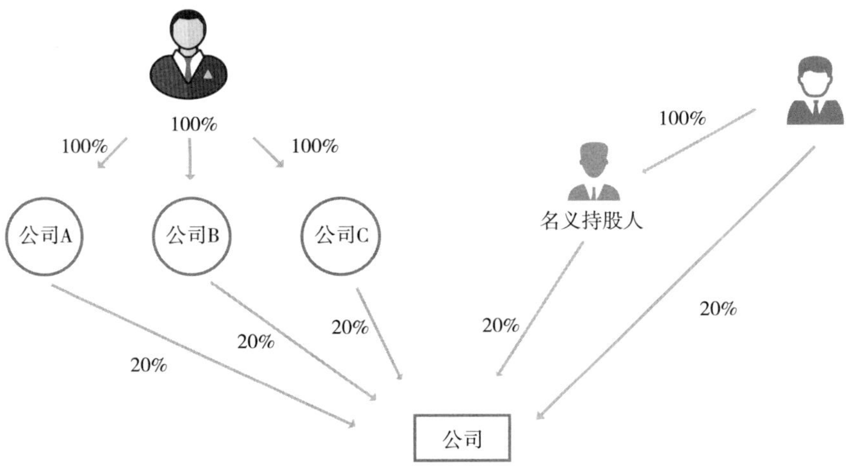

图 7.2　受益所有权关系

资金情报网络 | Financial Intelligence Network

关联词：监管科技、复杂网络分析、金融网络分析

资金情报网络指由资金关联关系形成的情报网络，常用于反洗钱监测分析，目的是在庞大的资金网络中识别可疑资金流。

反洗钱监测分析工作主要是在庞大的资金网络中识别可疑资金

流，这就需要基于资金情报网络建立有效的监测分析机制。在经济全球化和经济持续快速发展的大背景下，**洗钱**及相关上游犯罪呈上升趋势，洗钱手段复杂多样，参与洗钱的人员组织化程度高，其中**涉众型洗钱**涉及的参与者较多。

在对可疑人员进行**洗钱**行为识别时，可以创造性地将**社会网络分析**、**情报网络分析**等分析方法引入**反洗钱监测分析**领域，梳理可疑人员间的资金交易脉络，形成可以明确表示资金流动情况的资金链图，快速发现资金链中存在的洗钱行为，快速地评估洗钱行为的风险程度。

为逃避侦查，洗钱分子在进行交易时会制造出错综复杂的关系，使资金网络内节点众多。在某些场景下，需要从**资金情报网络**中找出具有闭环特征的资金关系，例如骗取出口退税、虚开发票、结算型钱庄；某些场景下，需要从海量资金交易中查找关键节点发现交易聚集关系，例如非法集资、地下钱庄、传销和赌博等。

> P2P 网贷领域的 e 租宝案就是一个非法集资诈骗的典型案例，e 租宝是“钰诚系”下属的网络平台，以“网络金融”的旗号上线运营，该 P2P 公司以高额利息为诱饵，虚构融资租赁项目，持续采用借新还旧、自我担保等方式大量非法集资，累计交易发生额达 700 多亿元。该公司的洗钱规模很大，单个银行、一地监管无法了解其全貌，通过跨行业跨机构的数据集合，刻画出整个资金情报网络，找出核心犯罪人员。通过资金情报网络分析确认，e 租宝实际吸收 500 余亿元资金，涉及投资人约 90 万名。具体见图 7.3。

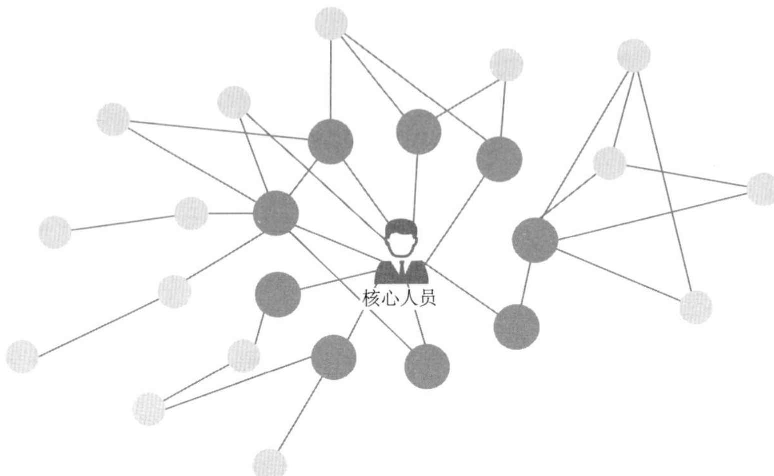

图 7.3　e 租宝洗钱资金情报网络

情报可视化 | Intelligence Visualization

关联词：可视化、复杂网络分析、金融网络分析

情报可视化即情报数据可视化，是关于情报数据视觉表现形式的科学技术研究。反洗钱工作中的情报数据可视化，主要是将人群、账户及其间的关联关系，用各种层次图、时序图、热图等展示出来。

反洗钱工作要在海量的**多维情报数据**中高效地发现可疑资金交易行为，数据的**可视化**是必需的一种科技支持。金融机构反洗钱工作者进行可疑资金交易行为分析时，接触的数据都是传统的关系型数据结构，要从中发现具备“离析”“转移”“融合”特征的可疑资金链是一个复杂的工作，而数据关系的可视化技术可以将这种关系转变成**资金链图**、**热图**、**社会网络关系图**等图表，发现一些**洗钱**的蛛丝马迹，有效提升反洗钱分析工作的效率。

可视化智能轨迹分析工具是一种基于图形展示引擎提供多种图形布局，实现数据可视化展示与分析的软件，将用户要分析的数据加载到图形展示引擎中进行可视化展示。目前该领域比较知名的公司有：

> I2，位于英国剑桥，率先提出了关系分析的概念，并利用可视化方式直观地展现人物、资金、事件间的关联关系、时间关系、空间关系。它作为国际刑警组织（ICPO）的培训系统，已被广泛用于警方的各个部门、国家安全机构、军方等，企业也用它来检测内部合规情况，进行反洗钱、反欺诈、防范职务犯罪等。在犯罪团伙组成的网络中分析主要头目的图示见图 7.4。

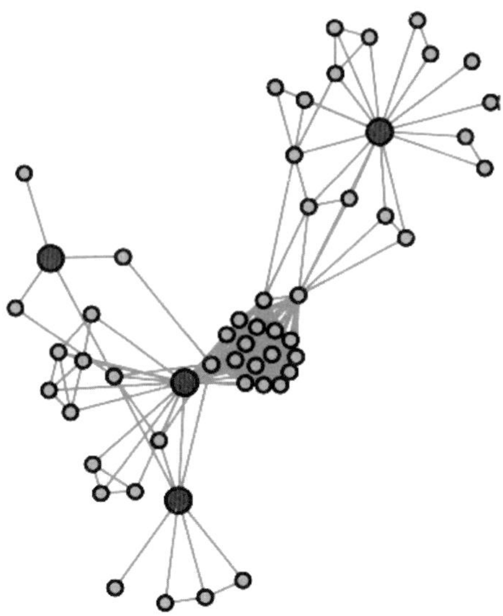

图 7.4 在犯罪团伙组成的网络中分析主要头目的图示

资料来源：https://hackernoon.com/fight-crime-with-social-network-analysis-7a879d4a65ea。

Palantir，于 2004 年成立，美国国家安全局（NSA）和美国联邦调查局（FBI）是该公司的客户。Palantir 帮助客户整合结构性数据库，并经过机器学习判断后，用直观的可视化图表输出分析结果。当获得一个人的身份信息，以及他的生活轨迹信息后，Palantir 可以利用层次网络图刻画出他的生活轨迹。通过生活轨迹分析，可以确定该对象的生活状态、社交情况以及社会地位。

8 信息与网络安全

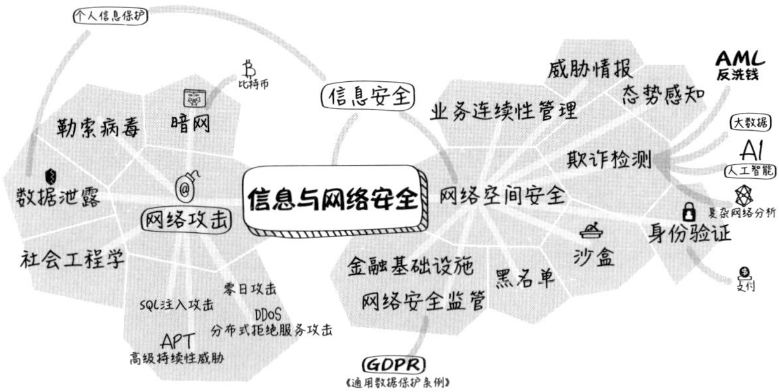

图 8.1 信息与网络安全模块知识图谱

信息安全是信息科学中一个传统并不断创新的领域。在金融科技行业深度融合发展的现阶段，信息安全对互联网个人隐私保护的有效性，以及金融科技服务的成本与效率起到了重要的支撑作用。信息与网络安全模块知识图谱如图 8.1 所示。

首先，传统的信息安全话题按照对组织和个人的计算机信息系统的攻击、防护和信息安全管理 3 个维度展开。

常见的网络攻击类型包括拒绝服务攻击、SQL 注入攻击、零日攻击和高级持续性威胁。其他网络攻击相关的内容包括勒索病毒、社会工程学、暗网和数据泄露等。比特币是暗网中的重要交易工具。数据泄露往往会产生个人隐私保护问题。

安全防护包括业务连续性管理（Business Continuity Management，BCM）、威胁情报、态势感知、欺诈监测、身份验证和黑名单。

安全管理包括行业自律准则、监管科技和标准化规范等主题。例如，GDPR、国际支付卡行业安全标准委员会（PCI-DSS）等。

其次，互联网新技术也促进了信息安全概念外延的不断丰富。信息安全与组织、个人以及攻击者的网络行为联系越发紧密，并逐渐被网络安全所取代。攻击者对计算机节点的攻击行为变得日趋复杂化、综合化、多样化，结合社会工程学、心理学、统计学、计算科学等多学科的理论和模型，给信息与网络安全带来了新的课题，包括社会工程学、沙盒技术、威胁情报、态势感知、暗网、业务连续性管理等内容。

再次，金融行业也逐渐认识到网络信息安全将成为系统性风险的隐患。金融科技的深入应用一方面可以防止金融系统免受网络攻击，另一方面，更重要的是防患于未然，加强金融系统的安全防护。

最后，信息和网络安全的技术与金融业务结合还产生了新的业态，例如保障企业发生网络安全事故和信息泄露时造成的损失的网络保险。

信息安全 | Information Security

关联词： 个人信息保护、大科技公司、业务连续性管理、金融市场基础设施

信息安全是指保护信息和信息系统免遭未经授权的访问、使用、披露、破坏、修改，以保障信息的机密性、完整性和可用性。[1]

信息安全的核心理论被称为 CIA 三元组，即**机密性**（**Confidentiality**）、**完整性**（**Integrity**）和**可用性**（**Availability**）。信息保障（Information Assurance，IA），通过维护系统的机密性、完整性和可用性来保护信息系统。

信息安全威胁以多种形式出现。一些最常见的威胁是**软件攻击**、**知识产权盗窃**、**身份盗窃**、**设备或信息盗窃**、**破坏和信息勒索**。

大多数人都经历过某种形式的软件攻击。病毒、蠕虫、网络钓

鱼和特洛伊木马是软件攻击的一些常见示例。知识产权盗窃对于IT领域的许多企业来说也是一个广泛的问题。身份盗窃是指企图以他人的身份获取个人信息，从而假冒别人。由于当今大多数设备都是可移动的，设备或信息盗窃变得越来越普遍，随着数据容量的增加，盗窃越来越容易发生。破坏活动通常包括破坏组织的网站，造成不良社会影响，以使其客户失去信心。信息勒索包括盗窃公司财产或信息，以试图谋取资金。对任何组织而言，头号威胁是用户或内部员工，他们也被称为内部威胁。

政府、军队、企业、金融机构等积累了大量有关其雇员、客户、产品、研究和财务状况的机密信息。如果有关企业客户、财务状况或新产品线的机密信息落入竞争对手或黑客手中，那么企业及其客户可能遭受广泛而无法弥补的财务损失，而且公司声誉也会受损。

近年来，信息安全领域已经发展壮大。它衍生出许多专业领域，包括保护**金融市场基础设施（Financial Market Infrastructure，FMI）**、保护应用程序和数据库、安全测试、信息系统审计（IT Audit）、**业务连续性管理**、电子记录发现和数字取证。随着互联网产业的发展，信息技术应用已经渗透到各行各业，信息安全领域的内容和外延越来越丰富，并正在被**网络安全**所取代。

网络安全 | Cyber Security

关联词：个人信息保护、大科技公司

网络安全（Cyber Security），也称网络空间安全（Cyberspace Security）、网络防御，是指致力于对计算机系统进行有效的准入控制，确保数据传输安全性的技术手段，包括物理、网络、主机、应用、数据及备份恢复等几个层面。

网络安全最早由美国国家科学技术委员会（the National Science and Technology Council，NSTC）提出，它通过各种流程、技术和实践来保护组织的网络、计算机系统和数据免受未经授权的数字访问、攻击或破坏。

成功的网络安全保护方法具有多层保护能力。这些“保护”分布在被保护的计算机网络环境的数据链路层、网络层、传输层和应用层。网络安全的有效性也依赖于组织管理能力，人员、流程和技术必须相互补充，才能有效防御来自外部的攻击。

由于金融行业高度依赖计算机网络环境，网络安全风险也被认为是金融领域的系统性风险。**支付网络**、股票发行和交易系统、期货市场等重要的**金融市场基础设施**都依赖于可靠性和防护能力强的网络安全体系的支撑。

网络安全和**数据保护**风险不分国界，各国政府对此已经形成高度共识并积极努力进行解决。各国对网络风险的认识很深刻，大多数司法管辖区都推出了保护金融系统网络安全的框架文件。

在我国，《中华人民共和国网络安全法》于 2017 年 6 月 1 日起实施，旨在利用法律法规为网络与系统安全设定标准，更好地与全球互联网行业及国际网络安全标准体系对接。

新加坡网络安全局（Cyber Security Agency of Singapore，CSA）在2017年7月提出新型《网络安全法》（Cybersecurity Act）草案。该草案对在新加坡开设的银行机构产生重要影响。

2018 年，英格兰银行强制要求英国金融服务公司接受网络安全压力测试，以确保其具备应对重大网络漏洞攻击的能力。此外，英格兰银行还想借此了解相关金融机构防御网络攻击和重续服务的耗时。[2]

> 美国对网络安全也很重视。纽约州金融服务局（New York Department of Financial Services，NYDFS）出台“Title 23 纽约法典、规则和法规 500 部分：金融服务公司的网络安全要求”（TiTle 23 NYCRR 500），旨在保护金融机构的客户数据和信息技术系统。该要求规定，针对任何可能危害数据的网络事件，纽约州内银行需在 72 小时内向纽约州金融服务局报告，内容包含勒索软件与拒绝服务攻击。银行应提供完备的网络安全计划并任命首席信息安全官（Chief Information Security Officer，CISO）监管安全程序及其维护。此外，金融服务公司也需遵照要求，在 2019 年 3 月前完成转型。

国际标准化组织致力于推动全球信息安全管理体系标准（ISO 27001）的发展。ISO27001 发源于英国标准协会（British Standards Institution，BSI）在 1995 年推出的信息安全管理体系标准（BS7799）。ISO 成员国纷纷致力于在本国商业组织、金融机构和政府部门应用 ISO27001，科学规范地推动组织的信息安全体系建设，与国际行业自律标准接轨。

不仅如此，组织的内部控制（Internal Control）水平与网络安全也密不可分。ISO 的质量管理体系（ISO9001）和 ISO27001 通过**业务连续性管理**体系（ISO22301）建立了连接。ISO22301 以保证业务运营韧性（Operational Resilience）为出发点，采用风险评估（Risk Assessment，RA）、业务影响分析（Business Impact Analysis，BIA）等风险管理工具，建立业务运营中断风险事件（Disruption Risk Activity）的应急响应（Incident Response）策略和方案，帮助组织建立 PDCA（Plan-Do-Check-Act，计划、执行、检查、处理）持续改进战略。

在网络安全的企业标准领域，金融科技公司应根据所服务或所处细分行业的不同，遵循国内外行业标准和合规性要求，结合组织自身成熟度水平，建立企业标准。在我国，金融科技公司可以参考公安部发布的《信息安全等级保护管理办法》[3]对其业务实施等级保护。等级保护与ISO27001相衔接，并依据《中华人民共和国计算机信息系统安全保护条例》[4]等有关法律法规而制定，落实我国通信、交通、电力、金融等高度依赖信息技术应用的关键信息基础设施（Critical Information Infrastructure，CII），特别是**金融市场基础设施**的关键业务的等级保护要求。

> **关键信息基础设施**指的是面向公众提供网络信息服务或支撑能源、通信、金融、交通、公共事业等重要行业运行的信息系统或工业控制系统。关键信息基础设施一旦发生网络安全事故，就会影响重要行业的正常运行，对国家政治、经济、科技、社会、文化、国防、环境以及人民生命财产造成严重损害。[5]

> 我国金融行业的金融市场基础设施已普遍按照等级保护制度，建立了3级以上的信息安全管理体系。在云计算领域，主要的金融科技公司（如阿里巴巴、腾讯）也积极落实等级保护制度，建设、运行和管理符合规范的公有云计算平台，并向金融机构提供服务。

不仅限于信息安全标准，金融科技公司还需要遵循特定的行业业务标准和合规要求。以我国银行卡收单业务为例，为有效保护持卡人权益属于特别监管业务，中国银联、支付宝、财付通等开展银行卡收单业务的组织，一方面需要遵循支付卡行业安全标准委员会的相关标准（支付卡行业数据安全标准、支付应用程序数据安全标准和 PIN 输入设备安全要求），另一方面需要接受行业自律组织（**中国支付清算协会**和**中国互联网金融协会**）的合规管理。此外，支付宝、财付通的母公司阿里巴巴、腾讯等互联网企业还应接受我国工业和信息化部、中国人民银行、中国互联网协会等监管机构或行业自律组织的合规管理。[6]

网络攻击 | Cyber Attack

关联词： 网络安全

网络攻击，也称网络安全攻击，是指对目标计算机信息系统、基础设施、计算机网络或个人计算机等设备发起的攻击，是个人（或组织）故意或恶意企图破坏他人或组织的信息系统的行为。通常情况下，攻击者为了向受害人寻求某种好处而破坏计算机网络。

常见的网络攻击类型包括**拒绝服务**（Denial-of-Service，DoS）攻击，SQL **注入**（SQL injection，SQLi）**攻击**，**零日**（Zero-day，0 day）**攻击**，**高级持续性威胁**（Advanced Persistent Threat，APT）等。

> 拒绝服务攻击，以及分布式拒绝服务（Distributed Denial-of-Service，DDoS）攻击是最常见的网络攻击形式，其目的是使计算机或网络无法提供正常的服务。实际中，攻击者（一般是黑客）通常利用其控制的分散在网络中的成百上千台计算机在同一时刻对目标计算机发起攻击，即分布式拒绝服务攻击。DoS 攻击根据攻击目标可以划分为连通性攻击和网络带宽攻击。

从网络原理上看，DoS 攻击利用计算机网络协议（TCP/IP）自身安全缺陷，以极大的网络通信量攻击目标计算机网络的连通性和带宽，使其可用网络资源被消耗殆尽，导致合法的请求无法通过。因此，DoS 攻击也可以称作网络攻击的终极手段。

DDoS 攻击几乎与计算机网络同时出现，但直到 2010 年 12 月才引起主流社会的注意。当时，互联网黑客利用 DDoS 攻击击垮了维基解密（Wikileaks）网站。随后，同情维基解密网站的黑客又针对万事达、Visa、贝宝及其他知名商业机构等诸多目标发动了 DDoS 攻击作为反攻。

DoS 攻击可以分为容量耗尽攻击（Volumetric Attacks）、协议攻击（Protocol Attacks）和应用层攻击（Application Layer Attacks）等 3 种类型。

容量耗尽攻击企图通过耗尽目标计算机网络资源，以及攻击者和目标之间互联网的所有可用带宽来造成拥塞。攻击者通过创建超大规模的流量（如来自僵尸网络的请求）并发送到目标服务器，从而导致其拥堵。

协议攻击有时也称状态表耗尽攻击（State-Exhaustion Attacks），这种攻击利用第 3 层和第 4 层网络协议的弱点，企图耗尽目标计算机网络的 Web 应用服务器或中间资源（如防火墙、负载均衡器）的所有可用状态表的容量，导致其服务终端“崩溃”。网络分层由开放式系统互联（Open System Interconnection，OSI）模型得来。[7]

应用层攻击有时也称第 7 层 DDoS 攻击。与协议攻击类似，这个称谓同样来自开放式系统互联模型。这种攻击企图耗尽目标计算机网络的应用层资源。应用层攻击者试图让目标服务器生成网页并响应其 HTTP（超文本传输协议）请求。由于单个 HTTP 请求在攻击者客户端的执行成本较低，而目标服务器需要加载多个文件并运行数据库查询，创建 Web 页面才能响应客户端的请求，目标服务器的成本巨大，从而阻止了真正的用户访问。应用层 DDoS 攻击很难防御，因为目标服务器很难标记哪些访问请求是恶意的。

> SQLi 攻击是攻击者针对目标计算机网络的数据库系统的攻击类型。攻击者可以控制目标服务器 Web 应用程序依赖的数据库系统，通过提交恶意 SQL 语句非法访问、窃取、篡改和删除数据，或者对目标服务器的数据库系统增加恶意负载（Malicious Payload）。

SQLi 攻击主要出现在 B/S 模式（Browser/Server，浏览器 / 服务器模式）的 Web 应用环境中。由于 Web 程序员的水平参差不齐，相当一部分 Web 程序代码缺少对用户输入数据的合法性判断，使得发布的 Web 应用程序存在安全隐患。攻击者可以向目标服务器提交一段数据库查询代码（即 SQL 语句），根据其返回的结果，获得某些他想得知的数据。另外，攻击者恶意提交那些造成数据库高“开销”的 SQL 语句，也会导致目标服务器资源出现“瓶颈”。这些就是所谓的 SQLi 攻击。

> 零日攻击，又称零日漏洞、零时差攻击，是指软件开发人员和公众所不知道的软件安全漏洞，被发现后立即被攻击者恶意利用，即受保护的计算机网络还没有来得及打安全补丁，相关的恶意攻击就已发生。零日攻击往往具有较强的突发性与破坏性。

随着互联网全球普及推动的信息价值的飞速提升，零日攻击的破坏性越来越大。常见的零日攻击出现在软件破解、口令解密、间谍软件、木马病毒等场景，并从单纯的黑客炫技和信息安全研究发展成为商业利益的运作。零日攻击的目标包罗万象，从操作系统到数据库，从商业软件到开源项目，从 Web 应用程序到插件，甚至包括全球互联网的漏洞发布中心。信息系统的漏洞必定存在，只是尚未被发现，而弥补措施却永远滞后。因此，零日攻击不可预知，也必然会出现。

> 最近一次典型的零日攻击出现在苹果公司的 MacBook 或苹果手机的相机上。[8] 2020 年 4 月，某白帽黑客发现苹果公司该软件中的多个零日漏洞，其中一些漏洞可用于劫持 MacBook 或苹果手机上的相机。苹果公司立即验证了所有漏洞，并在几周后为相机劫持漏洞发布了修复程序。

> 高级持续性威胁，又称高级长期威胁、先进持续性威胁等，是一种隐蔽的网络攻击类型。在这种攻击中，某些个人或团体在很长一段时间内获得了未经授权的访问权限，对特定计算机系统进行隐匿而持久的入侵。目标计算机系统处在“感染”和修复之间，攻击者经常监视、拦截、转发信息和敏感数据。

高级持续性威胁通常出于商业或政治动机，针对特定组织或国家，并在长时间内保持高隐蔽性。人们普遍认为，高级持续性威胁这个术语是在 2006 年由美国空军某军事战略专家提出的。

> 2010 年 6 月伊朗核设施中出现的“震网”（Stuxnet）蠕虫病毒就是一个典型的高级持续性威胁。此蠕虫病毒专门定向攻击真实世界中的基础设施，包括核电站、水坝、电网等。某知

名信息安全公司的研究表明，近 60% 的感染事件发生在伊朗的能源基础设施，其次为印度尼西亚（约 20%）和印度（约 10%）。此外，阿塞拜疆、美国与巴基斯坦等地也有小量个案。“震网”病毒具有极强的隐蔽性和破坏力，利用微软 Windows 系统之前未被发现的漏洞，只要计算机管理员将被病毒感染的 U 盘插入 USB 接口，这种病毒就会在神不知鬼不觉的情况下窃取一些工业计算机系统的控制权。通常情况下，黑客会利用这些漏洞窃取银行和信用卡信息以获取非法收入。然而，“震网”病毒却不用来赚钱，反而需要黑客花钱研制并用在基础设施上。因此，有些信息安全专家认为“震网”病毒出自某些国家的情报部门。

数据泄露 | Data Leakage

关联词： 个人信息保护

数据泄露，也称信息泄露、资料外泄，是指敏感的、受保护的（或机密的）数据被复制、传输、浏览、盗用（以及个人在非授权的情况下做上述处理）的安全事件。

数据泄露可能涉及**金融信息**（例如信用卡或银行详细信息）、个人健康信息、**个人身份信息**、公司的商业秘密或知识产权。大多数数据泄露都涉及曝光过度和易受攻击的非结构化数据，例如各种商业文件、政府秘密文档和敏感信息等。

数据泄露给企业造成的损失因行业而异。泄露的数据越多，流失的用户也就越多。企业数据泄露的善后成本越来越高，包括售后服务、通信、调查、补救、法律支出，以及监管机构干预等。

数据泄露被视为**网络安全**领域的**系统性风险**，对整个**数字经济**和**数字金融**的破坏巨大，防不胜防。数据泄露也与网络安全风险密切相关，两者往往交织在一起不断发生。

案例　脸书数据泄露事件

2018 年 3 月，美国披露社交网站脸书近 5 000 万用户的个人信息遭到剑桥分析（Cambridge Analytica）公司的泄露。2014 年，剑桥分析的研究者科根（Kogan）要求脸书的用户参与一个性格测试，并下载一个第三方 App“这是你的数字化生活”（This Is Your Digital Life），收集的信息包括用户的住址、性别、种族、年龄、工作经历、教育背景、人际关系网络、平时参加何种活动、发表了什么帖子、阅读了什么帖子、对什么帖子点过赞等。这些数据在 2016 年美国总统大选中被用于针对目标受众推送广告，巩固或改变他们的想法，继而影响大选结果。

该事件违反了限制收集、目的特定、使用限制以及安全保障等多项个人信息保护基本原则。同时，脸书所使用的 Cookie、API、VR（虚拟现实）以及人工智能等技术是导致个人信息泄露以及滥用的高发领域。[9]

根据威瑞森电信（Verizon）历年全球数据泄露调查报告显示，全球受数据泄露危害最严重的行业有金融业、公共管理行业、酒店业和零售业。其中，高达 89% 的数据泄露由经济利益或商业间谍驱动。

社会工程学 | Social Engineering

关联词：网络攻击、网络安全

社会工程学，又称社交工程学，是指操纵他人采取特定行动或泄露机密信息的行为，常用于代指欺诈、诈骗，以达到收集信息、欺诈和访问计算机系统的目的。大部分情况下，攻击者与受害者不会有面对面的机会。

社会工程是一种操纵他人采取特定行动的行为，该行动不一定符合目标人的最佳利益，其结果包括获取信息、取得访问权限或让目标人采取特定行动。

由于软件厂商生产的软件安全性不断提高，攻击者采用传统的对软件和网络的攻击方法（如远程入侵）以获利变得越来越困难。现在，攻击者更多采取社会工程手段对目标人发起攻击。[10]

人为因素是安全的软肋。很多公司在**信息安全**的物理设施上投入大量的资金，最终导致**数据泄露**的，往往是人本身的易受攻击性或不可靠。人们可能永远都想象不到，对于黑客来说，仅需一个用户名、一串数字、一串英文代码，利用社会工程学方法和技术，就能筛选和整理出一个人的情况、家庭状况、兴趣爱好、婚姻状况，把这个人在互联网上留下的一切痕迹掌握得一清二楚。社会工程学技术就是一种无须依托任何黑客软件，更注重研究人性弱点的黑客技术。[11]

案例　尼日利亚骗局

尼日利亚骗局又称“419 骗局”，是国际骗徒以尼日利亚为名而设的骗局。行骗方法是一种从 20 世纪 80 年代就开始流行的手法，因源于尼日利亚而得名。“419”源于尼日利亚的一个法律，“419”是尼日利亚颁布的专门禁止此类犯罪的刑事条令的代号。

“我最近发了一笔横财，但是急需把钱转到国外，我需要你的帮忙。我会给你一大笔佣金，但是你要先给我汇一点钱过来。”这是尼日利亚骗局中最常见的通过编造故事，骗取网络另一端受害者钱财的形式。

在中国，这类骗局的形式演变成短信诈骗，编造的故事也变成了中奖之类的。混迹于这类骗局的骗子和上当的网友难以计数，新的骗子和新的骗术层出不穷，千变万化，叫人始料不及，防不胜防。

骗子先利用一般人能接受“小小的请求”的心理，要求汇些手续费，然后再找借口让你汇些税费等其他费用，一步一步以巨款做诱饵让你先把这些相对少的钱转给他，最后对方拿到钱后却人间蒸发。[12]

尼日利亚骗局是典型的利用社会工程学进行行骗的例子，利用了受害者的贪婪心理。

勒索病毒 | Ransomware

关联词： 网络攻击、信息安全、比特币

勒索病毒是一种新型电脑病毒，主要以邮件、木马程序、网页挂马的形式进行传播。勒索病毒利用各种加密算法对文件进行加密，被感染者一般无法解密，必须拿到解密的私钥才有可能破解。

勒索病毒一旦进入本地，就会自动运行，同时删除勒索软件样本，以躲避查杀和分析。接下来，勒索病毒利用本地的互联网访问权限连接至黑客的 C&C 服务器（Command&Control Server，远程命令和控制服务器），进而上传本机信息并下载加密私钥与公钥，利用私钥和公钥对文件进行加密。除了病毒开发者本人，其他人几乎

不可能解密。加密完成后，病毒开发者还会修改壁纸，在桌面等明显位置生成勒索提示文件，指导用户去缴纳赎金。勒索病毒的变种生成得非常快，对常规的杀毒软件具有免疫性。攻击的样本以 .exe、.js、.wsf、.vbe 等类型为主，对常规依靠特征检测的信息安全防护产品来说挑战极大。[13]

勒索病毒主要通过 3 种途径传播：漏洞、邮件和广告推广。对于某些特别依赖 U 盘、打印机等办公局域网的机构用户来说，外设成为勒索病毒攻击的特殊途径。[14]

勒索病毒性质恶劣、危害极大，一旦感染将给用户带来无法估量的损失。

案例 WannaCry（又叫 Wanna Decryptor）是一种蠕虫式勒索病毒软件，大小为 3.3 MB，由不法分子利用美国国家安全局泄露的危险漏洞“永恒之蓝”（EternalBlue）进行传播。[15] WannaCry 勒索病毒全球大爆发，至少 150 个国家、30 万名用户中招，造成的损失达 80 亿美元，已经影响到金融、能源、医疗等众多行业，造成严重的危机管理问题。中国部分 Windows 操作系统用户遭受感染，校园网用户首当其冲，受害严重，大量实验室数据和毕业设计被锁定加密。部分大型企业的应用系统和数据库文件被加密后无法正常工作，影响巨大。[16]

暗网 | Dark Web

关联词： 比特币、个人信息保护

暗网也称隐蔽网络（Hidden Web），属于不能被标准搜索引擎索引的网络，最初由吉尔·埃尔斯沃思（Jill Ellsworth）在 1994 年提出。

目前可访问的大部分网站都被搜索引擎收录，个人可以直接通过搜索结果进行访问和浏览，此类网站被称为**表网**（Surface Web）。遗漏在搜索引擎之外的巨量内容，无法通过标准搜索引擎索引，那些不可见的或隐藏的万维网内容，被称为**深网**（Deep Web/Deep Net）。深网也有很多正常的功能和业务，比如电子邮件和网络银行等，它们都属于深网的子集。计算机科学家迈克尔·K. 伯格曼（Michael K. Bergman）在 2001 年创造了术语“深层网络”作为搜索索引的术语。

暗网是深网的一个组成部分，其大部分内容不能通过静态链接获取，特别是大部分隐藏在搜索表单之后的页面，用户只有键入一系列关键词后才可以获得。这些页面是目前搜索引擎所无法抓取的网页、不能检索到的信息，即“看不见”的网站。

暗网的前身是阿帕网（ARPANET），阿帕网是全球互联网的鼻祖，由美国国防部高级研究计划署（Defense Advanced Research Project Agency，DARPA）于 20 世纪 70 年代研发。早期的阿帕网实际上就是把局域网按照固定协议连接在一起。

当时还出现了很多并行的同类网络，那些不愿意或者没来得及接入阿帕网主干的网络节点，因为找不到也无法连接，就被叫作暗网。早期暗网其实和黑市并没有关系。

20 世纪 90 年代后期，为了保护美国间谍之间的通信安全，美国开发了一种匿名网络，核心技术是“洋葱路由器”（The Onion Router，Tor）。构成暗网的网络包括 F2F（Face to Face，面对面）[①]小型点对点网络以及由公共组织和个人运营的大型流行网络，如

---

① F2F 用于电子邮件或互联网聊天室，描述遇到某人并与之交谈而不是进行电子交流的情况。

Tor ①、自由网（Freenet）②、I2P（Invisible Internet Project）③和 Riffle ④。[17]

2010年以前的暗网虽然也存在一些非法交易，但情况并不普遍，也没有引发严重的后果。直到2011年，Tor 开始与加密货币结合，诞生了第一个黑市“丝绸之路”（Silk Road）。

暗网是非法信息买卖的重灾区。这些数据很多都是**高度敏感的个人信息**，如电话号码、用户名、邮箱、收件地址等精准的个人信息。这些资源的单笔交易数据量极大，平均每条信息甚至不到一分钱。其中的个人信息“四件套”更有可能被不法分子利用，用于恶意注册账号甚至注册公司，进行网络赌博、网络诈骗、洗黑钱等违法犯罪活动。[18]

案例 “丝绸之路”是一个在线黑市，也是第一个现代暗网市场，其中最著名的是销售非法药物的平台。作为暗网的一部分，它是作为 Tor 的隐藏服务运行的，在线用户可以匿名安全地浏览它，而无须进行潜在的流量监控。该网站于2011年2月启动。监管机构一直在努力遏制暗网活动。2013年10月，美国联邦调查局关闭了该网站，并逮捕了罗斯·乌尔布里希特（Ross Ulbricht）。

不过，“丝绸之路2”很快就再次出现并迅速兴旺起来，直到美

---

① Tor 是免费的开源软件，用于匿名通信。该名称源自原始软件名称“The Onion Router”的首字母缩写。

② 自由网是对等网络的一个应用软件，用 Java（计算机编程语言）编写的跨平台软件，有5个以上节点的用户群，就可以用带宽分享种子文件，组成独立的网络系统。自由网主要应用在匿名互联网领域，如海盗湾、维基解密、“丝绸之路”等。

③ I2P 是一个匿名网络层，它允许抗审查性的对等通信。匿名连接是先对用户的流量进行加密，然后通过在全球范围内分布的大约55 000台计算机网络进行发送来实现的。

④ Riffle 是麻省理工学院开发的一个匿名网络，用于响应 Tor 浏览器的问题。

国联邦调查局和欧洲刑警组织在 2014 年将其关闭。然而，“丝绸之路 3”很快就出现了。除了设置关闭暗网市场的困难外，该技术还发展到了 OpenBazaar 开源代码允许去中心化市场存在的地步，类似于 Torrent 允许去中心化文件共享的方式。因此，尽管执法部门做出了很大努力，但暗网经济仍在继续增长。

业务连续性管理 | Business Continuity Management，BCM

关联词： 网络攻击

业务连续性管理（BCM）是用来识别企业所面临的业务风险、内外部威胁的风险分析框架和管理过程。业务连续性管理包含一整套的风险管理流程，通过这一流程可以识别那些威胁企业和机构等组织的潜在风险，提供指导性框架来帮助组织有效应对从自然灾害、信息技术故障到人为事件的威胁，建立必备的恢复能力，从而保护组织和其利益相关者的业务活动可持续，减轻其资产和信誉受到的损害。

企业在业务经营中会遇到从自然灾害到政策等多种**风险事件**的影响。业务连续性管理将这些风险事件分为 3 类：自然灾害、信息技术故障和人为事件。风险事件对企业经营的影响是多方面且严重的，特别是对金融科技公司，由于 IT 系统的脆弱性，其破坏性可能是致命的。

典型的风险事件包括供电失效、IDC（互联网数据中心）空调失效、专线中断、网络服务及设备失效、虚拟机集群严重故障、安全设备故障，数据库集群故障、组件容量和处理能力失效，应用软件漏洞、报文错误、流程管理漏洞，计算机病毒、自然灾害、人为破坏（恶意行为、恐怖活动、战争）等。

BCM 正是为帮助组织建立一整套风险管理工具，提高其内部控制水平而设计的管理方案，包括灾难恢复（Disaster Recovery，DR）、业务恢复（Business Recovery，BR）、危机管理（Crisis Management，CM）、应急响应与计划（Incident Response & Plan）等内容。

从管理文件的结构上看，BCM 包括 3 个层次的内容，如图 8.2 所示。

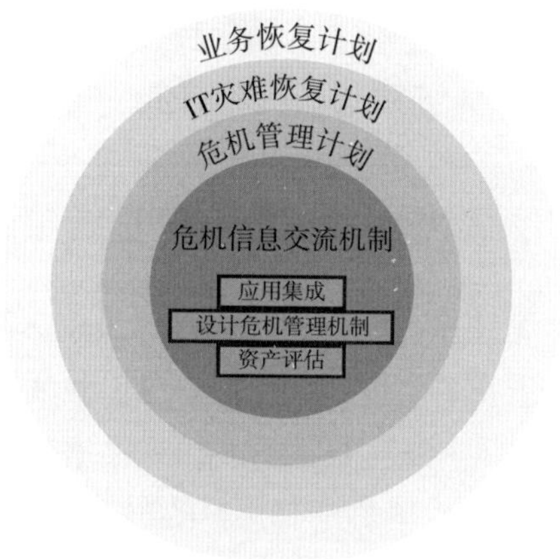

图 8.2　BCM 示意图

BCM 最核心的组成部分是**危机管理计划（Crisis Management Plan，CMP）**。当组织发生危机时，危机管理计划提供了组织必要的沟通机制以确保员工的安全、组织内部的信息交流以及危机应对。组织内部的沟通机制包括资产评估、危机管理机制的设计和应用集成等 3 个过程。

在危机管理计划之上，组织应制定 **IT 灾难恢复计划**。该计划用于重新构建组织的关键信息系统和业务流程。当 IT 灾难恢复计划完成后，组织执行**业务恢复计划（Business Recovery Plan，BRP）**，针对核心业务制定有针对性的业务恢复程序。

从生命周期来看，BCM包括业务评估（Business Assessment）、战略设计（Strategy Design）、实施（Implementation）和质量保证（Quality Assurance）等阶段。

身份验证 | Identity Verification

关联词： 支付、生物支付、消费者征信局、KYC、消费金融、大科技信贷、反洗钱、移动支付

身份验证也称鉴权（Authentication），是指通过一定的手段，完成对用户身份的确认。

企业或相关组织使用"身份验证服务"来确保用户提供与本人身份相关的真实信息。在真实世界中，用户身份验证的基本方法有3种：

1. "你知道什么"（What You Know），根据你所知道的信息来证明身份，比如账号密码、手势密码、PIN码等。

2. "你有什么"（What You Have），根据你所拥有的东西来证明你的身份，比如移动PKI（公钥基础设施）体系认证、中银e盾、智能卡、硬件动态令牌等。

3. "你是谁"（Who Are You），根据独一无二的生物特征来证明你的身份，比如人脸、声纹、指纹、掌纹、虹膜和指静脉等。

身份验证方式不只是这3种类别，也可以将其结合，称为**多因子身份验证**。

身份验证作为确定用户资源访问和使用权限的技术手段，对保证系统和数据安全、防止黑客窃取合法用户信息具有重要意义。身份验证技术日渐成为保障网络安全的重要关口。

身份验证技术可以验证物理身份证明文件的真实性，如驾照或护照，称为文件验证（Document Verification），也可以通过权威来源验证身份信息，如征信机构或政府的数据，称为非文件验证（Non-document Verification）。

身份验证服务可以通过在线方式和本人亲自使用的方式来验证身份。某些社交网站、互联网论坛、约会网站和维基百科使用这些服务来阻止木马病毒、未成年人注册、垃圾邮件和诸如骚扰、诈骗、洗钱等非法活动。

身份验证广泛应用于银行、保险、证券、电商、军事、政务、安防、物流等行业。身份验证服务旨在帮助公司遵守**反洗钱**、**移动支付**和 **KYC** 的相关规定，同时减少与欺诈相关的运营成本。

身份验证服务是建立银行账户和其他金融账户所必需的。如果银行不满足身份验证的合规标准，则可能面临被处巨额罚款的风险。特别是对小型银行而言，缺乏身份验证可能会导致它们的金融业务崩溃，甚至迫使它们倒闭。

身份验证服务通常也是金融服务的入口，许多金融科技公司都致力于改善身份验证服务的客户体验、效率、准确性和安全性。[19]

欺诈检测 | Fraud Detection

关联词： 人工智能、机器学习、大数据、复杂网络分析、反洗钱、数据挖掘、人工神经网络

欺诈检测是一组人工智能技术的综合应用产品或服务，包括数据挖掘、人工神经网络、机器学习等，其目的是防止不法分子利用虚假信息窃取他人财产。

在银行业务中，欺诈检测可能包括对伪造支票或使用被盗的信用卡的检测。欺诈检测贯穿金融交易的事前、事中和事后全过程，往往具有突发性和频率低的特点，金融机构的技术和风险管理部门、专业金融科技公司和**征信机构**都在不断尝试利用新技术进行欺诈检测。尽管如此，欺诈检测仍然是金融领域的一大挑战。中国互联网金融平台运营成本中的重要一部分就是用来进行欺诈检测。

最早使用数据分析技术防止欺诈的是电话公司、保险公司和银行。银行业成功应用数据分析技术的一个早期例子是费埃哲 Falcon 反欺诈系统，该系统基于**人工神经网络**技术。

> AWS（亚马逊旗下云计算服务平台）在拉斯维加斯举办的“Invent 2019”大会上宣布推出基于机器学习的亚马逊欺诈检测服务（Amazon Fraud Detector）。这是一种完全托管的服务，可以帮助组织检测交易中存在的异常情况，例如在线支付欺诈和创建假账户，同时还可以自动执行代码审查，识别出那些有漏洞的代码。[20]

信贷交易过程中的欺诈检测主要针对一些常见的金融欺诈（包括信用卡欺诈）。随着信贷市场的不断发展，欺诈性金融交易的发生概率不断增加。欺诈行为可分为**软欺诈**和**硬欺诈**，前者指客户提供虚假信息以获取信贷，但主观上是愿意偿还的，而通过身份盗窃等手段骗取贷款的行为则属于硬欺诈。

> 征信机构可以提供的欺诈检测服务包括：
> 文档交叉核对（File Cross-referencing），通过交叉比对客户的历史信贷资料来发现异常情况。

在联系紧密的用户群中分享已确认或疑似的欺诈行为，诸如英国的西法斯（CIFAS）等组织，在会员机构之间共享确认的或可疑的欺诈记录。

欺诈评分（Fraud Scoring），征信机构可以为特定的信贷机构或所有机构开发欺诈评分产品。

欺诈监测系统（Fraud Detection System），通过建立欺诈监测系统，设置欺诈监测规则来发现欺诈行为，还可以通过对还款行为进行分析来发现银行卡交易欺诈。[21]

黑名单 | Blacklist

关联词： 网络安全

黑名单是指由于被认为从事违法或不道德行为而受到惩罚的个人或组织的列表。

在信息技术中，黑名单也称阻止列表（Blocklist），指的是一种基本的访问控制机制，可以拒绝访问特定的系统或者协议。这些阻止列表包括用户名、IP 地址、电子邮件、域名、URL（统一资源定位系统）、文件哈希值等。

黑名单可以是任何实体（从小型企业到政府机构）维护的数据库。根据黑名单的范围可以选择将其公开或保密（只有特定组织才能访问）。

被列入黑名单的负面影响是非常严重的，比如个人的信用、旅行、购物及其他相关活动将会受到限制，企业的信誉和商誉受损，金融信用和借贷额度受损，业务和客户减少。

案例 信贷服务黑名单

银行通常依靠第三方资源来提供信用评分或个人信用报告，以确定客户是否是安全的。如果已将其标记为有威胁客户，则其通常会进入信用黑名单。多次违约或破产的贷款人可能会被银行和其他借款方拒贷。

在信息技术中，黑名单中的那些项目被拒绝访问。与黑名单相反的是**白名单**，意味着只有列表中的项目才可以通过网关进行访问。**灰名单**则包含在执行其他步骤之前被暂时阻止（或暂时允许）的项目。

黑名单可以应用于安全体系结构中的各个位置，例如主机、Web代理、DNS（域名系统）服务器、电子邮件服务器、防火墙、目录服务器或身份验证网关。阻止的元素类型受访问控制位置的影响。DNS服务器可能非常适合用来阻止域名，但不能阻止URL。防火墙非常适合用来阻止IP地址，但不太适合用来阻止恶意文件或密码。

案例 电子邮件过滤器

大多数电子邮件服务商都具有反垃圾邮件功能，如果用户认为某些电子邮件不必要，可以将其地址列入黑名单。例如，如果某个用户厌倦了来自特定地址的无法阻止的电子邮件，那么该用户可以将其列入黑名单，电子邮件客户端会将该地址发送的所有消息自动归到垃圾邮件文件夹中，或者在不通知用户的情况下将其删除。

沙盒 | Sandbox

关联词：沙盒监管

沙盒（Sandbox）是一种安全体系，有时也称沙箱。沙盒规定应用程序只能在为该应用程序创建的文件夹内读取文件，不可以访问其他地方的内容。所有的非代码文件都保存在这个地方，比如图片、声音、属性列表和文本文件等。

App 的沙盒是存储空间或内存的有限区域，仅包含应用程序所需的资源。如果应用程序需要访问沙盒外部的资源或文件，则系统必须明确授予权限。

如果没有沙盒，则 App 可以不受限制地访问计算机上的所有系统资源和用户数据。另外，沙盒提供了一个单独的环境，因此如果出现错误或安全问题，那么这些问题将不会传播到计算机的其他区域。必须在沙盒区域中使用不值得信赖的软件，以免其他软件、文件和应用程序受到损害。

案例　iOS 的沙盒机制

苹果对沙盒有以下几条限制。

1. App 可以在自己的沙盒里运作，但是不能访问任何其他应用程序的沙盒。

2. App 之间不能（通过网络）共享数据，沙盒里的文件不能被复制到其他 App 文件夹中，也不能把其他 App 文件夹中的文件复制到沙盒中。

3. 苹果禁止读写沙盒以外的任何文件，禁止 App 将内容写到沙盒以外的文件夹中。iOS 的沙盒机制如图 8.3 所示。[22]

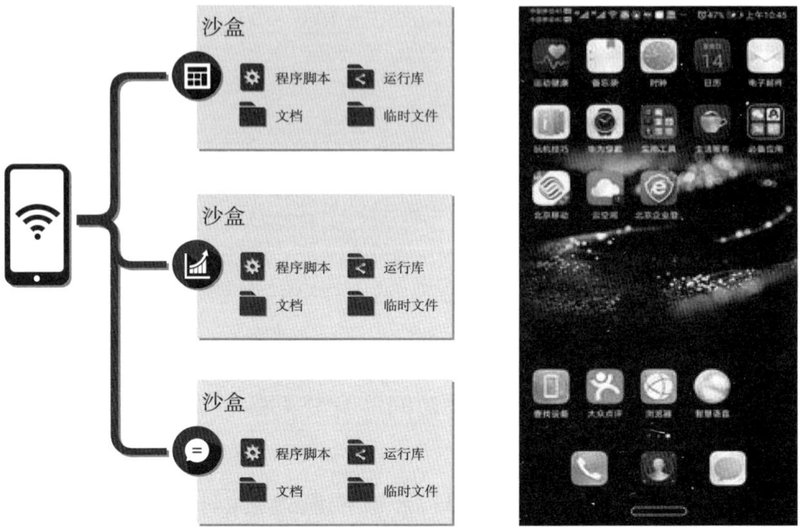

图 8.3　iOS 的沙盒机制[23]

威胁情报 | Threat Intelligence

关联词：网络攻击、信息安全

2014 年高德纳咨询公司在《安全威胁情报服务市场指南》（Market Guide for Security Threat Intelligence Service）中提出：威胁情报是一种基于证据的知识，包括情境、机制、指标、影响和操作建议。威胁情报描述了现存的或者即将出现的针对资产的威胁或危险，并可以用于通知主体针对相关威胁或危险采取某种响应措施。

威胁情报是信息对抗的产物，本质上是“减少冲突的不确定性”，是出于掌握对手动态的需求，对威胁的具现化描述。可以将其理解为通过各类方法收集漏洞、威胁、特征、行为等一系列证据

的知识集合及可操作性建议，可还原已发生的、检测现在正发生的、预测未来可能发生的网络攻击，为安全决策提供参考依据，帮助使用者避免或减小网络攻击带来的损失。简而言之，威胁情报是可以帮助使用者识别安全威胁并做出明确决定的知识。

高德纳咨询公司指出威胁情报有 5 个重要组成部分。

基于证据的知识：证据必须经过查证且属实，是对既往威胁、事件等的归纳总结。

场景：语境、上下文、背景、环境，每个情报都有其适用的环境和时机。

机制：情报所涉及威胁所采用的方法和途径。

指标：描述威胁情报时涉及的一些指标。

建议：针对威胁的消减或响应所做出的建议。

关于威胁情报，在概念上还有极易混淆的地方，情报、数据、信息常被混为一谈，了解这些差异对于充分理解威胁情报至关重要，这三者的关系如图 8.4 所示，数据经过加工处理成为信息，信息经过分析成为情报。[24]

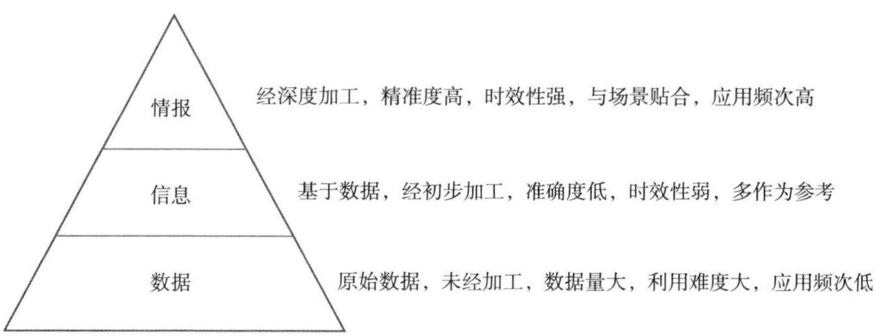

图 8.4　情报、信息、数据的关系

态势感知 | Situation Awareness，SA

关联词： 网络安全、网络攻击、数据挖掘

态势感知的概念是 1988 年由恩兹利（Endsley）提出的。态势感知是一定时间和空间内对环境因素的获取、理解和对未来的短期预测。网络态势感知（Cyberspace Situation Awareness，CSA）是 1999 年由蒂姆·巴斯（Tim Bass）首次提出的。网络态势感知是指在大规模网络环境中，对能够引起网络态势变化的安全要素进行获取、理解、显示以及预测最近的发展趋势。网络态势感知也称网络安全态势感知（Cybersecurity Situation Awareness，CSA）。

态势感知这个词最早来自军队航空等军事领域，分为 3 个独立的层次：第一层，对环境中元素的感知；第二层，对当前形势的理解；第三层，未来状况的投影。20 世纪 90 年代，态势感知的概念开始逐渐被接受，并随着网络的兴起而升级为网络态势感知。

随着计算机网络应用越来越广泛，其规模越来越庞大，多层面的网络安全威胁和网络攻击不断增加，网络病毒、**拒绝服务攻击 / 分布式拒绝**服务攻击等构成的威胁和造成的损失越来越大，网络攻击行为向分布化、规模化、复杂化等方向发展，仅仅依靠防火墙、入侵检测、防病毒技术、访问控制等单一的网络安全防护技术，已不能满足网络安全需求，迫切需要新的技术，以及时发现网络中的异常事件，实时掌握网络安全状况，将之前很多事中、事后处理，转为事前自动评估预测，降低网络安全风险，提高网络安全防护能力。

网络安全态势感知是指利用数据融合、数据挖掘、智能分析和可视化等技术，直观显示网络环境的实时安全状况，为网络安全提供保障。借助网络安全态势感知，网络监管人员可以及时了解网络的状态、受攻击情况、攻击来源以及哪些服务易受到攻击等，从而对发起攻击的网络采取措施；网络用户可以清楚地掌握所在网络的

安全状态和趋势，做好相应的防范准备，避免和减少网络中病毒和恶意攻击带来的损失；应急响应组织可以从网络安全态势中了解所服务网络的安全状况和发展趋势，为制定有预见性的应急预案提供基础。

为了实时、准确地显示整个网络安全态势，检测出潜在、恶意的攻击行为，网络安全态势感知要在对网络资源进行要素采集的基础上，通过数据预处理、网络安全态势特征提取、态势评估、态势预测和态势展示等过程来完成，这其中涉及许多相关的技术，主要包括数据融合技术、**数据挖掘**技术、特征提取技术、态势预测技术和**可视化**技术等。[25]

9 个人信息保护与应用

图 9.1 个人信息保护与应用模块知识图谱

个人信息日益成为数字经济中的热点话题，从消费者个人信息保护到各种个人数据产品的应用都备受关注。本章从 3 个角度来讨论个人信息的应用和保护，首先是给出个人信息的内涵，其次分析个人信息的应用，最后对个人信息的保护从制度和技术层面进行阐述。个人信息的保护和应用可以看作一个硬币的两面，个人信息保护是为了更好的应用。个人信息保护与应用模块知识图谱如图 9.1 所示。

首先，针对个人信息的内涵，目前在专业领域个人信息和个人数据概念等同，在国内个人信息用的更多一些。随着近年来国内外相关法规的陆续出台，虽然还存在一些争议，但个人信息的概念和边界越来越清晰，可识别和相关联成为重要的界定依据。个人金融信息和金融科技联系密切，央行于 2020 年出台的《个人金融信息保护技术规范》对此进行了相关定义。由于个人征信是个人信息的一个大领域，个人信用信息容易和个人信息、个人金融信息混淆，个人信用信息属于个人信息，但和个人金融信息有交叉。因此本书对个人信用信息进行了定义和解读，希望能够避免金融科技创新中的概念混乱问题。

其次，关于个人信息的应用，个人信息（数据）应用是未来一个新兴的信息产业，是朝气蓬勃的数字经济的重要组成部分，从事个人信息应用产业的机构称作个人数据服务商。个人征信属于比较成熟的个人信息应用场景。消费者征信局本身就是一类历史悠久的特殊数据服务商，收集、整合和加工个人信息，做成不同的数据产品。随着移动互联和物联网等技术的出现，产生越来越多的个人数据，根据全球某大型个人征信机构 2019 年的年报，其 90% 的数据都是近 3 年内产生的。海量的个人数据产生了，需要更多不同类型的数据服务商来运营个人信息的商业化，以释放数字经济时代的能量和价值。在飞速发展的数字经济时代，如何对**数据服务商**（Data Broker，主要涉及个人数据）[①] 进行监管逐渐成为焦点话题。

替代数据，也称另类数据，随着大数据技术的兴起，其开始在信用评估和量化投资领域得到广泛的应用，特别是金融科技信贷的重要输入，有助于解决消费者人群传统的信用信息不足的问题，替代数据将逐渐成为大数据时代金融分析的一种选择。

在“数据是石油，信息是黄金”的当下，商业银行也在积极拥抱开放银行的概念，通过 API 将数据和算法等开放给第三方，实现数据价值的最大化。欧盟也发布了 PSD2，要求银行开放支付服务和消费者数据，降低行业壁垒。以整合消费者金融数据为目标的金融数据聚合的概念和商业模式开始出现。国内在北京和上海等地成立了多家数据交易所，开始对数据交易进行尝试，但是要真正实现个人数据交易还有诸多问题有待解决。

最后，涉及个人信息保护问题，在互联网和大数据时代，网络信息安全隐患到处可见，产生了越来越多的消费者数据，个人隐

① 最新颁布的《加州消费者隐私法》规定，明确知悉并从与其没有直接关系的消费者处收集个人信息并向第三方销售的经营者称为数据代理商。资料来源：美国奥睿律师事务所，LexisNexis 律商联讯 2019-11-30．https://www.sohu.com/a/312239258_284463。

私保护遭遇空前的挑战。欧盟站在道德的制高点战略性地制定了GDPR，对跨境数据流动、个人数据画像以及数据保护官都做出了明确的规定。跨境支付和跨境征信都属于跨境数据流动的范畴，粤港澳大湾区就是很好的试验田。一些跨国大企业开始设立数据保护官的职位。个人数据画像有助于反洗钱中 KYC 的合规执行。

对于个人信息保护，技术方面的研发也在跟进，例如差分隐私和基于人工智能（深度学习）技术的联邦学习。其实，个人信息保护并不是一个新的话题，身份盗窃问题很早就提出了，在欧美，甚至当下的中国，身份盗窃问题成为日益严重的社会问题，不断发展的生物识别技术和身份验证手段为其提供了很好的工具。

个人信息保护的最新进展是，随着欧盟 GDPR 的出台，当下全球个人信息保护趋严，中国个人信息保护法制化道路也进入快轨道，全国人大于 2020 年 10 月审议个人信息保护法草案的议案。

个人信息 | Personal Information

关联词：个人金融信息、个人信用信息

个人信息，又称个人可识别信息（Presonal Identification Information，FII）、个人数据（Presonal Data），是指以电子（或其他方式）记录的能够单独（或与其他信息结合）识别自然人个人身份的各种信息，包括但不限于自然人的姓名、出生日期、身份证件号码、个人生物识别信息、住址、电话号码等。[3]

对于个人信息，不同国家或地区有不同的表述。例如，我国台湾地区采用“个人资料”，欧盟采用“个人数据”（Personal Data），日韩采用“个人信息”（Personal Information），而美国多用“个人隐

私”（Personal Privacy）。不同表述的内涵略有差别，但在讨论专业问题时基本可以通用。

个人信息控制者通过个人信息或其他信息经加工处理后形成的信息，例如用户画像或特征标签，能够单独或与其他信息结合识别特定自然人身份或者反映特定自然人活动情况。

个人信息包括姓名、出生日期、身份证件号码、个人生物识别信息、住址、通信联系方式、通信记录和内容、账号密码、财产信息、征信信息、行踪轨迹、住宿信息、健康生理信息、交易信息等。在大数据交易中，许多标的都基于以个人为粒度的数据，即使这些数据经过一定的清洗和匿名化，也很难保证个人隐私不被泄露。

并非所有的**大数据**都涉及个人信息，例如，工业互联网中采集的工厂生产数据、气象数据等，以及大量的商用企业数据（工商、税务和涉诉数据）都不涉及个人信息。但是不可否认，大数据中的相当一部分数据包含个人信息，特别是目前阶段，大数据应用主要集中于对个人数据的分析、加工。

判定某项信息是否属于个人信息，应考虑以下两条路径：一是**识别信息**，从信息本身的特殊性识别特定自然人。二是**关联信息**，该特定自然人在其活动中产生的信息（如个人位置信息、个人通话记录、个人浏览记录等）。个人信息示例见表 9.1。

表 9.1　个人信息示例[4]

个人信息	具体内容
个人基本资料	个人姓名、生日、性别、民族、国籍、家庭关系、住址、个人电话号码、电子邮件地址等
个人身份信息	身份证、军官证、护照、驾驶证、工作证、出入证、社保卡、居住证等
个人生物识别信息	个人基因、指纹、声纹、掌纹、耳郭、虹膜、面部识别特征等

续表

个人信息	具体内容
网络身份标识信息	个人信息主体账号、IP 地址、个人数字证书等
个人健康生理信息	个人因生病医治等产生的相关记录，如病症、住院志、医嘱单、检验报告、手术及麻醉记录、护理记录、用药记录、药物食物过敏信息、生育信息、以往病史、诊治情况、家族病史、现病史、传染病史等，以及与个人身体健康状况相关的信息，如体重、身高、肺活量等
个人教育工作信息	个人职业、职位、工作单位、学历、学位、教育经历、工作经历、培训记录、成绩单等
个人财产信息	银行账户、鉴别信息（口令）、存款信息（包括资金数量、支付收款记录等）、房产信息、信贷记录、征信信息、交易和消费记录、流水记录等，以及虚拟货币、虚拟交易、游戏类兑换码等虚拟财产信息
个人通信信息	通信记录和内容、短信、彩信、电子邮件，以及个人通信数据（通常称为元数据）等
联系人信息	通信录、好友列表、群列表、电子邮件地址列表等
个人上网记录	通过日志储存的个人信息主体操作记录，包括网站浏览记录、软件使用记录、点击记录、收藏列表等
个人常用设备信息	包括硬件序列号、设备 MAC（媒体存取控制）地址、软件列表、唯一设备识别码（如 IMEI/Android ID/IDFA/OpenUDID/GUID、SIM 卡 IMSI 信息）等在内的个人常用设备基本情况
个人位置信息	行踪轨迹、精准定位信息、住宿信息、经纬度等
其他信息	婚史、宗教信仰、性取向、未公开的违法犯罪记录等

随着信息技术的快速发展和互联网的广泛普及，收集个人信息变得更加容易。犯罪分子还可能利用个人信息来跟踪或窃取一个人的身份，或实施犯罪行为。为了应对这些威胁，许多网站或机构针对个人信息的收集专门制定了隐私政策，例如，欧盟的立法者制定了一系列立法，如 **GDPR**，以限制分发和访问个人信息。20 世纪下半叶，数字革命引入了“**隐私经济学**”，即**个人数据交易**。

个人金融信息 | Personal Financial Information

关联词：开放银行、金融数据聚合、账户信息服务

个人金融信息是指金融机构通过提供金融产品和服务或者从其他渠道获取、加工和保存的个人信息，包括账户信息、鉴别信息、金融交易信息、个人身份信息、财产信息、借贷信息及其他反映特定个人某些情况的信息。[5]

个人金融信息按敏感程度、泄露后造成的危害程度，可以从高到低分为 C3（用户鉴别信息）、C2（可识别信息主体身份与金融状况的个人金融信息）、C1（机构内部的信息资产）3 个类别。同时，中国人民银行制定的《个人金融信息保护技术规范》规定了个人金融信息在收集、传输、存储、使用、删除、销毁等生命周期各环节的安全防护要求，从安全技术和安全管理两个方面，对个人金融信息保护提出了规范性要求。个人金融信息是个人信息领域敏感和备受关注的部分。个人金融信息举例见表 9.2。

表 9.2 个人金融信息举例[6]

类型	主要信息内容	危害程度	合规要求
C3	银行卡磁道、银行卡密码、网络支付密码、账户登录密码、交易密码、生物识别信息、支付账号、证件信息、手机号码	一旦遭到未经授权的查看或未经授权的变更，会对个人金融信息主体的信息安全与财产安全造成严重危害	不应共享、转让，不得委托处理
C2	账户登录名、用户鉴别辅助信息、个人财产信息、信贷信息、交易信息、主体照片、音视频信息	一旦遭到未经授权的查看或未经授权的变更，会对个人金融信息主体的信息安全与财产安全造成一定危害	除用户鉴别辅助信息外，经告知统一可以转让共享，可以委托处理

续表

类型	主要信息内容	危害程度	合规要求
C1	账户开立时间、开户机构、支付标记信息	一旦遭到未经授权的查看或未经授权的变更，可能会对个人金融信息主体的信息安全与财产安全造成一定影响	经告知统一可以共享、转让，可以委托处理

个人信用信息[①] | Personal Credit Information

关联词：信用、信用度、个人征信、信用评分、信用报告

个人信用信息是指用来描述消费者信用度的信息，显示一个人按期履约的能力和意愿，消费信贷过程中产生的消费者信用行为信息传统上构成了个人信用信息的主要部分。在互联网经济和数字经济下，消费者有大量高频、短时的新型个人信用信息出现。

个人信用信息属于**个人信息**，和**个人金融信息**有交叉。个人信用信息能够描述一个人按期履约的能力和意愿。在预测一个人在非即付且无抵押的经济活动中是否守约时，需要的信息是有层次、有重点的，可以分为以下 3 类：

1. 信贷类信用信息，即赊销、借贷等活动的历史记录。因为在非即付且无抵押的经济活动中，与信贷相关的金额通常很大，对交易双方的影响也很大，如果受信方能够按时履约，那么其信用度就高。

① 在金融科技领域，个人信用信息及相关词条容易被混淆，因此特列本词条。

2. 非信贷类信用信息，例如电费、通信费、水费等，即使有拖欠，影响也不大，因为影响这些费用的原因有很多。当没有赊销、借贷等信息时，才不得不依靠电费、通信费、水费等信息来判断，这就是我们通常所说的依靠非传统数据进行授信。

3. 上述两者之外的信用相关信息，例如偷税、漏税、破产、经济处罚等，在很多情况下，这种信息对于消费者的信用风险评估更重要。[7]

目前，全球一些大型跨国**征信机构**，在个人信用信息采集上越来越全面，主要是为了相互印证，全方位、多角度、更准确地判断消费者的信用状况，如采集各类登记信息、行政处罚信息等，同时，也有利于促使消费者在这些方面更加遵守承诺。

替代数据 | Alternative Data

关联词：大数据、数据挖掘、量化投资、个人信息保护

替代数据是相对于传统数据而言的，可以为金融分析提供新的视角，作为传统数据的补充，在传统数据缺失的情况下，替代数据可以为决策分析提供支持。

替代数据可被理解为**大数据**在具体应用场景中的一种表述方式。例如，在金融信贷领域，与消费者相关的非传统大数据就被称为替代数据。随着大数据处理技术和**人工智能**分析的兴起，替代数据成为金融科技的一个热点，在消费金融的信用评估和投资分析中有着重要的应用。

替代数据也称另类数据，即非传统数据，目前没有统一明确的定义，泛指区别于传统金融数据的有价值的信息。传统金融数据是指通过常规渠道获得的数据，如股票和债券等的交易数据、上市公

司年报和财务数据、银行用户的借贷数据等。

许多信用信息服务机构开始探索评估信用水平的新方法。传统信贷数据包括信用卡、车贷、房贷、消费贷等数据，区别于传统信贷数据的数据可以称为替代数据，是指银行和征信机构所收集的传统信贷偿还数据之外的数据，包括电话费、公共事业账单和地址变化记录等。一些替代传统信贷风险管理的解决方案正在不断涌现，例如利用手机预付费信息、心理测试数据、社交媒体活动信息和电商行为数据进行信用风险评估等。这些数据的引入为风险评估注入了新的活力，为大型银行拓展了新的消费者客户群体。

中国消费者有着丰富的经济数据可以作为替代数据，未来中国征信业和金融科技将有巨大的发展机会。表 9.3 为传统数据库和替代数据平台的比较。[8]

表 9.3 传统数据库和替代数据平台的比较

数据平台	注册消费者（亿）	活跃消费者（亿）
央行征信中心（传统）	9.8	5.3
中国移动	8.87	6.50
中国联通	2.84	1.75
中国电信	2.50	1.82
微信	10	9.63
支付宝	5.20	约 3.64
京东	4	>1

替代数据也常被投资机构应用。这些数据通常被投资公司中的对冲基金经理和其他机构投资专家使用。[9] 替代数据是由公司外部发布的有关特定公司的信息，可以提供及时的投资机会和独特的见解。替代数据通常被归类为大数据，这意味着它们可能非常庞大和复杂，并且通常无法通过传统用于存储或处理数据的软件（例如 Microsoft

Excel）进行处理。可以从各种来源（例如金融交易、传感器、移动设备、卫星、公共信息和互联网）编译备用数据。由于替代数据是公司运营的产物，与传统数据源相比，这些数据集通常不易访问且呈结构化。替代数据也称**排放数据**。产生替代数据的公司通常会忽略数据对机构投资者的价值。在过去10年中，许多**数据代理商**、聚合商和其他中介机构开始专门为投资者和分析师提供替代数据。

案例 基于电信数据的信用评分模型[10]

过去10年，移动终端发展到无处不在的程度，超过90%的人有移动电话。在发展中国家，新增电话用户中，移动电话使用者多于发达国家。随着移动电话成为新兴市场中必要的交流工具，可收集和分析的数据变得越来越丰富和可描述。通话信息记录数据库提供了一系列包括通话对象、频度时长和支付信息等特征内容的详细信息。研究发现，通过简单的特征（如通话的间隔时间、账户服务的持续性、余额询问频率和通话时长等）可以构建相对有预测性的模型。一些风险服务提供商已经开发了针对缺失传统征信记录的消费者的风险控制模型（即基于电信数据的信用评分模型），根据这些模型显示的预付费用户的付费情况，以及通话、上网行为等信息，风险服务提供商能够在一定程度上预测贷款人的还款意愿及还款能力。消费者几个月的手机数据便能提供足够的样本量，基于此，就可以进行风险建模。例如，统计显示，发起呼叫的数量（不是接收呼叫的数量）以及通话时长这两个维度与信用度是正相关的；在一些模型中，如果工作时段接听较多的电话或者通话的朋友圈相对较小，则可能是低信用度客户。因此，基于预付费移动电话相关数据的风险控制建模，可以极大地帮助一些缺乏征信数据的发展中国家的市场实现普惠金融的健康成长。国内的电信运营商也在尝试开发相关的信用评分模型。基于电信数据的信用评分模型的应用过程需要注意个人信息保护。利用电信数据作为替代数据进行信用评分的示例见图 9.2。

图 9.2 利用电信数据作为替代数据进行信用评分的示例

资料来源：Ciginifi，https://www.cignifi.com/。

数据代理商 | Data Broker

关联词： 征信机构、消费金融、身份验证、欺诈检测、个人信息保护、量化投资

数据代理商，又称数据中介商和数据经纪商，一般指从事数据收集、处理并对外提供数据服务的机构。

数据代理商是一类聚合不同来源的信息的企业，例如，从其他公司购买信息或在互联网上爬取有关用户的有用信息；处理这些信息，增加维度丰富、清洗或分析这些信息；持牌合法拥有这些信息或“出售”给其他组织。

数据代理商和以下概念等同：**数据经纪人、数据服务商、信息经纪人（Information Broker）、信息经销商（Data Agent）、数据提供者（Data Provider）、数据供应商（Data Supplier）、数据中介、数据中间商（Data Intemediaries）**。

数据代理商主要指消费者数据代理商。最早的数据代理商就是**消费者（个人）征信机构**。从 20 世纪后期开始，互联网的发展、计算机处理能力的提高和数据存储成本的降低等使公司更容易收集、分析、存储和传输有关个人的大量数据。这激发了数据代理商行业的发展。美国数据代理商所提供的消费者信息如图 9.3 所示。[11]

数据代理商可以利用各种业务模型，但是在最基本的水平上，数据代理商需要采购和汇总数据，并将最有价值的用户信息转售给第三方。根据存储数据的范围和类型，数据代理商可以分为 3 类：[12]

类型 1，**服务于营销和广告的数据代理商**，例如安客诚（Acxiom），Datalogix（最近由 Oracle 收购），Comscore，Lotame。

类型 2，**欺诈检测数据代理商**，为银行和移动电话运营商服务。

类型 3，**风控数据代理商**，可以用消费者的搜索历史或其他相关数据分析为他们提供高息（高风险）贷款，而不是低息（安全）贷款。

> 美国的数据代理商包括安客诚、益博睿、Epsilon、CoreLogic、Datalogix、Intelius、PeekYou、Exactis 和 Recorded Future。安客诚声称拥有全世界 10%的人口档案，每个消费者拥有约 1 500 条信息（引用于 Senate）。美国目前大概有 3 500～4 000 家数据经纪公司，大约有 1/3 可以提供退出服务，其中一些收费超过 1 000 美元。可见个人征信机构也是一种特殊的数据代理商，需要其他数据代理商提供数据，但是其主要数据来源是征信数据提供方。

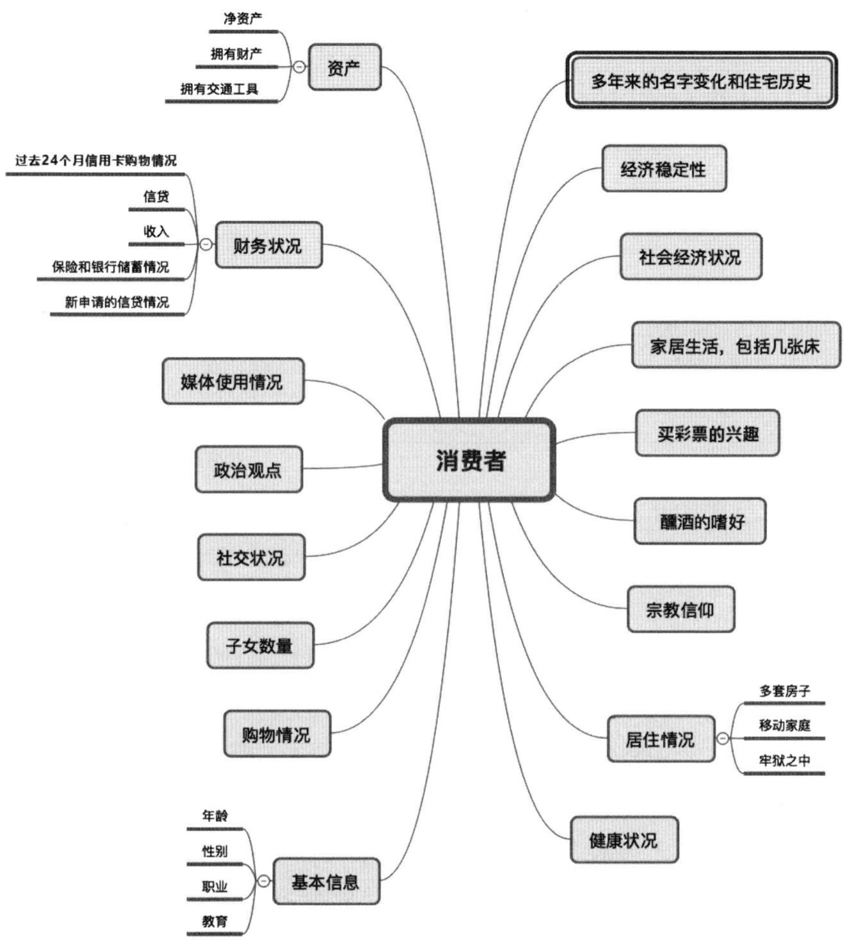

图 9.3 美国数据代理商所提供的消费者信息

在国内，近几年兴起的大数据公司可被视为数据代理商，例如中国三大电信运营商下属的数据公司，还有很多企业（工商、税务、电力、司法、遥感）数据的代理商，例如资本市场中的万得资讯（Wind）等。许多金融科技公司和这些数据代理商关系密切。**对数据代理商的监管也是全球金融科技的热点问题。**

个人信息保护 | Personal Information Protection

关联词：信息安全、网络安全、个人征信、信用报告、信用评分、生物识别、生物支付

个人信息保护又称个人数据保护（Personal Data Protection）是指，通过公共立法和商业操作，基于隐私和商业机密等方面的考量，对涉及（个人）信息主体的数据，在采集、分析、存储、流通和发布环节采取相应的保护措施，目的是在数字经济时代让数据更加有序地应用和流动。

信息保护是发展**大数据**和**金融科技**绕不开的一个关键问题，**只有妥善解决信息保护问题，金融科技和大数据产业才能获得健康持久的发展。**

个人信息保护面临的挑战是，在保护个人隐私偏好及其个人身份信息的同时使用数据。**计算机安全**、**数据安全**和**信息安全**等领域都在设计和使用软件、硬件以及借助人力资源来解决此问题。

近年来，**移动互联网 App** 得到广泛应用，同时 App 强制授权、过度索权、超范围收集个人信息的现象大量存在，违法违规使用个人信息的问题十分严重。为此，国家四部委 2019 年在全国范围内开展手机 App 违法违规使用个人信息专项治理工作。

根据 **GDPR**，很多大型机构设置了**首席数据保护官**的职位来专门负责个人信息保护（详见数据保护官词条）。

> 从全球来看，从 1973 年瑞典发布全球第一部个人信息保护相关法律——《瑞典个人信息法》，到 2019 年年底，全球共有 110 多个国家和地区制定了专门的个人信息保护法。个人信息

保护法已经成为世界各国的法律标配。典型的个人信息保护法如下：

- GDPR（欧盟）。
- 2016 年《网络安全法》（中国）。
- 2012 年《个人信息保护法案》（新加坡）。
- 1998 年《数据保护法》（Data Protection Act）（英国）。
- 中国的《个人信息保护法（草案）》于 2020 年 10 月由全国人大审议。

网络信息安全和**数据安全（数据隐私）**是两个容易混淆的概念，图 9.4 对此进行了说明。[13] 首先，两者有一些交叉，相关风险事件经常同时发生，例如网络信息安全事件会导致**隐私泄露**。其次，两者的区别更明显，保护的目标、负责人以及防范的风险都不同。

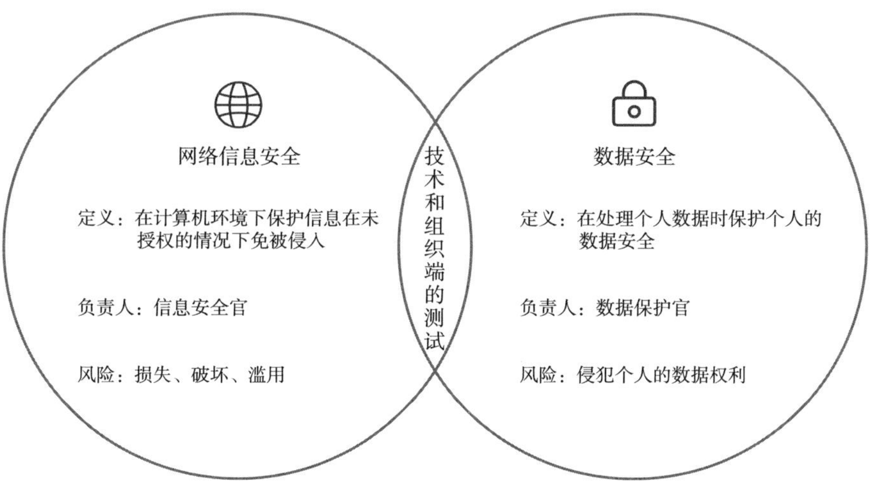

图 9.4 网络信息安全与数据安全的比较

个人隐私保护 | Personal Privacy Protection

关联词：个人征信、消费金融、金融科技、金融科技信贷、大科技信贷

个人隐私保护是个人或群体隔离自己或有关自己的信息，从而有选择地表达自己的能力。当某物（包括信息和数据）对一个人是私人的时，通常意味着某物对他们而言是特殊或敏感的。

个人隐私保护和**个人数据保护**有交叉，但是又有不同的侧重。隐私保护涉及人格尊严，而个人数据保护则同时涉及人格尊严和数据流通。

个人隐私保护的概念比个人数据保护的概念更为宽泛，它还包括不属于个人数据的个人空间保护问题，例如，私人、家庭和居家的生活，身体和道德的完整性，荣誉和名誉免于被误解，不得披露不相关和令人尴尬的事实。从这一角度看，个人数据保护只是个人隐私保护的一部分。

但是，个人数据保护所包括的领域不仅限于个人隐私保护，还要保护个人其他基本权利，例如不受歧视的权利。

> 金融领域的个人隐私保护是金融科技发展中值得重视的一个领域。1997 年的一篇相关文章介绍保险市场上通过披露人类的 DNA（脱氧核糖核酸）遗传密码来增加保险收益的可能。因此，需要在金融业务开展和金融隐私保护之间进行平衡，而且两者的博弈也会贯穿金融科技的整个发展过程。

个人征信和个人隐私保护密切相关。《金融隐私》(*Financial Privacy*)一书的作者尼古拉·杰因茨(Nicola Jentzsch)认为，信用报告和信用评分，即个人金融活动的一种记录，正变成经济生活的“第二身份证”，日益决定着对商品和服务的使用及其成本，任何关于个人征信的话题，都离不开金融隐私。[14]

根据一项名为1999年《金融服务现代化法案》[又称《格雷姆－里奇－比利雷法案》(Gramm-Leach Bliley Act)]的美国联邦法案，金融机构必须采取措施保护消费者财务方面的隐私。[15]美国联邦贸易委员会(FTC)是执行《金融服务现代化法案》规定的联邦机构之一，该法案不仅涵盖银行，还涵盖证券公司、保险公司以及提供其他类型的金融产品和服务的公司。根据该法案，代理机构执行金融隐私规则(Financial Privacy Rule)，该规则指导金融机构如何收集和披露客户的个人财务信息。保障规则(Safeguards Rale)则要求所有金融机构都必须采取保护措施来保护客户信息。借口防备规定(Pretexting Provisions)旨在防止个人和公司以虚假借口访问消费者的个人财务信息。

《通用数据保护条例》| General Data Protection Regulation，GDPR

关联词：金融科技、金融科技信贷、大科技信贷

《通用数据保护条例》(General Data Protection Regulation，GDPR)，是在欧盟法律中对所有欧盟成员国公民关于个人数据保护的规范，涉及欧盟个人数据向欧盟外的跨境传输。GDPR的主要目标是强化在数字经济时代公民对于其个人数据的控制，以及为了国际贸易而简化在欧盟内的统一数据管理规范。

GDPR 取代了欧盟在 1995 年推出的欧盟《**个人数据保护指令**》（**Individual Data Protection Directive**），该指令包含有关处理欧盟内部数据主体的数据的条款和要求，适用于与欧洲做生意的所有企业，无论位置如何。其基本内容如下：

- 处理个人数据的业务流程必须在设计和默认情况下构建数据保护，这意味着个人数据必须使用假名（pseudonmisation）或匿名（anonymisation）进行存储，并且默认使用最高的隐私设置，以避免公开数据未经明确授权，并且不能用于识别没有单独存储附加信息的主题。
- 任何个人数据处理都必须在合法的基础上完成，**数据控制者**或处理者须从**数据所有者**那里获得明确的授权。数据所有者有权随时撤销此权限。
- 个人数据处理者必须清楚地披露任何数据收集，声明数据处理的合法基础和目的，保留数据对应的时间以及表明是否与任何第三方或欧盟以外的国家共享数据。
- 用户有权以通用格式请求获取处理器收集的数据的便携式副本，并有权在特定情况下删除其数据。
- 公共主管部门和以核心活动为中心定期或系统地处理个人数据的企业需要雇用**数据保护官（DPO）**以负责管理 GDPR 的合规性。

> 数据泄露通知制度（Data Breach Notification，DBN）：如果数据泄露对用户隐私产生不利影响，那么企业必须在 72 小时内通知个人数据主体并向主管部门报告任何数据泄露。

根据 GDPR，数据监管部门对违法企业的罚金最高可达 2 000 万欧元（约合 1.5 亿元）或者其全球营业额的 4%，以高者为准。网站经营者必须事先向客户说明会自动记录用户的搜索和购物记录，并获得用户的同意，否则按“未告知记录用户行为”做违法处理。企业不能使用模糊、难以理解的语言，或冗长的隐私政策来从用户处获取数据使用许可。该条例明确规定了用户的**“被遗忘权”（Right to Be Forgotten）**，即用户个人可以要求责任方删除关于自己的数据记录。

> GDPR 在全球产生很大影响，2019 年 7 月 8 日，英国信息专员办公室发表声明称，英国航空公司因为违反 GDPR 被罚 1.8339 亿英镑（约合 15.8 亿元）。

GDPR 对国内金融科技行业的影响：[16] GDPR 在 2016 年 4 月 27 日通过，经过两年的缓冲期，在 2018 年 5 月 25 日强制执行。GDPR 是互联网时代全球数据治理的基石，推动了全球的**数据监管**。中国也先后出台《网络安全法》和《个人信息安全规范》，加强个人信息保护，对个人数据应用的监管趋严，给金融科技的发展带来一定冲击。GDPR 的制定者认为在大数据时代，**隐私权就是人权**。根据这一条例，个人消费者将享有更多权利。通过赋予消费者前所未有的权利，以及对违规行为的严厉处罚，可以更好地保护消费者的数据资产和个人隐私。

GDPR 在数据有效使用和隐私保护中有着很多的折中和平衡，一方面保护个人的数据权利，另一方面确保数据能够合法地自由流动。规定了用户拥有可携带权，会对数据的自由流动产生深远的影响。GDPR 的理念有助于打破国内数据的垄断，对互联网科技公司，特别是金融科技公司会产生长远利好的影响。

有专家表示，GDPR 将是一部重整全球数据秩序的法令。GDPR 将成为未来全球网络空间规则的基石，对个人信息收集和隐私驱动的整个中国互联网产业主体的收入模式将产生重大影响。

数据保护官 | Data Protection Officer, DPO

关联词： 大科技公司、金融科技信贷

数据保护官是指负责一个组织或机构中数据保护的合规性、及时问题告知和提出建议的独立数据保护专家，并作为数据问题联系人和监管机构联系。

数据保护官的角色首先被欧盟作为 GDPR 的一部分而列出来。但是，到目前为止，在一些大企业中并没有多少数据保护官在工作。

任命数据保护官是对在欧盟开展业务的公司的关键要求之一，而 GDPR 显然是一项重要的立法。数据保护官是相关公司符合 GDPR 和其他相关法律的合适抓手，其工作包括为个人数据设置可防御的保留期，授权允许访问数据的特定工作流程，概述如何使保留的数据匿名，然后监视所有这些系统以确保它们能够保护客户数据。

数据保护是一项艰巨的工作，在大型公司，数据保护官的角色可能需要一个团队而不是一个人扮演。较小的组织中可能会要求**首席信息安全官**来兼职。由专业的数据保护官监督多家公司的合规性的想法也已浮出水面，类似于将财务报告外包给会计师事务所。

数据保护官与其他数据相关角色的比较：首席信息官（CIO）、首席信息安全官，或首席数据官已经在很多企业存在，但是这些角色和数据保护官不同。这些角色通常负责保护公司的数据安全，并确保这些数据资产被用来提高整个公司的业务能力。而数据保护官是为保护客户隐私而工作的。结果是，数据保护官的许多建议将与其他数据相关角色的目标背道而驰：不是无限期地保存有价值的数据或将在一个业务线中收集的数据应用到另一个业务线，而是通过数据保护官来确保仅收集和保留完成交易所需的最少数据。

> 微软公司的数据保护官：微软指定的欧盟数据保护官是一个独立顾问，帮助确保所有提出的处理个人数据的建议符合欧盟法律要求和微软公司的企业标准。该角色旨在满足 GDPR 在其第三十七至三十九条中列出的标准。该数据保护官职位需要候选人至少有 7 年专业数据保护经验，或者 10 年的数据保护、安全和企业风险管理经验。此外，候选人必须在国际数据保护相关法律和实践方面具有专业知识。该数据保护官要以正确和及时的方式参与涉及个人数据保护的各个关键问题的处理。数据保护官的职能就是对微软公司所出现的所有数据保护产生的影响进行评估。由于数据保护影响评估项目的设置是为了捕获微软所有的个人数据处理问题，数据保护官需要超越公司的视角参与，并能够针对微软公司的个人数据处理提出其履行 GDPR 合规要求的建议。同时，有机制保证数据保护官监督微软公司对于相关数据保护的监管的合规性，包括 GDPR 以及微软内部的数据政策。

跨境数据流动 | Cross-Border Data Flow

关联词： 跨境支付、征信

信息或数据的传输通常称为数据流动（Data Flow）。从全球视野来看，跨越国家或地区边界的数据流动就是跨境数据流动。

技术的进步和商业模式的变化已经使过去临时性跨境数据流动变为日常、大规模流动。过去的跨境数据流动，多是在公司与公司之间或政府与政府之间，但在今天，公司与用户、政府与个人，甚至个人与个人之间的跨境数据流动更为普遍。个人的日常生活更多在网上进行，如使用搜索引擎、网上聊天工具、网上银行以及进行网上购物等都会发生跨境数据流动。云服务使得个人数据，包括电子邮件、照片、视频等可以转移至个人电脑以外的他国服务器上。

在贸易协定中，政府可以通过明确定义和预先设置能够接受的要求，如国家安全，来限制数据跨越国界的流动。**跨境数据流动**是大多数商业组织的关键问题，其中包括转移员工信息，共享在线交易的金融详细信息以及通过分析个人的浏览习惯以为其提供有针对性的（商业）广告。

关于跨境数据流动规则的讨论始于**个人数据保护**立法领域。在新一轮的政策关注中，数据类型不仅限于个人数据，也包括政府数据、商业数据。

跨境个人数据流动是指位于一国境内的数据控制者，向位于本国以外的其他第三方提供进行个人数据共享、传输、披露以及其他令第三方知悉个人数据的方法。第三方既包括公司，也包括政府机构。制定个人数据保护法的国家，绝大部分对个人数据的跨境流动都设立了管制规则。

随着全球金融的蓬勃发展，跨境数据流动是金融领域的一个重要问题。往往只有支持数据和信贷数据的跨界流动，金融业务才能正常运作。

预计跨境数据流动将继续以超出全球贸易增长速度的速度增长。企业利用数据来创造价值，并且很多数据在可以自由跨越国界流动的情况下才能最大化其价值，但越来越多的国家正在制造壁垒，使合法传输数据到海外的成本更加昂贵并消耗更多的时间。

个人数据画像 | Personal Data Profiling

关联词： KYC、信用评分、信用报告、大数据、替代数据

根据 GDPR 的规定，个人数据画像的概念外延广泛，是指任何通过自动化方式处理个人数据的活动，该活动用于评估个人的特定方面，或者专门分析及预测个人的特定方面，包括工作表现、经济状况、位置、健康状况、个人偏好、可信赖度或者行为表现等。

个人数据画像被普遍认为能够覆盖目前大多数利用**个人数据**的**大数据**分析活动。例如，对个人偏好的分析，可涵盖市场中最普遍的大数据分析市场营销活动。在对“画像”进行界定的基础上，GDPR 对画像活动进行了严格规范：

- 画像活动必须具有法定依据或获得用户明确同意。
- 对于画像活动，用户必须是在充分知情的情况下同意授权的。
- 数据画像活动应当优先对数据进行匿名化处理。

• 特定的数据分析活动被完全禁止。

国内许多金融科技公司通过个人数据画像来为金融机构提供市场营销和风控服务。

身份盗窃 | Identity Theft

关联词： 生物识别、生物支付、欺诈检测、身份验证

身份盗窃是指故意使用他人的身份，通常作为获取财务利益或以他人的名义获得信贷或其他利益的一种方法，并可能损害他人的利益。

当某人未经他人许可使用他人的个人识别信息（例如姓名、身份证件号码或信用卡卡号）进行欺诈或其他犯罪时，就会发生身份盗窃。最常见的类型为金融身份盗窃（Financial Identity Theft），是指有人希望以他人的名义获得经济利益，其中包括获得信贷、贷款、商品和服务。

身份盗窃一词是在 1964 年被提出的。从那时起，英国和美国就已对身份盗窃行为进行了规定。被盗窃的个人身份信息通常包括姓名、出生日期、社会保险号、驾照号码、银行账户或信用卡卡号、PIN 码、电子签名、指纹、密码或任何其他可用于访问个人财务资源的信息。

根据美国联邦贸易委员会所做的一份报告，确定**数据泄露**与身份盗窃之间的联系非常具有挑战性，这主要是因为身份盗窃的受害者通常不知道如何获取其个人信息，并且个人受害者并非总能检测到身份盗窃。

在美国，身份盗窃是一个严重的社会安全问题。美国非营利组

织身份盗窃求助中心（Identity Theft Assistance Center，ITAC）介绍，2012 年，大约有 1 500 万美国人的身份被盗。2018 年的一项研究表明，有 6 000 万美国人的身份被非法获得。

在互联网经济时代，身份盗窃成为一个普遍现象，全球**个人征信机构**和一些金融科技公司往往提供防止消费者身份盗窃的互联网服务，将技术手段（大数据分析技术）和金融手段结合（和保险公司合作）。

> 美国 2013 年的电影《身份窃贼》（*Identity Thief*）就描述了在互联网时代越来越普遍的身份盗窃现象。该电影主要讲述了一个客户代理，偶然发现自己越来越穷，存款急剧流失。当警察找上门来的时候，他还不明就里，当他从警察那里得知自己的信用卡被盗刷后才恍然大悟，信用卡被盗刷也直接导致他的信用分数爆低。这对于从事金融行业的他来说无疑是一个致命的打击，老板打算炒掉他。而一个大家庭正需要他的工资来维持生计，工作、名誉也不保，身份盗窃使主人公陷入空前的困顿。

差分隐私 | Differential Privacy

关联词：个人隐私保护

差分隐私是一种密码学中的系统化方法，通过描述一个数据集中不同组的不同模式，同时保留该数据集中的个人信息，来公开共享这个数据集的信息。

差分隐私背后的思路是，如果在数据库中进行任意单项替换的效果足够小，那么查询结果无法用于推断到任何单个个人，因此可以提供隐私保护。

描述差分隐私的另一种方式是，限制用于发布有关统计数据库的汇总信息的算法，该算法限制了其在数据库中记录的私有信息的公开。例如，一些政府机构使用差分隐私算法来发布人口统计信息或其他统计汇总信息，同时确保调查答复的机密性；公司用于收集有关用户行为的信息，同时控制其访问权限，甚至对内部分析人员而言也是不可见的。

粗略地讲，如果观察者看不到算法的输出，则该算法是差分隐私的。通常在识别可能在一个数据库中的不同个人的场景下讨论差分隐私，尽管差分隐私算法不直接涉及识别和重新识别攻击，但可证明、可抵抗攻击。[17]

差分隐私是由**密码学家**开发的，因此通常与密码学相关联，并从密码学中汲取了很多语言。

差分隐私的方法涉及给数据添加噪声，或者使用归纳方法掩盖某些敏感属性，直到第三方无法区分个人为止，从而使数据无法恢复以保护用户隐私。迄今为止，比较知名的采用差分隐私的机构如下：

- 美国人口普查局，展示通勤模式。
- 谷歌的 RAPPOR，用于遥测，例如了解统计劫持用户设置的恶意软件。
- 谷歌，分享历史流量统计信息。
- 2016 年 6 月 13 日，苹果公司宣布其在 iOS 10 中使用差分隐私，以改进其虚拟助理和建议技术。[18]

在数据挖掘模型中对使用差分隐私的实际表现已有一些初步研究。

值得注意的是，这些方法的根源仍然要求将数据传输到其他地方，并且这些工作通常需要在准确性和隐私保护之间进行权衡。

10 量化投资

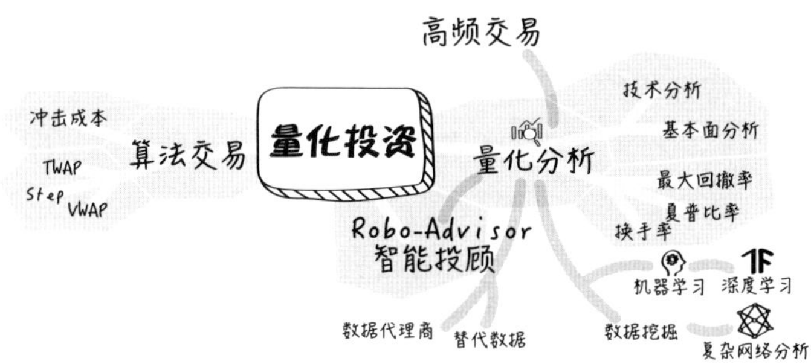

图 10.1 量化投资模块知识图谱

量化投资模块知识图谱如图 10.1 所示。量化投资是金融科技应用最活跃的领域之一，资本的趋利性使其积极拥抱新技术。

首先，量化投资兴起于 20 世纪后半叶，至今已有 40 余年的发展历史，其基础是算法交易和量化分析。算法交易使交易执行的过程自动化，从而实现大批量的订单下达任务，同时将这一过程的执行效率提升到远高于人类反应速度的程度。而将量化分析技术应用于投资，使构建投资策略时的每一步推导过程都变得更加清晰和明确，使投资人的主观因素对价值投资的干扰降到最低。与此同时，量化投资将金融产品投资的整个过程量化，这使得其中的每个步骤都能被准确地记录下来，并可以很方便地进行追溯，从而准确发现每种策略在执行时发生的问题，并进行合理的修正和改进。另外，这种可追溯的特性也使投资人能够更好地评判不同策略之间的优劣，经济学家们就此提出了各种针对量化投资策略的评价指标。

其次，量化投资策略在传统上分为两个方向——基于金融产品市值和成交量的时间序列的技术分析、基于金融实体财务报表的基本面分析。在实际应用中，很多策略会将两者结合。

再次，近年来，随着数据提供商这一行业的发展，各种替代数据成为量化投资策略开发过程中一类重要的数据基础。越来越多的大数据或替代数据成为量化投资的数据源。一个典型的量化投资应用场景就是智能投顾。而深度学习、复杂网络等新一代算法和数学模型，也给量化投资策略的开发提供了前所未有的广阔空间。

最后，在当前的金融科技视角下，量化投资已经成为其中一个重要的分支。无论是其所依托的数据来源和分析算法等技术基础，还是它能够提供的产品形式，都开始了一轮一轮的革新。

曾经专门面向金融机构的自动投资组合管理软件，就是在人工智能技术的推动下，逐渐发展为面向各种体量的投资者的智能投顾产品，使量化投资走到每个人的身边。这种新的金融科技产品，虽然能够提高投资人的收益，并降低投资策略上的风险，但与此同时也带来了技术上的新风险，而针对这类新风险的科技金融安全产品也应运而生。

算法交易 | Algorithm Trading

关联词： 人工智能、机器学习、数据挖掘

算法交易是指按照预先设计好的程序化交易指令在交易所提供的端口上进行金融产品交易。在此过程中，大额交易需求会被拆分成小额订单，分散到一定的时间、区间上进行交易，从而降低冲击成本。

在公开交易过程中，大额单笔订单难以成功交易，且容易对金融产品的价格产生影响，失去以更优的价格成交的机会，比如以较高价格买入，或以较低价格卖出，从而支付比预期更高的成本，这一成本被称为**冲击成本**。机构投资者会经常有这类大额单笔订单的交易需求，如用于建仓或修改投资组合仓位。为减少这一过程中的

冲击成本，单笔订单通常会被拆分成大量的小额订单，分散到不同的时间进行交易。算法交易产生的最初目的就是自动化完成这种拆单操作，以降低人工成本，同时避免人工操作会出现的失误。

基础的算法交易策略包括时间加权平均价格（TWAP）交易、成交量加权平均价格（VWAP）交易、步进（Step）等。

> **时间加权平均价格交易**，是将订单在目标的交易时间上进行均匀分割。例如，交易需求为在 3 小时内买入 18 万只股票 A，那么将其拆分为 180 个交易订单，每分钟执行一单，每次都按当时的成交价买入 1 000 只。最终的等效交易价格为目标时间内成交价的均值。在流动性足够高的市场上，时间加权平均价格交易能在很大程度上降低交易对金融产品价格的影响。

> **成交量加权平均价格交易**，会追踪金融产品在过去交易日中的成交量变化规律，从而预测目标交易时间内不同时点上的成交量，然后以各时点的预测成交量为权重将订单拆分为不同的大小，并在目标交易时间上执行。最终的等效交易价格为目标时间内成交价的均值。在预测模型足够准确时，成交量加权平均价格交易是对金融产品的价格影响最小的一种交易策略。

> **步进**是对时间加权平均价格交易、成交量加权平均价格交易等简单策略的一种改进策略。在算法交易的执行过程中，根据人工设定的价格阈值，随时调整当前时点子订单的交易量，如在价格低于下限阈值时执行 1.5 倍的交易量，而在价格高于上线阈值时执行 0.5 倍的交易量，从而以更优惠的价格完成预期中的买入需求。

在实际应用中，机构投资者会在这些基础策略上进行改进，衍生出不同的算法交易策略。这些策略成百上千，是很多投资机构的重要竞争力之一。

算法交易可以用于执行**量化分析**得出的投资策略。量化分析以目标时点的组合仓位的形式提出交易需求，然后用算法交易在真实市场上执行，从而实现无人工参与的纯自动化金融产品投资，通常被称为**量化投资**或**自动交易**。有时**算法交易**也用于描述这一过程。

量化分析 | Quantitative Analysis，QA

关联词： 数据挖掘、复杂网络分析、深度学习

在金融领域，量化分析是指通过使用数学模型和算法，对经济实体的资产和经营状态，或金融产品的价值和表现进行研究并做出评估和预测，用于二级市场投资或风险分析。

量化分析通常通过在大规模的经济数据库中挖掘各种模式来实现，如不同流动资产之间的相关性、股票价格的波动模式等。这一过程会使用回归分析、线性规划、因素分析、**数据挖掘**、**模式识别**、**时间序列分析**、**复杂网络分析**、**深度学习**等数学模型和算法。

量化投资 | Quantitative Investment，Quant

关联词： 人工智能、机器学习、数据挖掘、大数据、替代数据

用于二级市场投资的量化分析的研究成果通常以程序化的投资策略的形式呈现，如给出交易组合中每只股票在某一具体时点的具体仓位。在此基础上，使用**算法交易**在真实市场完成这一策略，就实现了无人工参与的纯自动化金融产品投资。这一过程通常被称为**量化投资**，有时也被称为**算法交易**或**自动交易**。

借助量化分析，投资者可以使用程序对交易市场上的公开数据进行实时演算，并以很高的频率调整仓位，从而完成通过真人交易员难以实现的投资策略。这种策略叫作**高频交易**，是量化分析的一种典型应用。此外，量化分析也大量应用于以日为周期，或以更低频率调整仓位的投资策略。

技术分析和基本面分析是量化投资策略的两种基本模式。**技术分析**通过分析股票价格和交易量的详细历史数据，来预测其未来走势。技术分析策略通常可分为**均值回归（Mean Reversion）**和**动量（Momentum）**交易（也称**趋势跟随交易**）两种对立的交易方向。**基本面分析**通过评估企业的实际价值来计算股票应达到的市值，这一过程主要考察各种宏观经济和行业指标，以及企业定期发布的**财务报表**，包括资产负债表、损益表和现金流量表。量化分析师经常通过基本面分析将企业在特定维度上进行分类，之后针对不同类别的企业使用不同的技术分析模型预测股价，从而将两者结合。量化分析过程中所使用的数据，通常是从**数据提供商**那里批量购买或订阅的。

除此以外，各种**替代数据**、**企业信用报告**可以对企业或股票提供额外的描述维度，因此也受到量化分析团队的青睐。典型的替代数据包括针对企业的**互联网舆情指标**、**地理信息数据**、雇员评价指标、企业间**金融关联**、**供应链数据**等。对不同替代数据的应用能力，正成为很多量化分析团队的重要竞争力。

有很多指标可以描述不同量化投资策略在真实市场上的盈利表

现，常用的有夏普比率（Sharpe Ratio），最大回撤率（Max Drawdown）和换手率（Turnover Rate）等。

> **夏普比率**表示投资策略在一段时间内（通常是一年或几年），每承受一单位风险，会产生的超额回报比率。这一指标将投资策略的收益率通过其稳定程度进行调整，从而得到一个能同时对收益与风险加以考量的综合指标。夏普比率现已成为评价投资策略时使用最广泛的指标，但在投资期间当整个市场发生大幅上涨或下跌，以及用于非线性风险的投资产品时，这一指标的意义会显著下降。

> **回撤**（Drawdown）是指投资策略在一段时间内使资产从峰值到谷底的减少。当回撤发生时，需要再经历一段时间的上涨，才能使资产恢复到之前的水平，所以回撤是一种影响巨大的风险因素。回撤带来的风险，要结合回撤发生后资产上涨的趋势进行评判。**最大回撤率**是指在达到新的峰值前，资产从峰值到谷底时资产的减少比例，即最大回撤率 $=\frac{\text{资产峰值}-\text{资产谷值}}{\text{资产峰值}}$。最大回撤率是用于描述投资策略下行风险的重要指标。

> **换手率**（也称**周转率**）是指投资策略在某一周期内进行交易的金融产品占总资产的比例。金融产品在交易时一般要支付一定的手续费，换手率能够描述这方面的交易成本。以较高频率调整仓位的投资策略，通常会产生较高的换手率，因此这一指标一般只在相同交易频率的投资策略之间进行比较。某年 1 月某策略的市值走势如图 10.2 所示。

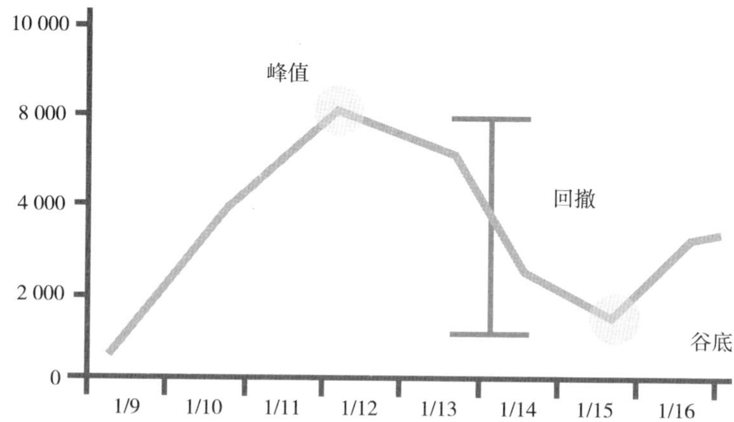

图 10.2 某年 1 月某策略的市值走势

资料来源：Investopedia.com。

量化投资兴起于 20 世纪 70 年代的北美金融市场，起初发展比较缓慢，只在少数投资银行内部使用。在数次金融危机中，各机构的量化投资项目显示出异常稳定的投资业绩，因此市场规模、份额和覆盖的地区不断扩大。到了 21 世纪 10 年代末，海外金融市场已有超过 30% 的资产进入量化投资项目，同时有超过 80% 的成交量来自量化投资。

目前国内的量化投资尚处于起步阶段，乐观估计，量化投资项目的管理规模在各类证券基金中的占比为 1%~5%。国内股票市场有跌涨停板和"$T+1$"交易限制，流动性受到影响，且缺乏成熟的股票期权市场，因此很多投资策略的交易需求难以满足。但很多**智能投顾**产品借助量化投资领域的研究成果而诞生，如各种**智能选股**软件。随着政策的逐步开放，量化投资在国内将有巨大的市场前景。

智能投顾 | Robo-Advisor

关联词：人工智能、机器学习

智能投顾的全称是智能投资顾问，是一种由自动化算法驱动的金融规划服务，通常以无人工或只有少量人工干预的数字平台形式呈现。在这一过程中，智能投顾系统会收集客户的经济状况以及预期的投资目标，并在计算后给出投资建议，或直接管理客户的投资账户。

第一个智能投顾产品 Betterment 发布于 2008 年金融危机期间。其最初目的是通过平衡目标日期基金的资产，给投资者提供一个简单的在线界面来管理被动的“买入并持有”类投资项目。这项技术本身并不新鲜。自 21 世纪初以来，个人基金经理一直在使用**自动投资组合管理软件**。但在 2008 年之前，行业外人士无法直接购买这类软件，因此个人客户必须聘请财务顾问或基金经理，通过他们才能使用这类软件。智能投顾的出现彻底改变了这种情况，其直接向终端的资产所有者提供服务。

经过 10 余年的发展，智能投顾现在能够处理更复杂的任务，如税收损失收集、投资项目选择和退休规划制定等，同时还会使用**量化投资**等技术来实现更细致的投资规划。目前常见的智能投顾产品包括自动投资顾问、**智能选股**、自动投资管理和数字咨询平台等，它们是终端客户使用金融科技产品进行投资管理的典型形式。智能投顾示意图如图 10.3 所示。

不同智能投顾产品之间的差别主要体现在两个方面：一是投资策略的收益能力，尤其是对不同客户需求和经济状况的针对性；二是底层运营能力，包括 IT 技术、和其他产品或服务的对接，以及成熟的客户服务和营销体系等。在美国，投资者可以借助美国金融业监管局（FINRA）的 BrokerCheck 网站细致了解不同的智能投顾产品，就像研究传统投资顾问团队一样。

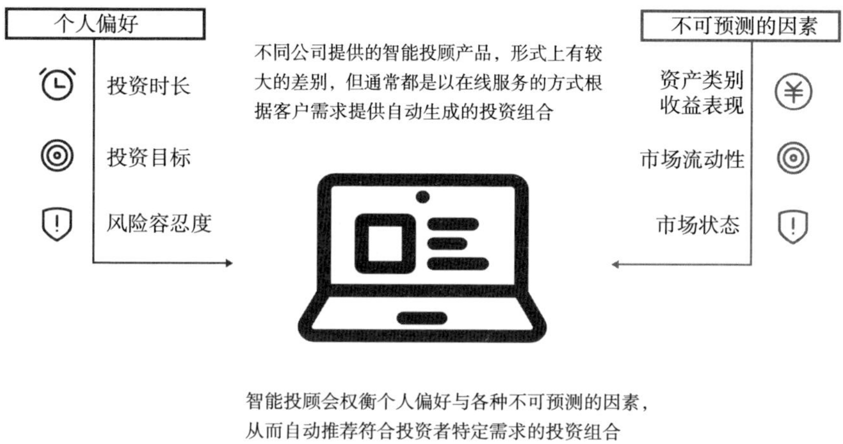

图 10.3 智能投顾示意图

资料来源：schwab.com。

智能投顾的典型服务模式：

1. 安排客户完成一份简短的问卷来评估其风险承受能力和投资需求。
2. 系统为客户建立一个多样化的基金组合，通常由服务提供方的投资专家团队在算法给出的结果中挑选得出。
3. 专家团队定期监控市场活动和每一项基础投资，以确保客户的投资组合通过算法得到适当的调整。
4. 一些智能投顾产品会提供真人在线顾问服务，他们可以帮助客户设定投资目标的优先级，并提供相关建议。
5. 客户可以随时登录账户，跟踪当前投资账户的状态，并做出需求调整。

与传统的投资顾问相比，智能投顾有更高的客观性和更好的执行力，因为自动化算法的执行过程不会受服务提供者的情绪或业绩需求的影响。此外，智能投顾还大大降低了人力消耗，从而能够以更低的成本向更多的客户提供服务。但与其他信息系统一样，智能投顾系统有可能会受到包括**恶意代码**等在内的各种技术攻击。与此同时，国内对智能投顾产品的监管政策目前尚不完善，整个行业还有待发展。

11 保险科技

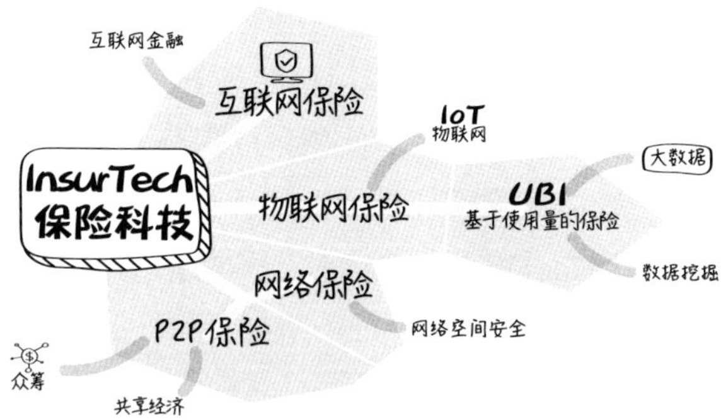

图 11.1　保险科技模块知识图谱

保险科技是金融科技领域中发展较晚，但非常有潜力的一个分支领域。简单地理解，保险科技是指利用新一代信息技术来提供保险服务。相对于作为金融科技发展的主要脉络的银行信贷，保险科技由于保险行业在整个金融市场的份额较小，IT 基础设施不够完善，数据质量不够理想，业务数字化转型缓慢等，目前处于起步阶段，但是由于存在巨大的市场空间，全球金融科技公司纷纷在保险科技领域提前布局发力。保险科技模块知识图谱如图 11.1 所示。

首先，从商业模式上讲，新的消费场景催生了保险新业态：P2P 保险和网络保险。在数字金融时代，网络信息安全问题无论对企业还是消费者而言都是难言之痛，除了网络安全技术方案，国家相关法律法规的保障，再加上金融保险手段，可以更好地系统性加固网络安全防线。

P2P 保险源于共享经济理念，利用社交网络采用“小组”互助模式，和国内大病类互助保险不同，其产品多为住房保险、汽车保险和电子产品保险等。相比 P2P 网贷，P2P 保险的典型案例主要出现在欧美，在国内还比较少。

其次，在数字金融下，新兴技术对商业模式的推动不可小觑，依赖于物联网技术的物联网保险，利用个人可穿戴设备、智能家具、智能车载终端等设备，采集更多用户的场景数据，为保险的定价、理赔和风控提供决策支持。基于使用量的保险是物联网保险的典型应用，区别于传统的保险模式是历史的反映，基于使用量的保险利用物联网和人工智能技术，结合大数据和数据挖掘分析现在的驾驶行为模式，带来了汽车保险科技的创新与变革。

依托互联网平台的保险业务称为互联网保险，这虽然不是一个很专业的术语，但就像互联网金融的说法一样，便于描述中国保险科技的发展方向，是对保险科技具有中国特色的一种理解。

值得一提的是，中国保险信息技术管理有限责任公司（简称中国保信，现由于机构合并改名为中国银行保险信息技术管理有限公司）[①] 成立于 2013 年 7 月，是重要的保险科技公司，致力于金融基础设施建设，加强银行保险业金融基础设施建设，为监管和市场做好服务。

保险科技 | Insurance Technology / InsurTech / InsTech

关联词：大数据、云计算、人工智能、区块链

保险科技是指利用大数据、云计算、人工智能、区块链等新一代信息技术来提供**保险服务**。

InsurTech 或 **InsTech** 是混搭术语，表示**保险**和科技的融合。

① http://www.cbit.com.cn/zgbxgw/index/index.html.

InsurTech 或 **InsTech** 是 **FinTech** 的保险相关分支。虽然常用来描述初创企业，但保险科技也可以是大公司内部的创新应用，如苏黎世保险公司部署了**人工智能**理赔处理。苏黎世保险公司使用人工智能审查有关人身伤害理赔的文书，例如医疗报告，并相信其大大缩短了理赔**处理**的时间。

保险科技公司往往有几个关键的共同特点：更快 / 更智能的技术，基于一个创新和有创造力的文化，竭诚提升客户体验，使用简单的名称来打响自己的品牌，易于记忆并引起客户共鸣。保险科技公司倾向于依靠智能手机 App、**人工智能**、**机器人**和**云计算**。

美国的多数保险科技公司启动交易都专注于财产险，例如，**前端保单服务**、**后端理赔服务**。

保险科技公司有 Lemonade、Trov、KASKO、ROOT、Snapsheet、SPEX、Knip、FitSense、Mass-Up、Cuvva 和 Everledger。

虽然大多数保险科技初创公司专注于避免保险风险（如果发生被视为保险风险的事件，则有责任支付索赔）领域，但有些初创公司是完全的保险公司。这些例外包括 Lemonade 和 Metromile 等。

网络保险 | Cyber-Insurance

关联词：网络安全

网络保险（Cyber-Insurance），也称网络责任保险（Cyber Liability Insurance）或网络安全保险，是指保障企业发生网络安全事故和信息泄露事故造成的第一方损失和第三方赔偿责任的保单。[1]

网络保险政策可能包括数据损毁、敲诈勒索、盗窃、黑客和拒

绝服务攻击。赔偿责任范围是公司因错误和遗漏未能保护数据而给他人造成的损失，以及其他方面的内容，包括定期的安全监察、事后公共关系、调查费用等。

网络保险有以下几种类型：

- 黑客保险，防范网络攻击和黑客攻击。
- 盗窃和欺诈，覆盖刑事或欺诈网络事件导致的投保人数据的销毁或损失，包括盗窃和资金转移。
- 法医调查，涵盖网络相关的必要的法律、技术或司法鉴定服务，以评估是否发生了网络攻击，评估攻击的影响并判断是否停止了攻击。
- 业务中断险，涵盖因网络事件或数据丢失而导致保单持有人无法开展业务的收入损失和相关成本。
- 勒索，提供与调查针对保单持有人的系统进行网络攻击的威胁有关的费用，以及向威胁要获取和披露敏感信息的勒索者支付的费用。
- 信誉保险，抵御声誉攻击和网络诽谤的保险。
- 计算机数据丢失和恢复，涵盖与计算机相关的资产的物理损坏或在正常使用期出现的损坏，包括检索和恢复由于网络攻击而被破坏或损坏的数据、硬件、软件等。

国外案例 安联全球企业与特殊保险部（AGCS）在网络保险领域拥有10多年的经验，可以保护组织机构免受网络犯罪和数字威胁的侵害。AGCS可提供从专业、独立的网络保险到传统财产和意外险的一系列专业网络保险。

安联保险集团（Allianz）承保的网络保险包括第一方损失（如业

务中断、恢复和危机通信）和第三方赔偿责任（如**数据泄露**、网络中断和通知费用）。网络保险提供的不仅仅是对潜在的重大经济损失的补偿，还可以为客户提供有价值的预防和事件响应服务，帮助公司提高网络弹性①，并减轻事件发生后的负面影响。这些服务包括全天候的IT法证专家②、法律顾问或危机通信支持。[2]

国内案例 平安产险在2017年年初推出“平安网络安全综合保险”。“平安网络安全综合保险”借鉴了国际市场主流产品的架构与模式，基于**《网络安全法》**的要求，结合中国市场，打造出一款“本土化+国际化”险种。针对被保险人因网络安全事件、信息安全事件导致的第一方损失（包括营业中断、网络勒索及事故处理费用）、第三方赔偿责任（如信息泄露）提供保险保障，所提供的承保能力最高达1.5亿元。

“平安网络安全综合保险”不仅解决了国际市场产品本土化的难题，还保证了产品框架与服务体系的延续性。在该产品体系中，既在再保端引入了国内、国际著名的再保险公司，又在IT评估端与国内外知名的大型网络安全公司合作，解决舶来品的本土适应问题。该产品是为面临网络风险带来的财务损失及名誉损失的企业提供的一项解决方案。[3]

---

① 网络弹性（cyber resilience）也称运维弹性（operational resilience），是指网络在遇到灾难事件时快速恢复和继续运行的能力。

② IT法证专家经过专门培训，可以检查和调查计算机、记忆棒、存储卡和任何其他数字设备上的实时数据和已删除数据，以作为法律程序的一部分进行取证。

P2P 保险[4] | Peer-to-Peer Insurance

关联词：共享经济、众筹

P2P 保险，泛指基于社交网络采用“小组”互助模式的保险产品。

P2P 保险的概念最早由 2010 年在德国柏林成立的一家保险代理公司 Friendsurance 提出，该保险公司的名字由 friend（朋友）与 insurance（保险）组合而成。用户可以在脸书、领英（LinkedIn）等社交平台邀请朋友、家人等组成互助“小组”，一起在 Friendsurance 平台购买保险产品。

在 P2P 保险模式中，保费被分成两部分，一部分作为保险公司的保费收入，另一部分会形成一个回报资金池。如果互助“小组”内有人出险，则首先用回报资金池中的资金对被保险人进行理赔，不足的部分再由保险公司赔付。如果保险期限内“小组”成员没有出险，则各成员可以获得回报资金池中的保费返还。

P2P 保险的创新价值有：首先，互助“小组”的模式降低了被保险人的道德风险、逆向选择风险。因为“小组”成员由朋友、家人组成，成员之间相互认识，有感情因素存在，发生集体骗保的概率降低。其次，提升理赔效率。回报资金池会率先进行小额赔付，降低保险公司处理小额赔付的理赔效率。最后，社交网络降低营销成本。互助小组模式可以降低保险中介、经纪人的营销成本，从而降低保费，使用户受益。

P2P 保险与国内的互助保险的不同点有：P2P 保险的种类大多为住房保险、汽车保险、电子产品保险。国内的互助保险主要是大病类互助保险。国内大病类互助保险的参与人数多、以陌生人为主、道德风险高、骗保风险大、盈利模式不清晰。P2P 保险则采用类似于 Friendsurance 的 4～16 人的“小组”模式，风控相对严格，有明确的盈利方式。

案例 以 Friendsurance 为例。使用流程是，投保人缴纳一定的保费后，与投保人列表上的人建立互助关系。一旦对方出险，投保人分担最多 30 欧元的损失。若投保人在该时间段没有出险，则有一定的奖励返还。例如，缴纳 100 欧元保费，其中的 60 欧元进入保险资产池作为大金额赔付的资金来源，剩下 40 欧元作为未出险奖励和小额赔付的资金来源，平均来讲，返还金额占比达 33%。

Friendsurance 的盈利来源为保费与出险赔付的差额。

除 Friendsurance 外，更多的 P2P 保险公司如 InsPeer、Lemonade 和 Uvamo 等衍生出更多有趣的商业模式。InsPeer 还会根据用户的出险概率和赔付情况进行打分，分数可以被所有人看到，并根据分数制定与他人分担金额的比例。Lemonade 把保险金与慈善和公共事业联系起来，客户可以自主选择慈善机构，或者自己孩子所在的学校。而 Uvamo 则将投保人与计划投资保险业的投资者联系到一起。

P2P 保险模式可以减轻保险公司和保单持有人在传统的集中式保险结构中可能存在的冲突，因为它们的动机并不总是一致的。在传统保险中，未在索赔中支付的预留保费通常由保险公司持有。但是，在 P2P 保险中——成员共同使用自己的资源来弥补损失——当提起索赔的数量少于预期数量时，已付保费后的剩余资金（超额保费）会返还给小组成员。同时，在糟糕的年份，当索赔损失实际超过了收取的保费时，可以使用再保险公司来弥补差额。因此，在 P2P 保险中，由于不用于支付理赔金的保费会被退还给成员保单持有人，即使被保险人与保险人之间的冲突没有消除，也会趋于减少。

国外案例　P2P保险平台主要有3种经营模式（见表11.1）：Friendsurance 模式、Bought By Many 模式和 Lemonade 模式。其中，前两种模式属于 P2P 保险经纪，而第三种模式属于 P2P 保险公司。目前大部分的 P2P 保险平台参照 Friendsurance 模式。[5]

表 11.1　3 种 P2P 保险平台经营模式对比

经营模式	Friendsurance 模式	Bought By Many 模式	Lemonade 模式
国家	德国	英国	美国
商业模式	保险经纪	保险经纪	保险公司
是否可以自行选择互保成员	是	是	是
互保小组组建机制	基于客户有相似保险需求进行分组	基于客户有相似保险需求进行分组	基于保险客户有意愿捐助的慈善项目进行分组
主营业务	电子产品保险、责任保险、家庭财产保险、职业责任保险、汽车保险等	宠物保险、旅游保险、电子产品保险、健康保险、职业责任保险、房屋保险等	屋主保险、租户保险
盈利模式	佣金 + 管理费	佣金	保费固定额度与经营成本之间的差额
未发生偿付时是否产生费用	是	是	是

物联网保险 | IoT Insurance

关联词： 物联网

物联网保险是指利用**物联网**技术为保险公司提供智能数据监视和状态跟踪以及数据监测功能，帮助保险公司进行保险定价、理赔和风控。

物联网被应用到保险行业，通过个人可穿戴设备、智能家居、智能车载终端等设备，能够获取更多用户的场景数据，更加精确地帮助保险产品定价，推进保险产品个性化创新。

基于物联网的设备，如车载传感器、全球定位系统等，可以为保险行业提供信息数据。大多数汽车保险公司会收集速度、加速度和行驶距离等数据，并将其用于准确获取保费保单和减少欺诈。大多数汽车保险公司为驾驶员和车主提供基于使用量的保险（Usage-Based Insurance，UBI）。此外，投保人还可以获得良好的驾驶行为奖励，并改善驾驶习惯。

因此，物联网能够降低保费成本并加强客户关系。在基于使用量的保险中采用远程信息技术，提高了承保和**保险理赔效率**。

案例 利宝相互保险公司（Liberty Mutual Insurance）已与Nest（智能温控器制造商，谷歌子公司）合作，实现在家里连接的烟雾报警器，使客户能够降低发生火灾的风险，进而降低他们的家庭保费。Nest会告诉客户哪里有烟雾或一氧化碳，并在他们的手机上发出警报，而分频传感器则会寻找快速和缓慢燃烧的火灾。利宝相互保险公司将这些价值99美元的Nest产品免费发送给客户，并收取客户最高5%的保费。这是物联网推动保险公司日益成为生活方式公司或顾问的一个很好的例子。

案例 伊瑞保险公司（Erie Insurance）一直在用无人机进行财产检查，以应对损失索赔。它是第一家获得美国联邦航空管理局（FAA）许可，将无人机用于商业用途的保险公司。如此可以加快索赔过程，在不危及员工的情况下查看损失，更清楚地了解潜在的欺诈案件。

案例 “智能牙刷”听起来像是拉斯维加斯国际消费电子展（CES）上的一个噱头，但你可以试着告诉美国牙科保险公司 Beam Dental，谁在为这些产品的牙科保险定价。是的，Beam Dental 为每位客户提供了一款智能牙刷，监控他们的口腔卫生情况，并使用此信息支持牙科保险计划。如果客户的刷牙习惯达不到要求的标准，Beam Dental 会向他们发送通知和鼓励，并希望这能改善牙齿卫生情况，将保费降低 25%。

基于使用量的保险 | Usage-Based Insurance，UBI

关联词： 大数据、数据挖掘、物联网

基于使用量的保险，是车辆保险的一种，也称根据使用量定价的保险，包括根据驾驶状况定价的车险（Pay As You Drive，PAYD）、根据驾驶行为定价的车险（Pay How You Drive，PHYD）、基于里程的车险，其保费取决于使用的车辆类型、时间、距离、行为和地点。

基于使用量的保险与传统保险不同，传统保险试图区分和奖励“安全”司机，给他们设置较低的保费或无理赔奖金。然而，传统区分依据的是历史行为模式，而不是现在的行为模式。这意味着，更安全（或更鲁莽）的驾驶模式和生活方式可能需要很长时间才能体现在保费上。

基于使用量的保险的最简单形式是根据驾驶状况定价的车险。然而，根据驾驶状况定价的车险的一般概念包括，保费可能不仅取决于你开多少车，而且取决于你如何、在哪里、何时开车。

基于使用量的保险的另一种形式是**根据驾驶行为定价的车险**。其与**根据驾驶状况定价的车险**类似，但还引入其他传感器（如加速度计）来监视驾驶行为。

根据驾驶状况定价的车险意味着保费是动态计算的，通常基于驱动的因素。

有 3 种类型的基于使用量的保险：覆盖范围基于车辆的里程表读数；覆盖范围基于 GPS 数据统计的里程、车辆被使用的分钟数，由车辆独立模块记录，通过手机或射频技术传输数据；覆盖范围基于从车辆收集的其他数据，包括速度和时间信息、道路的历史风险、行驶距离或时间之外的驾驶行为。

美国汽车保险公司 Progressive 正在使用 UBI 远程信息技术处理程序来监控其汽车保险客户的驾驶情况。通过使用 ODB（国际标准汽车通信接口）远程信息处理软件接收器和机器学习，该保险公司能够判断驾驶员在每次行程中的表现。通过这样做，该保险公司可以根据个人情况更准确地定价，同时这种方法也能用较低的保费奖励更安全的司机。到目前为止，该保险公司已经对超过 1.7 万亿名司机进行了观察，并表示其价格是基于"你实际驾驶的方式，而不仅仅基于你住在哪里、你有什么样的车等传统因素"。该保险公司还与 Zubie 合作，Zubie 是一家可以插入汽车的装置的制造商，它可以帮助汽车保险公司跟踪驾驶员驾驶行为的好坏。相关协议让 Progressive 的客户看到，根据 Zubie 收集的驾驶数据，Progressive 将如何向他们收费。

UBI 车险、UBI 货运物责险在中国处于起步阶段。在非车险领域，2019 年 10 月，平安保险和中交兴路联合发布优驾保 UBI

网络货运物流责任险（简称优驾保），这是基于 UBI 的货运保险。主要面向网络货运平台、物流公司和实际运输方。该险种依托中交兴路车联网大数据和平安保险专业的产品设计能力，通过可视化评分报告对投保人进行评级，精准定价，让投保人享受价格低、理赔快、少出险的实惠。基于车联网大数据，优驾保还可以对司机进行不安全驾驶行为提醒、陌生和危险路段安全预警、路线提示等，提升实时风控能力。出险后，保险公司可以通过车联网大数据了解车辆运行轨迹，司机也可以用中交兴路开发的车旺大卡固定现场证据，提高理赔效率。[6]

互联网保险 | Internet Insurance

关联词： 互联网金融

互联网保险是指保险机构依托互联网和移动通信等技术，通过自营网络平台、第三方网络平台等订立保险合同、提供保险服务的业务。[7]

互联网保险有许多优势：[8]

1. 相比传统保险，互联网保险使客户能自主选择产品。客户可以在线比较多家保险公司的产品，保费透明，权益清晰明了，这种方式可以让传统保险的退保率大大降低。

2. 服务更便捷。网上在线产品咨询、将电子保单发送到邮箱等都可以通过轻点鼠标来完成。

3. 理赔更轻松。互联网让投保更简单，信息流通更快，也让客户理赔不再像以前那样困难。

4. 保险公司同样能从互联网保险中获益很多。首先，通过网络可以推进传统保险业的加速发展，使险种的选择、保险计划的设计和销售等方面的费用减少，有利于提高保险公司的经营效益。据有关数据统计，通过互联网向客户出售保单或提供服务要比传统营销方式节省 58%～71% 的费用。

> 在互联网保险的发展过程中出现了众多的保险公司，也涌现出很多的保险创新案例。[9] 从业绩来看，众安保险已经布局消费金融、健康险、车险、开放平台、航旅及商险等多个领域，获得 2016 年金龙奖“年度十佳互联网金融创新机构”奖。从数据来看，众安保险借助强大的互联网创新能力成为互联网金融生态的重要稳定器，有累计 5 亿的保民和超亿张保单。众安保险主要的创新在产品上，主要的创新险种包括航班延误险、“买呗”、众安分单、车险的 UBI 方案。其中，“买呗”是由众安保险与蘑菇街通过大数据平台对用户进行资信评分，并为评分较优的用户提供的消费信贷服务，这是国内保险业首个基于电商平台的信用保险产品，也是信用保证保险与互联网的完美结合。在众安分单中，众安保险通过与央行征信中心、公安大数据平台、前海征信、支付宝芝麻信用等信用数据系统的对接，基于其强大的数据挖掘和风控能力对客户的信用等级进行评分和分级，众安保险会参与互联网平台上每一笔贷款的审批和每一名借款人的风险定价，挖掘潜在的客户需求。车险的 UBI 方案，是基于使用量和车主使用习惯，实现“随人随车”定价的模式，让车主按照需求购买保险。

参考文献

第 1 章　数字经济和数字金融

1. https://www.worldbank.org/en/news/feature/2014/04/10/digital-finance-empowering-poor-new-technologies.

2. 李艺铭，安晖 . 数字经济：新时代　再起航［M］. 北京：人民邮电出版社，2017.

3. 联合国贸易和发展会议 . 2019 年数字经济报告（中文版）［R/OL］.（2019-09-17）［2020-06-05］. http://www.databanker.cn/research/262213. html.

4. 谢平，邹传伟 . 互联网金融模式研究［J］. 金融研究，2012，12，11-22.

5. 黄益平，黄卓 . 中国的数字金融发展：现在与未来［J］. 经济学（季刊），2018，17（04）：1489-1502.

6. 顾月 . 央行解读新工具：普惠小微企业延期支持和信用贷款支持怎么用？［N］. 21 世纪经济报道，2020-06-02.

7. Bailey Klinger . Alternative Credit Scoring in Emerging Markets［C］. Proceeding of the Credit Scoring and Credit Control XIV Conference. Edinburg, UK, August 26-28, 2015.

8. Greg Larson. Needles in the Haystack: How a New Tool Is Unlocking Entrepreneurship in Africa［J］. Harvard Kennedy School Review, 2012, 04.

9. 焦瑾璞 . 普惠金融的国际经验［J］. 中国金融，2014，10：68-70.

10. Strack F., Mussweiler T. Explaining the enigmatic anchoring effect: Mechanisms of selective accessibility［J］. Journal of Personality and Social Psychology，1997，73（3）：437-446.

11. 孙惟微 . 赌客信条：你不可不知的行为经济学［M］. 北京：电子工业出版社，2010.

12. 贾红宇 . 中国众筹融资背后的经济学“原理与真相”［EB/OL］.（2014-11-10）［2020-06-05］. https://www.weiyangx.com/111233. html.

13. 香港金融管理局 . 虚拟银行［EB/OL］.（2020-06-01）［2020-06-05］. https://www.hkma.gov. hk/chi/key-functions/banking/banking-regulatory-and-supervisory-regime/virtual-banks/.

14. MBA 智库 . 美国安全第一网络银行［EB/OL］.（2014-02-19）［2020-06-05］. https://wiki.mbalib.com/zh-tw/ 美国安全第一网络银行 .
15. Fintech News Hong Kong. Meet Hong Kong's 8 New Virtual Banks［EB/OL］.（2019-05-10）［2020-06-05］. https://fintechnews. hk/8951/virtual-banking/hkma-virtual-bank-license-sc-digital-livi-zhongan-za/.
16. https://www. hkma.gov. hk/eng/news-and-media/press-releases/virtual-banks.
17. 中国互联网金融协会互联网银行专业委员会 . 2019 开放银行发展研究报告［R/OL］.（2019-12-29）［2020-06-12］. https://www.cebnet.com.cn/upload/resources/file/2019/12/29/78691. pdf.
18. Tony van Gestel, Bart Baesens. Credit Risk Management—Basic Concepts：Financial Risk Components，Rating Analysis，Models，Economic and Regulatory Capital［M］. Oxford: Oxford Press, 2009.

第 2 章　人工智能相关支持技术

1. Trevir Nath. How Big Data Has Changed Finance［EB/OL］.（2019-06-25）［2020-06-15］. https://www.investopedia.com/articles/active-trading/040915/how-big-data-has-changed-finance. asp.
2. 刘新海 . 金融大数据应用新进展：从智能金融、普惠金融到宏观金融决策［R］. 北京：社会科学文献出版社，2017.
3. 刘新海 . 征信 AI：来自人工智能的信用服务［J］. 当代金融家，2017，12，45-48.
4. 刘新海，丁伟 . 美国 ZestFinance 公司大数据征信实践［J］. 征信，2015，08，16-20.
5. 韩家炜，坎伯，裴健 . 数据挖掘［M］. 范明，孟小峰，译 . 北京：机械工业出版社，2012.
6. 维克托・迈尔 - 舍恩伯格，肯尼思・库克耶 . 大数据时代［M］. 盛杨燕，周涛，译 . 杭州：浙江人民出版社，2013.
7. 姚前，谢华美，刘松灵，刘新海 . 征信大数据［M］. 北京：中国金融出版社，2018.
8. 刘新海 . 释能金融大数据：从微观、中观到宏观风险分析［R］. 北京：经济科学出版社，2018，09：36-57.
9. 国务院发展研究中心产业互联网课题组 . 中国大数据应用发展报告 No.1（2017）［M］. 北京：社会科学文献出版社，2017.
10. 纪森森，等 . 信用经济：下一个 10 年红利风口［M］. 北京：电子工业出版社，2018.
11. 刘新海 . 征信 AI：来自人工智能的信用服务［J］. 当代金融家，2017，12，45-48.
12. 郑孙聪 . 万字详解：腾讯如何自研大规模知识图谱 Topbase［DB/OL］.（2020-06-01）

［2020-06-15］. https://zhuanlan.zhihu.com/p/145112755.

13. Brin S., Page L. The Anatomy of a Large-Scale Hypertextual Web Search Engine［J］. Computer Networks and ISDN Systems,Volume 30, April 1998, Pages 107-117.
14. 陈封能，斯坦巴赫 . 数据挖掘导论［M］. 范明 , 范宏建 , 译 . 北京：人民邮电出版社，2011.
15. 刘新海，丁伟 . 美国 ZestFinance 公司大数据征信实践［J］. 征信，2015，08，16-20.
16. Guangxi Cao, Yingying Shi, Qingchen Li. Structure Characteristics of the International Stock Market Complex Network in the Perspective of Whole and Part［J］. Hindawi Discrete Dynamics in Nature and Society, Volume 2017.
17. 硅谷观察 . 人工智能：深度学习详解［EB/OL］.（2019-04-28）［2020-06-12］. https://www.shangyexinzhi.com/article/details/id-112344/.
18. 陈永伟 . 联邦学习能打破数据孤岛吗？［N］经济观察报，2020-05-01.
19. 罗琼，杨微 . 计算机科学导论［M］. 北京：北京邮电大学出版社，2016.
20. www.techtarget.com.
21. Jain, Anil K., Ross, Arun . Introduction to Biometrics［C］. Handbook of Biometrics. German:Springer, 2008 ：1-22.

第 3 章 信用科技

1. 中国人民银行征信管理局 . 现代征信学［M］. 北京：中国金融出版社 . 2015.
2. Satyajit Das. Credit Derivatives: CDOs and Structured Credit Products（3rd Edition）［M］. Indianapolis, IN ：Wiley, 2005.
3. 纪森森，等 . 信用经济：下一个 10 年红利风口［M］. 北京：电子工业出版社，2018.
4. 予龙 . 疯狂的信用［M］. 北京：东方出版社 . 2012.
5. https://www.investopedia.com/terms/c/credit-worthiness.asp.
6. Josh Lauer. Creditworthy: A History of Consumer Surveillance and Financial Identity in America［M］. NewYork:Columbia University Press，2017.
7. 石新中 . 论信用信息公开［J］. 首都师范大学学报（社会科学版），2008，02：61-72.
8. Strack F., Mussweiler T. Explaining the enigmatic anchoring effect: Mechanisms of selective accessibility［J］. Journal of Personality and Social Psychology，1997，73（3）：437-446.
9. 林钧跃 . 社会信用体系：中国高效建立征信系统的模式［J］. 征信，2011，02：1-7.
10. https://www.forbes.com/sites/tomtaulli/2020/02/28/7-billion-for-credit-karma-the-

takeaways-for-entrepreneurs/#30d495ce665a.

11. CGFS&FSB. FinTech Credit: Market Structure, Business Models and Financial Stability Implications [R]. 2017-05-22.
12. BIS Quarterly Review. Fintech Credit Markets Around the World: Size, Drivers and Policy Issues [R]. 2018-09.
13. 廖理 . 互联网金融的最新发展与道口之创业使命（sofi 部分）[EB/OL]. http://www.pbcsf.tsinghua.edu.cn/portal/article/index/id/2475.html.
14. 廖理 . 互联网金融的最新发展与道口之创业使命（kabbage 部分）[EB/OL]. http://www.pbcsf.tsinghua.edu.cn/portal/article/index/id/2475.html.
15. René M., Stulz. FinTech, BigTech, and the Future of Banks [J].Journal of Applied Corporate Finance, 2019,vol 31（4）: 86-97.（NBER Working Paper No.26312）.
16. BIS. BigTech and the changing structure of financial intermediation [R/OL]. Working Papers No 779，2019-04.
17. http://www.pbccrc.org.cn/zxzx/zxzs/201401/87814073facf4b9795480d40fd626467.shtml.
18. 硅谷观察 . 人工智能：深度学习详解 [EB/OL].（2019-04-28）[2020-06-12]. https://www.shangyexinzhi.com/article/details/id-112344/.
19. https://blockgeeks.com/blockchain-infographics/.
20. Martin Chorzempe. China Needs Better Credit Data to Help Consumers [R]. Peterson Institute for International Economics, Policy Brief 18-1, 2018-01.
21. 刘新海 . 数字金融下的消费者信用评分现状与展望 [J]. 征信，2020，05：65-81.
22. TBILISI. A brief history and future of credit scores [J]. Economist, 2019-07-06.
23. 缪维民 . 金融科技时代的深度信用分析 [R]. 中国人民大学商学院，2019-11-30.
24. 刘新海，贾红宇，韩晓亮 . 区块链，一种新的征信视角和技术架构 [J]. 征信，2020，04:13-21.
25. 中证资本市场运行统计监测中心 [EB]. https://www.cmsmc.cn/cmsmc/cgfb/jcsy/scfxyj/595637/index.html.
26. 中国人民银行 . 信贷市场和银行间债券市场信用评级规范 [S]. 2007.

第 4 章　数字货币与区块链

1. 猫九区块链 . 区块链的几个历史趣事有点意思哦 [EB/OL].（2019-11-02）[2020-06-04]. https://www.wanbizu.com/baike/2019110257708. html.
2. 王明伟 . 美国政府为何不要民众买黄金　原因就是这些！ [EB/OL].（2019-09-12）[2020-06-04]. http://www.silver.org.cn/x/20160912-74320. html.
3. 白话区块链 . 币可分享：熊市很多人心灰意冷，却很少人知道当年中本聪和“六大罗汉”有多牛［EB/OL］.（2018-11-22）［2020-06-04］. https://www.sohu.com/a/277142059_100249655.

4. 姚前 . 数字货币初探［M］. 北京：中国金融出版社，2018.
5. 中国区块链技术和产业发展论坛 . 中国区块链技术和应用发展白皮书［R］，2016，10: P5.
6. https://blockgeeks.com/blockchain-infographics/.
7. http://www.btc.com.
8. Andreas M. Antonopoulos. 精通比特币（第二版）［EB/OL］. 乔延宏，等，译 . https://www.8btc.com/book/281955.
9. Wikipedia. Digital Currency［EB/OL］.（2020-05-04）［2020-06-04］. https://en.wikipedia.org/wiki/Digital_currency.
10. European Central Bank. Virtual currency schemes—a further analysis［R/OL］.（2015-02）［2020-06-04］. https://www.ecb.europa.eu/pub/pdf/other/virtualcurrencyschemesen.pdf.
11. Financial Crimes Enforcement Network. Application of FinCEN's Regulations to Persons Administering, Exchanging, or Using Virtual Currencies［R/OL］.（2013-03-18）［2020-06-04］. https://www.fincen.gov/resources/statutes-regulations/guidance/application-fincens-regulations-persons-administering.
12. European Banking Authority. EBA Opinion on 'virtual currencies'［R/OL］.（2014-07-04）.［2020-06-04］. https://eba.europa.eu/sites/default/documents/files/documents/10180/657547/81409b94-4222-45d7-ba3b-7deb5863ab57/EBA-Op-2014-08%20Opinion%20on%20Virtual%20Currencies.pdf?retry=1.
13. UK Government Chief Scientific Adviser. 分布式账本技术：超越区块链［R/OL］. 万向区块链实验室，译 . http://www.199it.com/archives/445197. html.
14. UK Government Chief Scientific Adviser. 分布式账本技术：超越区块链［R/OL］. 万向区块链实验室，译 . http://www.199it.com/archives/445197. html.
15. Wikipedia. 以太坊［OL］.（2020-03-05）［2020-06-04］. https://zh.wikipedia.org/wiki/wiki/ 以太坊 .
16. 克里斯・伯尼斯克，杰克・塔塔尔 . 加密资产［M］. 林华，等，译 . 北京：中信出版社，2018.
17. Investopedia. Smart Contracts［EB/OL］.（2019-10-08）［2020-06-04］. https://www.investopedia.com/terms/s/smart-contracts. asp.
18. U.S. securities and exchange commission. Report of Investigation Pursuant to Section 21（a）of the Securities Exchange Act of 1934: The DAO［R/OL］.（2017-07-25）［2020-06-

04]. https://www.sec.gov/litigation/investreport/34-81207. pdf.

19. UK Government Chief Scientific Adviser. 分布式账本技术：超越区块链［R/OL］. 万向区块链实验室，译 . http://www.199it.com/archives/445197. html.
20. Christof Paar, Jan Pelzl. Understanding Cryptography: A Textbook for Students and Practitioners［M］. New Dehlki: Springer,2010.
21. Wikipedia. Public Key Cryptography［EB/OL］.（2018-07）［2020-06-04］. https://en.wikipedia.org/wiki/Public-key_cryptography.
22. https://searchsecurity.techtarget.com/definition/asymmetric-cryptography.
23. Mavroeidis, Vasileios, Kamer Vishi. The Impact of Quantum Computing on Present Cryptography［J］. International Journal of Advanced Computer Science and Applications, 2018, 9（3）:405-414.

第 5 章　支付科技

1. 温信祥 . 支付科技的未来［J］，中国支付清算，2019，02：6-11.
2. 中国人民银行 . 电子支付指引（第一号）［S/EB/OL］.（2005-10-26）［2020-06-14］. http://www.cfca.com.cn/20150812/101231459. html.
3. 温信祥 . 支付研究（2020 卷）［M］. 北京：中国金融出版社，2020.
4. 高顿财经研究院 . CFA 一级中文教材［M］. 上海：立信会计出版社，2019.
5. 上海国机集团 . 上海票据交易所介绍［EB/OL］.［2020-06-14］. https://www.sigchina.com/index.php?m=content&c=index&a=show&catid=121&id=654.
6. Wikipedia. Cheque［EB/OL］.（2020-05-20）［2020-06-14］. https://en.wikipedia.org/wiki/Cheque.
7. Wikipedia. Credi card［EB/OL］.（2020-06-13）［2020-06-14］. https://en.wikipedia.org/wiki/Credit_card.
8. 路华强，杨志宁 . 深度支付［M］. 北京：中国金融出版社，2018.
9. https://www.paypal.com/c2/home.
10. Federal Reserve Bank（USA）. Electronec Funds Transters Act（EFTA）［S/EB/OL］. https://www.federalreserve.gov/boarddocs/caletters/2008/0807/08-07_attachment.pdf.
11. Wikipedia. Point of sale［EB/OL］.（2020-06-09）［2020-06-14］. https://en.wikipedia.org/wiki/Point_of_sale.
12. 人民网 . 支付宝升级“你敢付我敢赔 2.0”［EB/OL］.（2019-07-02）［2020-06-14］. http://it.people.com.cn/n1/2019/0702/c1009-31207749. html.
13. SWIFT. SWIFTNet［EB/OL］.［2020-06-14］. https://www.swift.com/zh-hans/about-us/

discover-swift/messaging-standards#topic-tabs-menu.

14. https://www.swift.com/.
15. https://zh.pcisecuritystandards.org/minisite/env2/.
16. https://www.emvco.com/.
17. Wikipedia. Central Bank Digital Currency［EB/OL］.（2020-04-17）［2020-06-14］. https://en.wikipedia.org/wiki/Central_bank_digital_currency.
18. 199IT. 英格兰银行：2020 英国央行数字货币（CBDC）研究报告［EB/OL］.（2020-03-19）［2020-06-14］. http://www.199it.com/archives/1022450. html.
19. 潘超 . 央行数字货币（CBDC）基础知识了解一下［EB/OL］.（2019-08-16）［2020-06-14］. http://finance.sina.com.cn/blockchain/roll/2019-08-16/doc-ihytcern1336727.shtml.
20. 中国金融四十人论坛 . 周小川谈数字货币：私人部门可做金融基础设施，但必须有公共精神［EB/OL］.（2019-06-26）［2020-06-14］. https://feng.ifeng.com/c/7npMcZVS8W9.
21. https://www.fca.org.uk/account-information-service-ais-payment-initiation-service-pis.

第 6 章 监管科技与网络分析

1. 何海锋，银丹妮，刘元兴 . 监管科技（Suptech）：内涵、运用与发展趋势研究［J］. 金融监管研究，2018，82（10）：69-83.
2. https://www.cbinsights.com/research/briefing/state-of-regulatory-technology-regtech/.
3. 中国互联网金融安全课题组 . 监管科技：逻辑、应用与路径［R］. 2017.
4. http://www.sohu.com/a/308843496_117965.
5. BIS. Innovative Technology in Financial Supervision（Suptech）—The Experience of Early Users［R］. 2018-06.
6. https://www.ibm.com/cn-zh/industries/banking-financial-markets/risk-compliance.
7. 清华五道口金融科技研究院鑫苑房地产金融科技研究中心 . 英国 FCA 监管科技（Regtech）研究［R/OL］.（2019-04-22）［2020-04-23］. http://www.pbcsf.tsinghua.edu.cn/upload/default/20190506/213252264a71177043d031838c1db374. pdf.
8. 199IT. 英格兰银行：2020 英国央行数字货币（CBDC）研究报告［EB/OL］.（2020-03-19）［2020-06-14］. http://www.199it.com/archives/1022450. html.
9. 维克托・迈尔 - 舍恩伯格，肯尼思・库克耶 . 大数据时代［M］. 盛杨燕，周涛，译 . 杭州：浙江人民出版社，2013.
10. https://www.bbva.com/en/what-is-regulatory-sandbox/.
11. 未知 . 关于压力测试在商业银行风险管理中的应用探讨［EB/OL］. http://www. 51testing.com/html/30/n-239530. html.

12. Thomas Ilin, Liz Varga. The uncertainty of systemic risk [J]. Risk Management,2015, 17: 240-275.
13. G. Kaufman. Banking and currency crises and systemic risk: Lessons from recent events [J]. Economic Perspectives, 2000, 24（2）: 9-28.
14. Edward Denbee, Christian Julliard ,Ye Li, Kathy Yuan.Network Risk and Key Players: A Structural Analysis of Interbank Liquidity, Working Paper, London School of Economics and Political Science, 2018-12-31.
15. http://www.systemicrisk.ac.uk/.
16. Kimmo Soramäki, Samantha Cook. Network Theory and Financial Risk [M]. London: Risk Books. 2016.
17. 万存知 . 征信业的探索与发展 [M]. 北京：中国金融出版社 . 2018.
18. 孟娜 . 不一样的关联 [J]. 中国征信，2012，08 ：37-39.
19. 马骏，何晓贝，唐晋荣，等 . 金融危机的预警、传染和政策干预 [M]. 中国金融出版社 . 2019.
20. 程大伟，牛志彬，刘新海，张丽清 . 复杂担保网络中传染路径的风险评估 [J/OL]. 中国科学，2020. https://engine.scichina.com/publisher/scp/journal/SSI/doi/10.1360/SSI-2020-0028?slug=abstract.
21. 马修 · 杰克逊 . 人类网络 [M]. 余江，译 . 中信出版社 . 2019.
22. 陈道富，刘新海 . 我国应借助大数据分析积极应对担保圈风险 [R]. 国务院研究发展中心研究报告，2014-11.

第 7 章 反洗钱

1. 中国人民银行，中国银行业监督管理委员会，中国证券监督管理委员会和中国保险监督管理委员会 . 金融机构客户身份识别和客户身份资料及交易记录保存管理办法 [S/EB]. 2007-8-1.

第 8 章 信息与网络安全

1. 朱胜涛，温哲，位华，等 . 注册信息安全专业人员培训教材 [M]. 北京：北京师范大学出版社，2019.
2. 未央网 . 英国央行要求金融企业必须接受网络安全压力测试 [EB/OL].（2018-06-28）[2020-06-04]. https://www.weiyangx.com/293401. html.
3. 信息安全等级保护办法 [S/EB]. http://www.gov.cn/gzdt/2007-07/24/content_694380. htm.
4. 中华人民共和国计算机信息系统安全保护条例 [S/EB]. http://www.gov.cn/flfg/2005-08/06/content_20928. htm.

5. 中国网信网.《网络安全法》促进国家关键信息基础设施安全保护新发展[EB/OL].(2016-11-10)[2020-06-14]. http://www.cac.gov.cn/2016-11/10/c_1119889958. htm.

6. 未央网. 金融企业必须了解的全球网络安全监管条例[EB/OL].(2017-12-11)[2020-06-04]. https://www.weiyangx.com/270590. html.

7. Vangie Beal. The 7 Layers of the OSI Model[EB/OL].(2019-04-23)[2020-06-04]. https://www.webopedia.com/quick_ref/OSI_Layers.asp.

8. IT之家. 黑客发现iPhone相机零日漏洞　苹果给予7.5万美元奖励[EB/OL].(2020-04-04)[2020-06-04]. https://tech.sina.com.cn/digi/2020-04-03/doc-iimxxsth3546438. shtml.

9. 至诚财经. Facebook数据泄露风波不断　大数据时代的商业还能自律吗?[EB/OL].(2018-12-17)[2020-06-04]. http://www.zhicheng.com/syrw/n/236689. html.

10. 海德纳吉. 社会工程：安全体系中的人性漏洞[M]. 陆道宏，杜娟，邱璟，译. 北京：人民邮电出版社，2013.

11. Ross Anderson. Security Engineering: A Guide to Building Dependable Distributed Systems(2nd ed.)[M]. Indianapolis, IN: Wiley 2008.

12. 再无债. 尼日利亚骗局　419骗局[EB/OL].(2019-05-15)[2020-06-04]. https://www.zaiwu zhai.com/fangpian/917. html.

13. 董兴生. 勒索病毒善伪装造成的破坏不可逆[N]. 华西都市报，2016-10-11.

14. 中国新闻网. 国内勒索病毒持续高发　今年来超200万台终端被攻击[EB/OL].(2018-09-22)[2020-06-04]. http://it.people.com.cn/n1/2018/0922/c1009-30309119. html.

15. 侠客岛."勒索病毒"幕后工具指向美国国安局[EB/OL].(2017-05-16)[2020-06-04]. http://news.ifeng.com//a//20170516//51097848_0.shtml.

16. 中关村在线. 勒索病毒全球爆发，你的备份方式安全吗?[EB/OL].(2017-05-22)[2020-06-04]. http://news.zol.com.cn/640/6403445. html.

17. 杰米·巴特利特. 暗网[M]. 刘丹丹，译. 北京：北京时代华文书局，2018.

18. 腾讯网络安全与犯罪研究基地. 侵公典型案件暗网占比40%？三个真相还原暗网世界[EB/OL].(2020-04-20)[2020-06-04]. https://mp.weixin.qq.com/s/CUhGvGiNqKk8CP8w QkAxNA.

19. 汪德嘉，等. 身份危机[M]. 北京：电子工业出版社，2017.

20. RPA中国. 亚马逊推出欺诈检测器，可自动识别异常交易[EB/OL].(2019-12-19)[2020-06-04]. https://baijiahao.baidu.com/s?id=1653276502752896574&wfr=spider&for=pc.

21. 国际金融公司. 征信知识指南[M]. 华盛顿：世界银行出版社，2012.

22. YvanLiu. 沙盒(SandBox)、文件操作[EB/OL].(2016-07-14)[2020-06-04]. https://

www.jianshu.com/p/00c26f4763e5.

23. CSDN 博客 . 沙盒机制（sandBox）[EB/OL].（2014-07-15）[2020-06-04]. https://blog.csdn.net/forrhuen/article/details/37822417.
24. 威胁情报研究组 . 威胁情报发展现状解读（一）[EB/OL]. “安全帮” 微信公众号 .（2020-04-05）[2020-06-04]. https://mp.weixin.qq.com/s/FKrlhxfdL2-FLS6jGdae9g.
25. 计算机与网络安全 . 网络安全态势感知 [EB/OL].（2018-10-14）[2020-06-04]. https://www.sohu.com/a/259447248_653604.

第 9 章　个人信息保护与应用

1. 个人信息保护课题组 . 个人信息保护国际比较研究 [M]. 北京：中国金融出版社，2017.
2. 王融 . 大数据时代：数据保护与流动规划 [M]. 北京：人民邮电出版社，2017.
3. 中国法制出版社 . 中华人民共和国网络安全法（含草案说明）[M]. 北京：中国法制出版社，2016.
4. 国家市场监督管理总局，国家标准化管理委员会 . 信息安全技术　个人信息安全规范 [S/M]. 北京：中国质检出版社，2020.
5. 中国人民银行 . 个人金融信息保护技术规范（JR/T 0171-2020）[S]. 2020-2.
6. 安恒信息 . 一文看懂《个人金融信息保护技术规范》[EB/OL].（2020-03-06）[2020-06-20]. https://www.mpaypass.com.cn/news/202003/06113618. html.
7. 刘新海 . 信用评分 60 年（7）：美国个人信息保护新举措促信用评分 7 月飙升 [EB/OL].（2017-07-25）[2020-06-20]. http://opinion.caixin.com/2017-07-25/101121670. html.
8. 刘新海 . 个人征信发展需要市场化驱动 [J]. 中国改革，2019, 05:60-66.
9. 清华五道口 . 廖理：另类数据正在崛起，促进金融模式创新 [EB/OL]. http://www.pbcsf.tsinghua.edu.cn/portal/article/index/id/4134. html.
10. 刘新海 . 征信与大数据 [M]. 北京：中信出版社，2016.
11. https://www.ft.com/content/f1590694-fe68-11e8-aebf-99e208d3e521.
12. Federal Trade Commission. Data Brokers: A Call for Transparency and Accountability [R/OL].（2014-05）[2019-10-22]. https://www.ftc.gov/system/files/documents/reports/data-brokers-call-transparency-accountability-report-federal-trade-commission-may-2014/140527databrokerreport. pdf.
13. Stephanie Gruber（SAP）, Eric Vanderburg（TCDI）. GDPR, Data Privacy and Cybersecurity [R/OL]. 2018 MIT CDOIQ Symposium. https://www.slideshare.net/evanderburg/gdpr-data-privacy-and-cybersecurity-mit-symposium.

14. 尼古拉·杰因茨 . 金融隐私：征信制度国际比较（第二版）[M]. 万存知，译 . 北京：中国金融出版社，2009.

15. https://www.ftc.gov/news-events/media-resources/protecting-consumer-privacy/financial-privacy.

16. 刘新海 . 欧盟最严数据保护法规对我国金融科技发展的深远影响 [J]. 当代金融家，2018，06 ：20-20.

17. Cynthia Dwork, Frank McSherry, Kobbi Nissim, Adam Smith.Calibrating Noise to Sensitivity in Private Data Analysis [M]. New Dehlhi: Springer. 2006.

18. Apple. Apple Previews iOS 10, the Biggest iOS Release Ever. [EB/OL]. (2016-06-16) [2020-16-14] https://www.apple.com/newsroom/2016/06/apple-previews-ios-10-biggest-ios-release-ever.html.Retrieved 16 June 2016.

第 11 章 保险科技

1. 研究和市场，网络安全保险——全球市场展望（2017—2026），2019-8.

2. https://www.allianz.com/en. html.

3. 国内那些事 . 平安产险网络安全综合保险，让平安在你身边 [EB/OL]. https://www.sohu.com/a/142518547_529355.

4. 国外盛行的 P2P 保险模式，到底有什么与众不同的地方？ [EB/OL]. http://www.woshipm.com/it/597012. html.

5. 郭锐欣 . 国外 P2P 保险平台经营模式比较研究 [J]. 保险理论与实践，2018，08 ：60-75.

6. 新华网 . 中交兴路联合平安保险发布基于 UBI 的货运保险 [EB/OL]. http://www.xinhuanet.com/tech/2019-10/31/c_1125177916. htm.

7. 中国保监会 . 互联网保险业务监管暂行办法 [S]. 2015-7.

8. 和讯保险 . 陈剑峰：利用互联网优势 推动保险营销发展 [EB/OL]. [(2011-06-23) 2013-11-20]. http://insurance. hexun.com/2011-06-23/130829282.html.

9. 吴军 . 互联网保险的发展现状及案例启示 [J]. 中国经贸导刊，2017，014:43-72.

后记

美国学者丹尼尔·贝尔（Daniel Bell）和彼得·德鲁克（Peter F. Drucker）等在20世纪70年代认为，在后工业化时代，知识将取代资本，成为社会上最重要的资源。我们认为，在当代中国，金融科技或许正是这一论断的最好注脚。未来，金融科技知识图谱的研究工作还要继续，将进一步加强技术应用水平和内容专业程度，欢迎金融科技专业人士加入这个公益项目。

金融科技的发展，在促进数字经济发展的同时，在全球范围内引发巨大的争议，从消费者隐私保护、网络安全、平台与数据垄断到算法歧视。而本书预期带来的专业理解和概念清晰化不仅有助于创新，也有助于拨开云雾，正确界定金融科技的地位并发挥其价值。同时，未来与时俱进的金融监管也需要更好的金融科技解决方案。

新冠肺炎疫情给世界带来前所未有的冲击，也促使经济生活数字化转型加速，希望本书能够促进金融科技知识向产品与服务的转化，更好地促进数字化金融的健康快速发展。

前沿领域的概念变化较快，所以本书在编写过程中参考了大量中外文献资料，并用工程化的技术，分析和关联词条。尽管如此，受限于团队的研究能力，难免会出现一些偏差，希望读者和各领域专业人士能够指正和提出宝贵建议，以期将金融科技的研究工作延续下去。

刘新海

2021年2月8日于北京

致谢

本书作为公益项目，写作时长为 3 年，从最初简洁新颖的英文版到目前内容丰富详尽的中文版，背后是团队成员的图谱框架构建、标记、分析和论证等大量工作。

本书的理论部分还得到众多专家、学者和机构的大力支持。其中，国务院研究发展中心金融研究所副所长陈道富研究员、清华大学经济管理学院学术委员会主席陈国青教授、波士顿咨询（BCG）高级顾问孙中东先生对本书的框架提供了宝贵意见；中国科学院大学金融科技研究中心主任刘世平教授、北京大学光华管理学院金融系主任刘晓蕾教授、清华大学计算机系副主任徐恪教授、北京大学智能科学系张岩教授、中国人民大学财政金融学院陈忠阳教授和中国科学院自动化研究所肖柏华研究员参与本书创作过程中的线上研讨，给出了很多真知灼见；通付盾公司信息安全专家汪德嘉博士、张昀球先生和崔宝文先生就本书信息和网络安全方面的内容提供了专业建议；中国市场学会信用学术委员会主任林钧跃老师和央行征信中心原顾问李铭博士就信用科技领域给予了专业指导；北京智速科技有限公司首席执行官、中国科学院网络信息中心客座研究员王子田博士对量化投资部分提出修改意见；腾讯研究院首席数据政策专家王融女士和中国信息通信研究院互联网法律研究中心何波研究员在个人信息保护与应用模块方面提供了专业的支持。

维萨中国的王东先生和舒晨女士帮助组织研讨，协调专家资源，并在维萨内部针对支付科技部分广泛征求意见。还有一些不方便署名的金融监管机构的专家也参与了大量的研究和讨论，在此也一并致谢。